Markus Nierth · Juliane Streich

Brandgefährlich

Markus Nierth · Juliane Streich

Brand-gefährlich

Wie das Schweigen der Mitte die Rechten stark macht

Erfahrungen eines zurückgetretenen Ortsbürgermeisters

Ch. Links Verlag, Berlin

Die Deutsche Nationalbibliothek verzeichnet diese Publikation in der Deutschen Nationalbibliografie; detaillierte bibliografische Daten sind im Internet über www.dnb.de abrufbar.

1. Auflage, September 2016

Schönhauser Allee 36, 10435 Berlin, Tel.: (030) 44 02 32-0
www.christoph-links-verlag.de; mail@christoph-links-verlag.de
Umschlaggestaltung unter Verwendung eines Fotos von der im Juni 2015 abgebrannten geplanten Asylunterkunft in Tröglitz (Foto Jan Woitas/dpa)
Satz: Stephanie Raubach, Ch. Links Verlag
Druck und Bindung: Druckerei F. Pustet, Regensburg

ISBN 978-3-86153-909-4

Inhalt

Für Finja Katharina, Lydia Johanna, Jelka Kristiana,
Mirja Paulina und Silas Johannes.
Ich bin stolz, dass ihr aufrechte, mutige, weise
Menschen mit großen Herzen seid.
Miteinander mussten und haben wir in dieser
fürchterlichen Zeit gelernt, unsere Ängste zu überwinden
durch unser Vertrauen auf Gott. Lasst uns das nie vergessen.
Durch euch und eure Freunde haben wir gelernt,
dass es begründete Hoffnung in der nächsten Generation gibt,
weil ihr weltoffener groß werdet und globaler denkt und lebt.
So hoffe ich, dass eure Generation reifer und
großzügiger sein wird als vorherige und, dass für euch
Fremdenfeindlichkeit und Rassismus wirklich zu etwas
furchtbar Fremden werden.
Und für David und Tabea, um euch über diese schwere Zeit
rückwirkend Einblicke und vielleicht auch Einsichten
zu schenken.

Vorwort

Auslöser, dieses Buch zu schreiben, waren die Ergebnisse der Landtagswahl in Sachsen-Anhalt im März 2016. Mit mehr als 30 Prozent bekam die rechtspopulistische Alternative für Deutschland (AfD) die meisten Stimmen im Wahlkreis Zeitz, das Direktmandat erhielt André Poggenburg mit 31,6 Prozent der Erststimmen, der dem rechtsnationalen Flügel der Partei zuzurechnen ist. In unserem Ort, Tröglitz in der Gemeinde Elsteraue, fiel der Erfolg der Rechtspopulisten noch deutlicher aus: 32 Prozent für die AfD, 35,9 Prozent für Poggenburg. Auch die NPD durfte sich freuen, sie erhielt 4 Prozent der Zweitstimmen, in Tröglitz sogar 5,5. Insgesamt also fast 40 Prozent für die Rechten.

Das hätten wir, meine Frau Susanna und ich, nicht für möglich gehalten. Als in Tröglitz die Demonstranten gegen die Zuweisung von Flüchtlingen aufmarschierten und das geplante Flüchtlingsheim schließlich brannte, nahm ich die Tröglitzer in Schutz. Mein Mantra lautete: Tröglitz ist keine Hochburg der Rechten, Tröglitz ist kein braunes Nest.

Und nun das! Meine Frau und ich standen vor der schockierenden Erkenntnis, dass unser Ort, trotz der schrecklichen Ereignisse, so stark rechts gewählt hatte – mit einem Spitzenwert im Landesvergleich. Nach dem ersten Schock beruhigten wir uns mit der Einschätzung, dass die Zahlen Ergebnis von großem Protest gegen die etablierte Politik sind und bei den meisten Wählern nicht Ausdruck einer stramm rechten Überzeugung. Aber einige Fragen ließen uns nicht mehr los: Wo ist denn die Grenze, wie soll das weitergehen? Wohin kann das führen? Wissen die Leute nicht um die Gefahr für unsere Demokratie, wenn radikale Parteien die Mehrheit erringen? Ist ihnen das inzwischen egal? Ist das, was in Tröglitz geschah, ein übergreifendes oder ein spezifisch ostdeutsches Phänomen? In Österreich hätte auch niemand geglaubt, dass bei der Präsidentenwahl fast 50 Prozent für den rechten FPÖ-Kandidaten stimmen. Daraus kann schnell eine komplette Machtübernahme folgen.

»Tröglitz ist überall«, sagte Sachsen-Anhalts Ministerpräsident Reiner Haseloff, nachdem das Feuer in der geplanten Flüchtlingsunterkunft gelöscht war. Er wies darauf hin, dass fremdenfeindliche Anschläge kein ostdeutsches, sondern ein »bundesweites Problem« seien, ähnlich dem ausgelebten Hass in den 90er Jahren. Die folgenden Monate zeigten, dass rassistische Demonstrationen, Äußerungen und Übergriffe im ganzen Land immer größere Dimensionen erreichten, und dass geplante Flüchtlingsunterkünfte in Ost und West, Süd und Nord brannten.

Aber der Mikrokosmos Tröglitz ist repräsentativ für viele andere Orte in Deutschland, die Eskalationsstufen gleichen sich: zurückhaltende Informationspolitik der Behörden über den bevorstehenden Zuzug von Flüchtlingen, Vereinnahmungsstrategien der Rechten, gesteuerte Verbreitung von Hass und Hetze im Netz, wachsende Ängste der Bürger, Schweigen der Mitte, untaugliche Erklärungsversuche der Politiker und manchmal zweifelhafte Berichterstattung der Medien.

Wenn man versucht, die psychologischen Mechanismen und das Wachsen von Strukturen nachzuvollziehen, kann man dem Problem eines Extremismus aus der Mitte der Gesellschaft näherkommen: Wie ist dieser Hass in den Menschen entstanden? Wieso richtet er sich gegen die Schwachen und Fremden? Und vor allem: Wieso schweigt die sogenannte Mitte? Schweigt sie nur aus Desinteresse und Trägheit oder ist sie im Geiste bei den Fremdenfeinden? Wieso ist die AfD besonders im Osten so stark?

Meine Frau Susanna hatte Monate vor der Landtagswahl gesagt: »Wenn die Rechten hier 20 Prozent kriegen, müssen wir weg, dann kippt die Stimmung.« Nun war das Ergebnis sogar doppelt so hoch. So begann ein Ringen, ob wir tatsächlich aufgeben und wegziehen sollen, und daraus erwuchs ein existenzielles Fragen und Suchen nach den Ursachen, um die tatsächlichen und realistischen Gefahren einzuschätzen, die sich aus diesem Wahlausgang ergeben.

Wer sind die Menschen hinter diesen 40 Prozent? Wie viel wirkliche Ängste und Sorgen und wie viel echte Fremdenfeindlichkeit, Rassismus oder gar gefestigte rechte Grundüberzeugungen verbergen sich hinter dieser Zahl? Und wie kam es dazu?

Ich stamme aus dieser ehemals industrialisierten und dann schwer gebeutelten Gegend. Ich mag und bewundere meine Landsleute mit ihrem meist einfachen, aber von Herzen freundlichen und offenen Wesen, die tapfer, fleißig und ohne viel fassadenhaftes Gehabe ihren Alltag in einer sich ständig ändernden Welt meistern.

Was die Menschen in Tröglitz tief im Innern bewegt und beschäftigt, konnte ich in den vergangenen 20 Jahren ziemlich direkt erfahren und erleben, ich durfte in die Herzen der Menschen hineinblicken, als Seelsorger, Bauleiter, Trauerredner und Ortsbürgermeister. Für mich ergab sich die Frage, welche der mir bekannten Lebensgeschichten möglicherweise zu diesem unerwarteten Wahlverhalten gehörten.

Ich kannte viele der Menschen, die sich zu Beginn der Proteste gegen ein Asylheim von der NPD einfangen ließen und gemeinsam mit weiteren Rechten aus der Umgebung durch den Ort marschierten. Das tat weh, weil ich sehen musste, dass Menschen, mit denen ich eine gemeinsame Geschichte hatte, die mir ans Herz gewachsen waren, nun plötzlich im Geiste der Menschenfeindlichkeit mitmarschierten und mir dadurch fremd wurden. Sie demonstrierten gemeinsam mit Rechtsradikalen, um ihren Unwillen nicht nur über die aktuelle Politik auszudrücken, sondern zunehmend auch persönlich gegen mich und meine Familie. Schließlich gipfelte ihr Protest im Plan einer Kundgebung gemeinsam mit Neonazis vor unserem Privathaus.

Was uns aber den Boden unter den Füßen wegzog, war das

Ausbleiben einer spürbaren Unterstützung aus dem Ort: das Schweigen der Mehrheit. Warum verhallten meine Aufrufe und Informationsschreiben ohne sichtbare, deutliche Reaktion? Wie fremd waren ich und meine Familie plötzlich mit unserem doch so anderen Denken und Handeln? Und wie viel Heimat blieb für uns noch übrig?

Dieses Ringen hat weit mehr als eineinhalb Jahre gedauert und in uns deutliche Spuren hinterlassen. Wir haben uns monatelang fragend vorwärtsgetastet und sind immer wieder von neuem Geschehen überrollt worden. Auf einige dieser für uns existenziellen Fragen haben wir Antworten gefunden, einiges entwickelt sich noch, sucht immer noch nach der richtigen Ausdrucksform und mag durchaus noch etwas unausgegoren klingen.

Die folgenden Beschreibungen der Ereignisse, die Erklärungen und Lösungsansätze sind von meiner Sicht als Mensch, als Christ und Theologe geprägt, und wenn ich mich dabei auch soziologischer oder psychologischer Ansätze bediene, dann nur, weil die theologische Sprache, nicht aber deren Inhalt, für viele Menschen lebens- und alltagsfremd geworden ist.

Dieses Buch ist keine Abrechnung, wir möchten keinen Menschen kränken, verletzen oder zu Unrecht beschuldigen. Aber um Verletzungen, die wir zuhauf davongetragen haben, zu verarbeiten und in einem geistlichen Prozess zu vergeben, muss das Geschehene noch einmal klar benannt werden. Vor der Heilung muss der Schmutz gründlich entfernt, müssen die Wunden gereinigt werden, auch wenn dies beiden Seiten noch einmal wehtut. Nur so kann wieder echter Frieden zwischen den Menschen entstehen. Nur so hat unser Ort eine Chance auf eine gute, friedliche Zukunft.

1 Keine Auskunft

Fehlende Informationen über die Ankunft der Flüchtlinge verstärken die Sorgen der Bürger. Die Fremdenfeinde von NPD und AfD nutzen die Schwäche der Verantwortlichen aus.

Seit ein paar Wochen geistert das Gerücht durch den Ort: Asylbewerber werden kommen. Im November 2014 bestätigen es ein paar Kreisräte: Ja, Flüchtlinge sollen in Tröglitz untergebracht werden. Mehr Informationen gibt es nicht. Wann, wie viele, wohin genau? Behörden und Politiker schweigen. Der hauptamtliche Bürgermeister der Gemeinde Elsteraue, zu der Tröglitz gehört, weiß auch Ende des Monats lediglich, dass sich das Landratsamt im Ort nach leeren Wohnungen in Tröglitz umsieht. Doch manche Einwohner scheinen schon eingeweiht zu sein: »Da werden Schwarzafrikaner kommen, alleinstehende Männer!« Wer dieses Gerücht unter die Leute gebracht hat, bleibt unklar.

Einen Monat später tagt der Gemeinderat der Elsteraue. In dieser nichtöffentlichen Sitzung wird bestätigt, dass die Verwaltung des Burgenlandkreises 60 Flüchtlinge in Wohnungen in Tröglitz unterbringen will. Vertreter des Landratsamts sind gekommen und erklären, dass man zwei Wohnblöcke anmieten möchte und in Verhandlungen mit den Eigentümern steht. Ein Mitarbeiter einer Securityfirma soll für die 60 Asylbewerber abgestellt werden und rund um die Uhr für Sicherheit sorgen; auch ein Sozialarbeiter soll sich tagsüber um die Geflüchteten kümmern und deren Integration unterstützen. Weitere Informationen wird es erst in ein paar Monaten geben – nach dem dazugehörigen Kreistagsbeschluss, der Anfang März anberaumt ist. Denn der Landrat werde die Einwohner erst dann zu einem Informationsabend einladen, wenn alle Fakten beisammen sind.

»Das könnte aber knapp werden«, wende ich ein. Schließlich sollen die ersten Asylbewerber dann schon sehr kurz nach diesem Informationsabend kommen, es wird also kaum Zeit und Raum geben, um auf Vorschläge oder Bedenken von Tröglitzern einzugehen. Mit einer früheren Veranstaltung könnten Gerüchte und Ängste entkräftet werden. Mit Hinweisen auf den bisherigen Umgang mit dieser Problematik in anderen Gemeinden ging der Gemeinderat wohl im Glauben auseinander, dass der Zeitplan und das Vorgehen vernünftig und ausreichend seien.

Der Gemeindebürgermeister und die Gemeinderäte sehen es auch nicht als ihre Pflicht, die Tröglitzer zu informieren oder die Unterbringung vorzubereiten. Dass Fremde kommen werden, betrachten sie offenbar nicht als ihre Angelegenheit, die Unterbringung der Flüchtlinge ist schließlich »von oben« verordnet. Also sagen sie nichts, obwohl die meisten ahnen, dass das Empörung und Erregung im Ort hervorrufen wird. So bleibt der Plan bestehen, der Bevölkerung erst in mehreren Monaten reinen Wein einzuschenken. Aber Jörg Pampel, der für die NPD im Gemeinderat sitzt, schreibt eifrig mit.

Die Vermutung liegt nahe, dass jemand die Neuigkeiten nach der nichtöffentlichen Sitzung gezielt weitergegeben hat. Und so kommt es, dass bei der folgenden Demonstration Mitglieder der NPD den Einwohnern beweisen können, dass ihre Partei die einzige ist, welche die Ängste der Bevölkerung wahrnimmt und sie ohne Geheimniskrämerei ehrlich und offen informiert.

Dass das Landratsamt oder in anderen Fällen auch höhere Verwaltungen Informationen zurückhalten, die noch nicht hundertprozentig sicher sind, liegt wohl in dem Ziel einer selbstbestimmten Kommunikation. Der Landrat will selbst die Deutungs- und Informationshoheit behalten. Aber auch bei mir entsteht wieder einmal der Eindruck, die Politik verheimliche dem Volk möglichst lang ihre Pläne, um es dann vor vollendete Tatsachen zu stellen.

Die offenen Fragen der Einwohner sind meistens ganz konkret: Wie viele sind es wirklich? Werden noch mehr kommen? Wer kümmert sich um die Neuen? Wer erklärt ihnen, wie und wo man einkauft? Wer hilft bei Problemen kultureller oder religiöser Art? Kommen Übersetzer, wenn die Neuen nur ihre Landessprache sprechen? Ist dann die Praxis des Hausarztes noch voller? Und wie soll das in der Schule laufen? Über solche Fragen hätte sich auch der Bürgermeister informieren und die Antworten weitergeben müssen. Schließlich hatte der Landrat seine Pläne offenbart und der Bürgermeister nun die Pflicht, auf der lokalen Ebene »seine« Bevölkerung vorzubereiten.

Dass der Tröglitzer Fall so eskalierte, lag auch daran, dass sich zwischen mir als ehrenamtlichem Ortsbürgermeister und dem Landrat in der Kette der politischen Verantwortung gleich mehrere Glieder total ausgeklinkt haben. Warum sich der hauptamtliche Bürgermeister und der Gemeinderat auf das Verwalten beschränkten, kann ich mir nur so erklären, dass sie die politische Arbeit nicht als ihre Aufgabe ansehen oder dass ihnen das Thema Unterbringung von Flüchtlingen schlichtweg zu heiß war, weil sie sich nicht bei Teilen der Einwohner unbeliebt machen oder vielleicht sogar selbst keine Flüchtlinge aufnehmen wollten. Stattdessen entzogen sie sich ihrer politischen Verantwortung, die zu übernehmen sie gewählt waren.

Dass Flüchtlinge mit einer Quote dem Burgenlandkreis zugewiesen werden, war längst per Gesetz festgelegt, aber für die Entscheidung, sie dezentral unterzubringen, nahm der Landrat ganz bewusst die Kreistagsvertreter in die Pflicht, um eine große Transparenz und Mitbestimmung zu erreichen. In einem Telefonat erklärte er uns, dass es ihm wichtig ist, dass die Entscheidung von einer breiten Mehrheit der gewählten Vertreter mitgetragen wird, obwohl er das auch allein hätte entscheiden können.

Doch hat er nicht damit gerechnet, dass das Volk sich durch die gewählten Vertreter eben meist nicht mehr vertreten sieht. 2006 schlug sich das in einer rekordtiefen Wahlbeteiligung von

44,4 Prozent nieder, die erst bei der Landtagswahl 2016 wieder stieg, weil die AfD mehr als 100 000 Nichtwähler mobilisieren konnte. Wohl auch, weil sie ihnen das Gefühl gab, Dinge auszusprechen, die andere Politiker sich nicht zu sagen trauen.

Doch wenn die Einwohner keine Antworten auf ihre Fragen bekommen oder sie sich nicht erkundigen können, nährt das die eigentlich unbegründeten Sorgen. Die Bürger fühlen sich bevormundet und haben das Gefühl, dass »die da oben« ja sowieso machen, was sie wollen. Zudem können sie die Änderungen, die auf sie und ihr tägliches Leben zukommen, nicht einschätzen und befürchten daher, in ihrem Alltag gestört und benachteiligt zu werden.

NPD und AfD schaffen es immer wieder, diese Gefühle und Ängste für sich zu nutzen und zu verstärken. Durch ihre oft gezielt verdrehte Informationspolitik und propagandistische Stimmungsmache erreichen sie die Leute und vermitteln den Eindruck, nur NPD und AfD nähmen die Ängste der Bevölkerung wahr und seien ehrlich und offen zu ihr. Sie können sich so als Aufdecker inszenieren, welche die Wahrheit ans Licht bringen.

Doch wenn die Aufklärung über das Kommen der Fremden den Fremdenfeinden überlassen wird, weil sonst niemand informiert, führt das dazu, dass aus Befürchtungen, die mit konkreten Antworten hätten ausgeräumt werden können, eine tiefsitzende und künstlich aufgebauschte Angst vor den Fremden wird, dass sich aus dem Gefühl der Ohnmacht und dem Gefühl, keine Stimme zu haben, immer mehr Wut aufstaut, woraus sich Hass gegen die Fremden und gleichzeitig gegen die Etablierten »da oben« entwickelt.

Gerade in Gegenden, in denen es bisher kaum oder gar keine Fremden gab und daher auch keinen gewachsenen Umgang und keine Erfahrung mit ihnen, ist die Angst vor dem Unbekannten am größten, und mit ihr auch der Erfolg von fremdenfeindlichen Parteien. So ist praktische und konkrete Aufklärung hier am notwendigsten. Bei jeder Unterbringung von Flüchtlingen in größerem Stil darf die Politik vor Ort es daher nicht verpassen, die Bevölkerung schnellstmöglich und offen zu unterrichten.

Der Landrat räumte im Nachhinein bald ein, dass es ein entscheidender Fehler gewesen sei, das Informationstreffen so spät anberaumt zu haben. In anderen Ortschaften im Burgenlandkreis hat er danach früher über die Unterbringung informiert. Am Ende kam der Landrat auf 20 Informationsabende, an denen er versuchte, den Bürgern durch Informationen die Ängste zu nehmen; gleichzeitig stand er als Blitzableiter zur Verfügung, damit die Angst- und Frustrationsenergie nicht von der NPD ausgenutzt werden konnte. Das war eine gute und mutige Schlussfolgerung, auch wenn ein Teil der Einwohner wie in Bad Kösen enthemmt und lautstark gegen den Landrat oder die Polizeiführung pöbelte, um sie nicht zu Wort kommen zu lassen. Dort wollten Teile der Bevölkerung die Argumente und Informationen der zuständigen Behörden gar nicht mehr hören. Daher kann ich Bürgern in Orten, in denen Flüchtlinge aufgenommen werden sollen, vor allem raten, sich Verbündete zu suchen und Netzwerke zu gründen, in die auch bekannte und beliebte Personen des öffentlichen und sozialen Lebens eingebunden werden. Danach ist es wichtig, möglichst schnell mit möglichst breiter Front an die Öffentlichkeit zu gehen, um Raum zu gewinnen, bevor ihn die Rechten besetzen. Gerade die politisch Verantwortlichen sollten möglichst offen informieren, ohne zu spekulieren, das heißt alle vorhandenen Fakten offenlegen, Gerüchte schnell dementieren, weiterführendes Wissen zu Asyl und Flucht zur Verfügung stellen und Themenabende anbieten, an denen Menschen aus anderen Orten von ihren Erfahrungen berichten. Nur so kann verhindert werden, dass ein sich selbst überlassenes Gerücht von Menschen mit bösen Absichten missbraucht und so ein Ort mit seiner Gemeinschaft zerrüttet wird.

2 Brief an verunsicherte Menschen

Ein Schreiben an die Bürger von Tröglitz soll die Debatte um die Flüchtlinge versachlichen und der NPD das Thema entreißen. Das Ergebnis ist ernüchternd.

Vor Weihnachten 2014 beschließe ich als Ortsbürgermeister, einen ausführlichen Brief an die Bürger zu schreiben und ihn im *Blickpunkt*, dem »Informations- und Heimatblatt der Gemeinde Elsteraue«, zu veröffentlichen. Sehr offen schildere ich meine eigenen Ängste und Bedenken, fordere die Tröglitzer aber dazu auf, die Vorurteile zu überwinden, den Flüchtlingen eine Chance zu geben, sich in deren Situation hineinzuversetzen und sie mit offenen Herzen zu empfangen. Nach einleitenden Gedanken zur Weihnachtszeit schrieb ich:

Es wurde jetzt vom Landrat bestätigt, dass der Burgenlandkreis in den nächsten Monaten etwa 50 Asylbewerber in leerstehenden Wohnungen in der Thälmannstraße in Tröglitz unterbringt. Von den ca. 170000 Asylsuchenden, die allein schon in diesem Jahr nach Deutschland gekommen sind, werden 2,6 % (nach dem Königsteiner Schlüssel sind es am Ende 2,8 %, Anm. d. A.) in Sachsen-Anhalt (im Vergleich Nordrhein-Westfalen: 23 %) untergebracht, davon eben ca. 50 in Tröglitz (0,06 %). (Rechnerisch sind 50 Flüchtlinge sogar nur 0,03 Prozent, ich hatte mich beim Schreiben des Briefes verrechnet, Anm. d. A.)

Ich möchte Ihnen heute ganz offen schreiben, was diese Nachricht in mir und bei uns zu Hause ausgelöst hat, ich möchte Sie teilhaben lassen an unseren Gedanken und Ängsten, an unseren Wünschen und Einstellungen, an den inneren Konflikten und Hoffnungen und an unserem Ringen, Vernunft, Angst, Erfahrungen und Herz zusammenzubringen.

Dies ist für mich eine Nachricht, die automatisch alle möglichen Stimmen in mir wachruft und mir auch Angst macht …

Mir ist bewusst, dass ich mich damit heftiger Kritik aussetzen könnte, weil vermutlich nicht alles, was ich Ihnen jetzt schreibe, den Anspruch der »politischen« Korrektheit in sich trägt.

Aber ich habe mich entschlossen, Ihnen mein inneres Ringen zwischen meinen eigenen vielfältigen Erfahrungen, meinem Glaubensgrundsatz und meinem guten Leben in dieser modernen, offenen Welt aufzudecken, weil ich vermute, dass ich ein echter »Tröglitzer« bin und viele ähnliche Gedanken und Ängste teilen. Und, weil wir alle zusammen eben auch herausgefordert sein werden, mit dieser neuen Situation umzugehen und sie zu gestalten, damit wir nicht von ihr gelebt und überrumpelt werden oder uns ihr ohnmächtig ergeben müssen.

Ich traue mich, Ihnen von meinem Innersten zu erzählen, weil ich glaube, dass wir offen miteinander umgehen müssen, unsere Ängste nicht einfach nur runterschlucken und verschweigen können, unsere Ideale nicht verraten dürfen und uns von unseren Ängsten nicht regieren lassen sollen.

Ich bin überzeugt davon, dass die Aufgabe, vor die wir als Tröglitzer jetzt gestellt werden, nur gelingen kann, wenn wir diese Herausforderung mit all ihrem Für und Wider gemeinsam durchdenken, vorbereiten und angehen. Denn gemeinsam sind wir stärker, können wir auf unserem Weg aufeinander aufpassen, uns unterstützen und auch, wenn notwendig, leichter (er)tragen.

Mir ist deutlich geworden, dass ich mich sehr verbunden fühle mit Tröglitz und seinen Menschen und auch aus diesem Grund gern Ortsbürgermeister bin. Wir leben deshalb so gern in Tröglitz, weil wir die Menschen hier schätzen gelernt haben: ihre Geduld, ihre Herzlichkeit und Herzenswärme, ihre Freundlichkeit, ihre Ausdauer und ihr Durchhaltevermögen, ihr Mitgefühl und ihre Anteilnahme, ihre Kontaktfreudigkeit und Offenheit. Nein, bitte nicht lachen oder zweifeln, wir haben schon genug andere Gegenden in Deutschland und der Welt kennengelernt, hier ist all das uns wirklich begegnet.

Ich gebe zu, wir fühlen uns in dieser Situation auch ein wenig innerlich zerrissen und hören in uns sehr viel Für und Wider. Im Moment vergeht kein Tag, an dem meine Frau und ich nicht darüber reden oder dafür miteinander beten.

Eine der Stimmen in uns sagt: wir möchten eigentlich keine Asylanten hier in Tröglitz haben, weil wir die bisherige soziale Struktur schon durch einheimische Kriminelle und sich unsozial benehmende Menschen genügend überanstrengt sehen.

Wir ahnen, das wird Probleme geben. Tröglitz könnte mit ca. 50 Asylanten überfordert sein, weil wir keine gewachsene soziale Struktur und auch nicht die (schützende) Anonymität einer größeren Stadt wie Zeitz haben.

Es könnte sein, dass bei vielen unter uns Tröglitzern die Angst vor den Fremden in Herzenskälte und spürbare Ablehnung umschlägt.

Dann werden »Einheimische« und »Fremde« sich auf der Straße begegnen, man wird sich kritisch und misstrauisch beobachten und jeder wird vermutlich noch etwas mehr von seiner inneren Herzenswärme verlieren, Vorurteile und Wut konnten sich weiter breitmachen, weil jeder das Schlechteste vom anderen denkt. Und keiner ist mehr glücklich.

Es ist möglich, dass sich künftig auch in Tröglitz (politische) Kräfte mobilisieren, die diese Ängste weiter schüren und die Stimmung gegen die Fremden aufheizen, Hass und Neid groß machen, damit dann eine aufgewiegelte, gewaltbereite Masse die Flüchtlinge bedrohen und einschüchtern soll.

Eine menschliche Gesellschaft, die durch friedliche Revolution ihre Freiheit bekommen hat, darf dies nicht dulden. Denn Menschen, die in Wut- und Hasstiraden andere erniedrigen müssen und immer neidisch sind, fehlt eigentlich nur eines: aufrichtige Liebe und Anerkennung, weil sie selbst wohl als Kinder zu wenig Liebe und Aufmerksamkeit mitbekommen haben und nun um »Gerechtigkeit« für sich kämpfen.

Wie wir mag mancher Tröglitzer auch Angst davor haben, dass die Kriminalität zunimmt: dass die »Ausländer« dann auch klauen oder gar mit Drogen dealen, weil sie keine andere Perspektive sehen, weil das ihr einziges »Arbeitsangebot« ist, das ihnen »gemacht« wird. Dass sie, geprägt durch andere Werte und Normen und ein völlig anderes Weltbild, vielleicht mit unseren Töchtern und Frauen unanständig oder gar schändlich umgehen.

Und womöglich könnte es auch sein, dass wir vergessen und dann vieles, was bei Diebstahl und Verwüstung bisher wohl auf das Konto von einheimischen, meist drogensüchtigen Jugendlichen ging, dann zusätzlich den Asylanten angelastet wird. Wer wird dann unterscheiden, wie viel Prozent der Asylanten wirklich Straftaten begehen und wie viele einfach nur versuchen, sich gut zu benehmen, um eine Chance auf Asyl und ein besseres Leben in Deutschland zu haben?

Wenn ich darüber nachdenke, wird folgender Gedanke sehr, sehr laut: »Ich habe bereits genügend (eigene) Probleme und möchte, dass unsere Kinder in Ruhe und ohne unnötige Konflikte aufwachsen können.« Aber was können wir tun?

Spätestens dann, und besonders jetzt in der Weihnachtszeit, in der wir täglich wunderschöne, wahre und einsichtige Satze hören oder lesen, die uns vorbereiten sollen auf dieses friedliche, besinnliche Fest der Liebe, fängt dann die andere Stimme in uns an, zu reden, und ich denke: »Wenn ich, Markus, einer von diesen jungen Männern wäre und zu Hause einfach keine Perspektive habe, hätte ich dann nicht auch alles darangesetzt, als »Wirtschaftsflüchtling« in ein sicheres und reicheres Land zu kommen? So wie ich damals als 15-Jähriger am Ostseestrand stand, sehnsüchtig auf die hellen Lichter von Lübeck, »drüben im Westen«, guckte und von Freiheit und einem leichteren Leben träumte?«

Und die Stimme mahnt mich: »Markus, du darfst nicht von vornherein dein Herz dichtmachen und alle Asylbewerber in den »Wirtschaftsflüchtlings«-Topf werfen, weil darunter auch Flüchtlinge sein werden, die wir ja im Fernsehen gerade noch bemitleidet haben. Also Menschen, die offensichtlich über längere Zeit sogar fürchterlichen Ängsten und Lebensbedrohung ausgesetzt waren, die erlebt *haben, wie einem ihrer Lieben Gewalt angetan wurde, und die ganz sicher nicht von zu Hause wegwollten, aber um ihr Leben und ihre Familie zu retten, einfach, ohne irgendetwas, fliehen mussten.*

Mit welchem Recht darf ich diesen Leuten, gerade jetzt vorm Heiligen Abend, die Tür und mein Herz vor der Nase zuschlagen? Was verliere ich wirklich, wenn ich Flüchtlingen, die ohne eigene Schuld alles verloren haben oder eben auch den »Wirtschaftsflüchtlingen«, die die Armut nicht länger ertragen wollten und konnten, etwas von dem Vielen, was ich habe, abgebe? Auch an Zeit und Gastfreundschaft, so wie ich in fremden Ländern oft auch überraschend gastfreundlich in Familien empfangen wurde?«

Seit dem Zweiten Weltkrieg gab es nicht mehr so viele Menschen, die vor Krieg und Terror fliehen müssen: über 50 Millionen sind es, die meisten davon wurden inzwischen von wirklich armen Ländern wie dem Libanon, Pakistan, Iran und der Türkei aufgenommen. 1,3 Millionen geflüchtete Syrer hungern derzeit in der blanken Wüste bei Minusgraden, weil die Geberländer das an die UNO zugesagte Geld nicht mehr zahlen. Keiner will sie. Ich eigentlich auch nicht. Aber sie sind einfach da.

Und dann redet unsere innere Stimme weiter und wir fangen an uns vorzustellen, dass es auch sein könnte, dass wir gemeinsam allen Mut zusammennehmen und alle Vorurteile zur Seite schieben und wir Tröglitzer den Asylanten und Flüchtlingen offen und freundlich begegnen.

Dass wir erst einmal zuhören, bevor wir »Nein« und »Hau ab« schreien, dass wir unseren Horizont erweitern und uns die Lebensgeschichten der »Neuen« anhören und unsere eigenen Geschichten erzählen und so ein wirkliches Kennenlernen und ein Austausch stattfindet und beide Seiten daraus vielleicht sogar etwas lernen. Wir haben zu Hause überlegt, was passieren kann, wenn wir Tröglitzer uns schon vor der Ankunft der Asylanten für einen Moment, in ihre Lage versuchen zu versetzen und uns versuchen vorzustellen, wie es ihnen wohl gehen mag?

Malen wir uns doch einmal aus, dass wir in diesem Bus sitzen und hier ankommen … was hättest du für Ängste, was für Hoffnungen, was für Kummer, was für Wunsche und Träume?

Was würde wohl geschehen, wenn wir Tröglitzer einfach, unserer Art nach, freundlich sind, damit unser schwächeres Gegenüber sich zu lächeln traut?

Könnte vielleicht Vertrauen auf beiden Seiten entstehen und ein friedliches, ja fröhliches Miteinander möglich sein? Das wüssten wir erst, wenn wir es ausprobieren würden …

Ich möchte Ihnen deutlich machen, dass ich hier nicht von »heile heile Multikulti« rede, daran glauben wohl nur noch Menschen, deren Wohnhäuser weit weg von Asylantenheimen stehen, wir nicht. Die Realität ist ja oft eine andere, leider auch unserer eigenen Erfahrung nach.

Es wird sicherlich unter den Asylanten auch die geben, die schon abgehärtete Herzen haben, nur an sich denken und Gesetze übertreten, so wie wir davon schon einige »geistesverwandte« Einheimische in Tröglitz haben, die auch lieber kriminell und unsozial den Tag begehen. Ja, es wird auch dort Unbelehrbare und vielleicht Radikale geben, denen klar die Grenzen aufgezeigt werden müssen, die sie möglicherweise dennoch überschreiten und vor denen wir dann geschützt werden müssen.

Aber wir wissen im Moment nicht, wer das ist, und wir müssten die »Neuen« erst einmal unvoreingenommen kennenlernen, um das einzuschätzen. Und das ist, wie immer bei »Beziehungen«, ein Wagnis, denn es birgt Enttäuschungspotenzial.

Aber ich denke dann, wenn z. B. meine Frau und ich, nach unseren ersten gescheiterten Ehen, so gedacht hätten und, weil es einmal völlig danebengegangen ist, uns immerfort geschützt und »zu« gemacht hätten und uns auf nichts Neues mehr hätten einlassen wollen, dann würden wir nicht an diesem schönen Ort so ein fröhliches und wundervolles Weihnachtsfest feiern, wie wir es seit sieben Jahren erleben dürfen und wir alle, meine Frau, meine Kinder und ich, wären definitiv erheblich ärmer!

Diese eigene, persönliche und sehr ermutigende Erfahrung, die mich in der Adventszeit immer besonders tief berührt und dankbar macht, bestärkt mich, Sie alle in dieser besonderen Jahreszeit um etwas Besonderes zu bitten: Liebe Tröglitzer, geben Sie »den Fremden« eine Chance, schon um unseretwillen, denn sonst verliert Tröglitz womöglich!

Wir können viel Kraft verwenden, uns dagegen zu wehren, können versuchen, die Gemeinde kämpfen zu lassen, aber das wird dauern und kaum Aussicht auf »Erfolg« haben. Fest steht, dass »die« dann schon längst da sein werden. Alle leerstehenden Wohnungen in der Elsteraue sind erfasst worden und da, wo es möglich wird, werden die Mietverträge unterschrieben, denn »sie« sind schon da, in unserem Land – und demnächst auch hier bei uns in Tröglitz.

Also, lassen Sie uns unseren Blick auf die Situation richten, dass wir alle, Tröglitzer wie Fremde, jetzt schon zusammen in EINEM Boot sitzen. Lassen Sie uns gemeinsam überlegen, wie wir die Situation »entschärfen« können, was wir (auch schon vorher) dazu beitragen können, dass ein Leben in Tröglitz gut, friedlich und schön bleibt.

Ich hoffe, Sie wissen, wie sehr mir und meiner Familie Tröglitz und seine gute Gemeinschaft am Herzen liegt und wie wichtig es uns ist, dass sich möglichst viele Tröglitzer in unserem Ort wohlfühlen. Ich mochte unser Zusammenleben hier am Ort nicht in Streit, Hass und Verbitterung enden sehen und darum bitte ich Sie, sich zu überlegen, wo Sie persönlich sich trauen, die »Neuen« kennenzulernen, was Sie sich vorstellen oder umsetzen können.

Erste Ideen sind schon gesammelt worden und so suchen wir ca. 30 Paten, es dürfen auch gern mehr sein, die sich jeweils für eine Wohneinheit von 2 Personen zuständig fühlen, den Kontakt suchen und von Ihren Erfahrungen in gemeinsamen Treffen erzählen.

Dann kann dort zusammen überlegt werden, ob einzelne Asylanten hier und dort vielleicht auch in Vereinen und Gruppen Anschluss finden oder mitmachen können. Vielleicht gibt es auch ein paar Leute, die ihr Englisch und/oder Französisch wieder ein wenig auffrischen mögen, dann hatten Sie hier eine gute Gelegenheit, sich auszuprobieren!

Wir würden uns auch freuen, wenn jemand unter Ihnen Vorschläge hätte, wie wir unsere »Neuen« ganz konkret begrüßen und willkommen heißen könnten ... vielleicht könnten wir auch gemeinsam im Frühjahr unser neues Miteinander »einweihen« und zusammen feiern? Das tun wir Tröglitzer doch so gern!

Und selbstverständlich werden der Ortschaftsrat und ich uns auch ihre Bedenken anhören und wollen mit Ihnen im Gespräch darüber sein.

Ich hoffe von Herzen, dass wir uns gemeinsam dieser Herausforderung stellen, damit das Leben in unserem Ort gut bleibt und wir nicht nur in der Weihnachtszeit, sondern weit darüber hinaus, ein Stück weit zeigen können, wie viel Herz Tröglitz hat, weil es (auf beiden Seiten) um Menschen mit ängstlichen Herzen geht, die in der kommenden Zeit an (unsere) Herzenstüren klopfen.

Ihr/e Markus und Susanna Nierth

Mit diesem Brief wollte ich den verunsicherten Menschen sagen, dass es wichtig sei, sich die eigenen Befürchtungen bewusst zu machen, um sie überwinden zu können. Vor allem wollte ich an die Hilfsbereitschaft und Gutmütigkeit appellieren, die ich bisher bei vielen Menschen erlebt hatte. Das erschien mir wichtig.

Viele der verängstigten, sorgenvollen Einwohner sind meiner Bitte gefolgt, nicht der NPD nachzulaufen, sondern abzuwarten und dem Landrat zu vertrauen. Dutzende Menschen sagten mir in den folgenden Wochen, dass dieser Brief ihnen sehr geholfen habe, er habe ihnen aus dem Herzen gesprochen. Weil alles offen angesprochen war, was die Menschen beschäftigte, alle Gedanken und Gefühle, all das Für und Wider, hat sich ein Großteil der Bevölkerung beruhigen lassen. Vor allem fühlten sie sich ernst genommen. Es gab deutlichen Zuspruch, Anrufe und erste Angebote zur Mithilfe von Einwohnern, die auch tatkräftig anpackten, als die ersten Flüchtlinge dezentral untergebracht wurden.

Aber es gab auch diejenigen, die sich wunderten, dass ich mich so nachdrücklich für die Flüchtlinge einsetzte, obwohl ich in dem Brief doch geschrieben hatte, keine Fremden im Ort zu wollen. Offenbar hatten sie den Brief nicht bis zum Ende gelesen oder bewusst falsch verstanden. Sie hatten nur das wahrgenommen, was sie hören wollten.

Aus heutiger Sicht sind vor allem zwei Abschnitte im Brief noch einmal zu hinterfragen. Halbfett gedruckt war auf Seite 26 zu lesen: »Keiner will sie, ich eigentlich auch nicht, aber sie sind einfach da.« Diesen aus dem Zusammenhang gerissenen Satz, der Teil meiner Überlegungen war, bewerteten einzelne Journalisten später als Beleg für eine fremdenfeindliche Einstellung meinerseits, und tatsächlich wähnten Asylgegner mich auf ihrer Seite. Diesen Satz würde ich heute nicht mehr schreiben. Er klingt kaltherzig und ist missverständlich, denn tatsächlich wollte ich damit ausdrücken, dass wohl alle Tröglitzer, auch ich, lieber ihr bequemes, ruhiges Leben fortsetzen wollten, als sich den Herausforderungen zu stellen, welche die Aufnahme von Flüchtlingen zweifellos mit sich bringen würde. Das war ein lieblos hingeschriebener Satz, für den ich zu Recht Schelte einstecken musste. Vor allem war er mit meiner christlichen Überzeugung nicht vereinbar und den Flüchtlingen gegenüber unangebracht, unverschämt und egoistisch.

Zudem würde ich mir nicht mehr zu eigen machen, was als pauschale und nicht ausrottbare Unterstellung die Diskussionen aller Xenophoben nicht nur in Ostdeutschland bestimmt: »Dass sie, geprägt durch andere Werte und Normen und ein völlig anderes Weltbild, vielleicht mit unseren Töchtern und Frauen unanständig oder gar schändlich umgehen.«

Ich habe diese Angst damals auch benannt, weil wir sexuelle Übergriffe in unserem direkten Umfeld schon zweimal erlebt hatten. Es ist also für mich kein Vorurteil, sondern etwas, das mir, beziehungsweise Menschen, die mir viel bedeuten, wirklich passiert ist. Ich wollte die Einwohner des Ortes als mündige Bürger sehen und ignorierte daher bewusst den Aspekt, dass solch offenes Reden bei wenig Differenzierenden die Angst noch mehrt. Vor allem nach der Silvesternacht 2015/2016 hat dieser Satz heute eine besonders Brisanz und kann noch leichter als Vorurteil missbraucht werden. Daher würde ich das in solch einem öffentlichen Brief heute nicht mehr schreiben. Ich hätte diesen Absatz offener und ausführlicher fassen müssen, denn sexuelle Übergriffe verüben nicht nur muslimische Männer, sondern sind ein Fehlverhalten, das Männer aller Kulturen zeigen.

Als heutige Paten von afghanischen Flüchtlingen achten wir besonders auf das Frauenbild der Männer. Jeder hat da sein eigenes, nicht nur unter Afghanen, offensichtlich auch unter Europäern, unter Deutschen. Deshalb können wir heute sagen: Nur weil es Männer gibt, die Frauen sexuell belästigen, kann ich Männer nicht generell aus meinem Dorf ausschließen. Genauso wenig darf ich alle muslimischen Männer ausschließen, weil es Muslime gibt, die Frauen sexuell belästigen.

Im Rückblick ist offensichtlich, dass ein Brief allein in solchen schwierigen, ungeklärten und aufgeladenen Situationen nichts zu lösen vermag. Nötig gewesen wäre, den Menschen ein Forum anzubieten, auf dem sie fragen können und Antworten erhalten Bei solch konfliktgeladenen Themen wie dem Zuzug von Flüchtlingen sind alle politisch und gesellschaftlich Verantwortlichen gefragt und müssen frühzeitig Stellung beziehen. Auch ich hätte dem Populismus und alltäglichen, unreflektierten Fremdenhass schon viel früher wesentlich deutlicher entgegentreten müssen. Hilfreich wäre gewesen, schnell einen offenen Raum für sachliche Diskussionen zu schaffen, in dem jeder Einwohner seine Meinung hätte äußern können und mutige Politiker und angesehene Bürger deren Fragen beantworten. Auch ein Netzwerk der Parteien, Vereine und Kirchen hätte dazu beitragen können, die Debatte zu versachlichen. In vielen anderen deutschen Orten sind auf diese Weise Fragen, Sorgen oder Vorurteile rechtzeitig aufgenommen, entkräftet oder durch gemeinsames Vorbereiten in Aktionen umgeleitet worden.

All das ist in Tröglitz nicht geschehen, und deshalb verhärteten sich bei einem Teil der alleingelassenen Menschen die Herzen und sie konnten von Fremdenfeinden und Rassisten verführt und mitgenommen werden.

3 Hetze im Netz

Im virtuellen Wohlfühlraum einer abgeschotteten Gemeinschaft wähnen sich auch die Tröglitzer Fremdenfeinde als Teil der Mehrheit des Volkes. Auf Facebook können sie sich gegenseitig in ihren Vorurteilen bestätigen.

Ein ehemaliger Anhänger der rechten Szene sprach es unmissverständlich aus: Ein beträchtlicher Teil der Jugendlichen in ländlichen Gebieten lehnt Ausländer grundsätzlich ab. Das liegt daran, dass Eltern und Schule offensichtlich politische und historische Erziehung und Bildung vernachlässigt haben. Auch eine Diskussionskultur ist in der Nachwendegeneration oft nicht gewachsen. Und das Interesse an der Welt scheint sich in engen Grenzen zu halten. Wer aber seinen Horizont nicht über das vertraute Umfeld hinaus erweitert, wer Fremdes nicht kennenlernt, fürchtet es. Die Folgen sind in Tröglitz zu besichtigen: Statt sachlich zu diskutieren oder gar ein Willkommensfest zu planen, werden fremdenfeindliche Äußerungen laut und lauter. Und so steht dann eine junge Mutter vor dem Kindergarten und redet mit anderen Müttern über ihre Ängste vor den ankommenden Fremden, den Flüchtlingen. Sie glaubt, dass die fremden Männer den Kindern oder ihnen selbst etwas antun werden. Schnell merkt sie, dass ihre Zuhörerinnen ihre unbestimmte Furcht teilen. Das veranlasst sie, auf Facebook eine Seite namens »Keine Asylschmarotzer für Tröglitz« ins Leben zu rufen. Dort finden sich schnell andere »Besorgte« und Unzufriedene zusammen. Schon nach wenigen Stunden zählt sie mehr als hundert Likes, die Zahl steigt Tag für Tag und die Seite wird zum Sammelpunkt für Gerüchte und Hetze.

An einem Vormittag ruft die junge Frau mich als Ortsbürgermeister, an, erzählt von ihren Gesprächen mit anderen besorgten

Müttern und lädt mich zu einer Versammlung auf den Friedensplatz ein, die zwei Tage später anberaumt sei. Herr Thiel sei auch dabei. Steffen Thiel sitzt für die NPD im Kreisrat, stammt ursprünglich aus Tröglitz, wo er 1976 geboren wurde. Was mich überrascht, ist der zutiefst entschlossene, sogar wütende Ton der Anruferin. Ich weiche aus und sage ihr zu, darüber nachzudenken.

Wenige Stunden später ruft auch der Lokalredakteur der *Mitteldeutschen Zeitung* an und fragt, ob ich wüsste, was sich da auf Facebook zum Thema Asylbewerber in Tröglitz zusammenbraut. Er sagt, dass dort auch aus meinem Dezemberbrief an die Einwohner zitiert werde, und bittet mich, ihm den gesamten Text zu schicken. Der dritte Anruf kommt vom Staatsschutz. Auch er hat Fragen wegen der Facebook-Seite. Mich überrascht die Schnelligkeit, mit der sich das alles entwickelt, und die Art, mit der auf meinen Brief in Form einer Facebook-Seite reagiert wird.

Meiner Frau Susanna und mir war Facebook bis dato vor allem suspekt, wir hatten keine Erfahrung damit, keinen eigenen Account und wollten uns eigentlich auch nie auf Facebook einlassen. Über den Account einer unserer Töchter loggt sich Susanna ein und ist entsetzt über einige offen rassistische Kommentare sowie darüber, dass die junge Mutter nur ein paar Sätze aus meinem Brief an die Einwohner herausgegriffen hat, die aus dem Zusammenhang gerissen als fremdenfeindlich verstanden werden können. Zudem behauptet sie, der Ortsbürgermeister habe ihr telefonisch versichert, ihr Anliegen mitzutragen und an der ersten Versammlung teilzunehmen.

Susanna schreibt daraufhin eine Richtigstellung. Später bezeichnet sie es als großen Denkfehler, davon ausgegangen zu sein, dass die Community ihre – meist langen – Texte gründlich liest und differenziert antwortet und auf diese Weise eine Diskussion zustande kommt. Doch sie irrt. Statt Argumente auszutauschen werden nur einzelne Sätze oder Begriffe herausgepickt, die dann bestärkt oder bekämpft werden, der Rest wird einfach ignoriert. Den nächsten kritischen Beitrag meiner Frau löscht die junge Mutter innerhalb von Minuten, alle folgenden auch, bis Susannas Profil auf der Seite gänzlich geblockt wird. Die Gruppe will offenbar in ihrem Wohlfühl- und Echoraum nicht gestört werden.

Dies nimmt Susanna zum Anlass, das persönliche Gespräch mit der jungen Frau zu suchen. Sie erklärt ihr, dass es weitaus besorgniserregendere Probleme in Tröglitz gebe als die eventuelle Ankunft einiger Ausländer – eine nicht geringe Jugendkriminalität und florierenden Drogenhandel zum Beispiel. Ein Ergebnis des langen Gesprächs ist, dass Susanna wieder Zugang erhält und wieder schreiben darf – vorübergehend. Außerdem wird die Facebook-Seite umbenannt: »Keine Asylschmarotzer für Tröglitz« heißt nun: »Asylheim für Tröglitz – nein danke!«

Der Staatsschutz meldet sich wieder, lobt die Beiträge von Susanna als »pädagogisch wertvoll«. Wir sind baff, aber auch beruhigt, dass der Staat schon so früh solche gefährlichen Krisenherde in den sozialen Netzwerken im Visier hat.

Uns fällt schnell der unhöfliche und oft dreiste Ton auf, mit dem bei Facebook auf Gegenargumente »geantwortet« wird, das schnelle »Hochschaukeln«, der respektlose Umgang miteinander. Auch unser Ton wird härter. Grund dafür ist die Anonymität, in der man sich im Netz bewegt. Selbst wer mit Klarnamen schreibt, sitzt seinem Gesprächspartner nicht gegenüber, kann seine Mimik, Gestik und seinen Tonfall nicht wahrnehmen und ist keiner direkten Reaktion auf die eigenen Worte ausgeliefert, ähnlich dem Autofahrer, der seinen Furor nicht zügelt, wenn er einen anderen Fahrer beschimpft.

Ebenso auffällig ist, dass die Facebook-Seite schnell offensichtlich Rassisten und Rechtsradikale von außerhalb anzieht, unter ihnen auch Steffen Thiel von der NPD. Der ermutigt die Facebook-Gruppe zu gemeinsamen, spontanen Treffen auf dem zentralen Platz des Ortes, um Unverständnis und Frustration nicht nur im Internet abzuladen. Er müsse am Sonntag ganz zufällig um 18 Uhr zum Geldautomaten auf dem Friedensplatz, ließ er wissen. Vielleicht gehe das auch anderen Einwohnern so. Thiels »Aufruf« folgten nur sechs bis acht Leute. Aber dieses erste Treffen der Facebook-Freunde in der realen Welt, die nach dem überraschenden Erfolg durch die vielen Likes hoch motiviert sind, ermutigt die Versammelten dazu, noch mehr zu tun. Thiel bietet an, für den nächsten Sonntag eine offizielle Versammlung anzumelden. In einem Interview für die MDR-Sendung »Angst – Trotz – Tröglitz«[1], erklärt Thiel später, dass die anwesenden Einheimischen sich das selbst nicht zugetraut hätten, weil sie mit Demonstrationsanmeldungen keine Erfahrung und Angst vor beruflichen Schwierigkeiten hatten. Deshalb hätten sie ihm die Erledigung der Formalitäten übertragen, ohne sich daran zu stören, dass der die Interessen der NPD für den gesamten Kreis vertritt. Was sich hieran vor allem zeigt, ist das hohe Maß an Angst und Misstrauen dem Staat gegenüber sowie der Mangel an Übung oder Erfahrung mit dem demokratischen System und seinen Formen der Bürgerbeteiligung.

Durch spätere Telefonate mit anderen Bürgermeistern erkennen wir, dass es Strategie der NPD ist, Bürgerproteste mit ihrer verzerrenden Propaganda aufzuheizen, zu kapern und schließlich als einen Ausbruch der angestauten Emotionen »des Volkes« in Demonstrationen münden zu lassen. Das ließ sich schon am Einladungszettel erkennen, dessen Text die NPD bereits vorher für andere Demonstrationen in anderen Orten verwendet hatte.

Auch auf der Facebook-Seite sickert schnell durch, dass Steffen Thiel sich immer mehr einmischt. Ein paar kritische Stimmen fragen, ob man wirklich mit der NPD auf die Straße gehen kann. Doch die Befürworter der Seite wollen nun unterscheiden zwischen dem »Privatmann« Steffen Thiel und dem NPD-Abgeordneten. Er sei hier im Ort aufgewachsen und besitze noch eine »Immobilie«. Mit der argumentiert auch Thiel: Sein Engagement sei rein privat, es gehe ihm um den drohenden Wertverlust seiner Immobilie.

Ich kenne Steffen Thiel seit fast 20 Jahren, er wohnte mit seinen Eltern in der Burtschützer Straße, nicht weit von uns entfernt. Das Grundstück gehört der Familie schon lange nicht mehr. Steffen Thiel kann sich deshalb höchstens auf eine seit Jahren nicht mehr genutzte, halb verfallene und nahezu wertlose Verkaufsbaracke beziehen.

Sehr auffällig ist, dass Administratoren und Fans der »Kein Asylheim für Tröglitz«-Seite sich immer wieder vehement gegen den Vorwurf wehren, »Nazi« zu sein. Sie verstehen offensichtlich jegliche Kritik an ihrem Tun und Schreiben als Nazivorwurf, auch wenn er gar nicht im Raum steht, und führen Begriffe wie Rechtsradikalismus, Fremdenfeindlichkeit und Rassismus immer wieder an, um sich für ihre Person davon zu distanzieren. Differenzierungsversuche von Befürwortern eines fremdenfreundlichen Umgangs wie der, dass man kein Neonazi sein muss, um sich rassistisch und fremdenfeindlich zu äußern, erreichen selten ihre Adressaten. Tragisch ist vor allem, dass Diskussionen über Thiel, Neonazis und ob man sich mit ihm und der NPD einlassen darf oder soll, nie fruchtbar werden können, weil kritische Stimmen und Gegenargumente gelöscht oder die »Gegner« gleich ganz geblockt werden.

Während ein Freund versucht, durch eine neutralere Facebook-Seite mit Namen »Tröglitz – Du bist Tröglitz, mach mit!« die Debatte zu versachlichen, wuchert auf der Seite der Asylheim-Gegner immer öfter offener Rassismus. Neben hetzerischen Parolen gegen »Asylanten« und »kriminelle Ausländer« wird eine neue Version des bekannten Refugees-Welcome-Symbols verbreitet: Dort steht nun »Refugees Not Welcome«, illustriert mit einem Deportationszug. Außerdem wird die brutale Ermordung der schwangeren Maria P. in Berlin durch einen »Deutschtürken« thematisiert und sehr rassistisch und hasserfüllt kommentiert. Virtuell steht hinter all diesen Posts: »Seht her, deshalb gehen wir auf die Straße. Wir wollen nicht, dass so etwas bei uns passiert.«

Kurz darauf folgt eine neue Eskalationsstufe durch die Veröffentlichung eines Fotos, auf dem ein etwa sechs Jahre altes syrisches Mädchen ohne Kopf, aber in einer Blutlache liegend gezeigt wird, geköpft von IS-Terroristen. Als Kommentar dazu: »War wohl nur ein Versehen.« Was genau der Verfasser dieses Posts damit sagen will, bleibt unklar. Eine Vermutung wäre, dass er zeigen will, was Ausländer für Schreckenstaten begehen.

Ich bin geschockt, kann mir dieses Foto nicht wirklich ansehen und weiß auch nicht, wie ich darauf reagieren soll, was dann Susanna umso deutlicher tut. Ihr Post wird zwar sofort gelöscht, aber daraufhin äußern andere Facebook-User ihre Meinung über diese Widerwärtigkeit, und auch ich poste einen langen Brief, in dem ich mein Entsetzen ausdrücke – und der sofort und immer wieder gelöscht wird. Deshalb veröffentliche ich eine lange Stellungnahme auf der anderen Facebook-Seite und hänge sie in der Funktion als Ortsbürgermeister an die Anschlagtafel im Ort. Alle Tröglitzer sollen sehen, welch Geistes Kind die Organisatoren der Demonstrationen in Tröglitz sind: *»Offensichtlich haben Sie es nötig, mit solch widerwärtigen und menschenverachtenden Methoden zu arbeiten, um die ›Tröglitzer Gemeinschaft‹ gegen die ›drohende Gefahr‹ durch Asylbewerber vorzubereiten. Sie schüren dadurch bösartig Hass und Angst, indem Sie indirekt diese IS-Taten als mögliche Taten von Asylbewerbern zuschreiben.«* Ich weise zudem darauf hin, dass es gerade die Gräuel des IS sind, vor denen die Menschen fliehen, und dass es durchaus möglich sei, dass Familienangehörige des Mädchens nach Tröglitz kommen. *»Das – und dies sage ich Ihnen als offizieller und gewählter Vertreter der Mehrheit der TRÖGLITZER Bürger – brauchen WIR NICHT! Behalten Sie diesen kruden und üblen Überzeugungsstil für sich, aber bitte verschonen Sie damit unseren Ort und die Tröglitzer Gemeinschaft. Auch Kinder und Jugendliche konnten ungeschützt dieses furchtbare, entsetzliche Bild sehen, was Traumata hinterlassen kann.«*

Einige Wochen später besucht uns der Staatsschutz und erklärt, dass von Amts wegen Ermittlungen wegen dieses menschenverachtenden Beitrags aufgenommen wurden. Wir werden als Zeugen über alle Details befragt.

Nachdem wir das menschenverachtende Treiben auf der »Tröglitzer«-Seite angeprangert hatten, verschärft sich der Ton. Unser Widerstand wird wohl als persönliche Kampfansage verstanden.

Überhaupt nimmt die Aggressivität in diesen Tagen bundesweit zu, besonders in den sozialen Netzwerken. Ermutigt durch Pegida und Co., machen sich in diversen »Nein zum Heim«-Gruppen in ganz Deutschland »normale Bürger« daran, ihre Ängste und ihren Protest auf dieser ersten, ungefilterten Ebene von Öffentlichkeit zu äußern. Wenn jemand bei *Spiegel Online* eine Nachricht über ein gesunkenes Flüchtlingsboot kommentiert und schreibt, dass noch viel mehr von »denen« sterben sollten, und dafür Hunderte Likes bekommt, dann fühlt er sich nicht nur bestätigt und im Recht, sondern verschiebt damit auch die Grenze dessen, was man sagen kann. Am Stammtisch hätte er diesen Satz vermutlich nicht ausgesprochen, aus Angst vor einer kritischen Reaktion. Im Netz jedoch scheint es kein Stoppschild für Hass und Ablehnung zu geben. Je schockierender die Aussage, desto höher die Aufmerksamkeit.

Außerdem hat offenbar Konzentrationsmangel zur Folge, dass meist nicht gründlich gelesen, mangels Bildung nicht reflektiert wird. Aus Sehnsucht nach einfachen Lösungen werden die krudesten Verschwörungstheorien bemüht. Rechtsradikale und demagogische Kräfte lenken die noch unkoordinierten Emotionen durch gezielte Fehlinformationen in ihre Kanäle und erreichten so schnell eine Radikalisierung in Inhalt und Ton. Wachsende Ängste und Wut erhöhen die Bereitschaft zu Aktionen, etwas zu unternehmen, »denen da oben« endlich zu zeigen, dass man nicht alles mit sich machen lässt.

Während Susanna sich mit erstaunlich viel Energie und Geduld oft stundenlang in Diskussionen und Gespräche einmischte oder genau recherchierte, um die Verlogenheit und Dummheit von Hetzbeiträgen bloßzustellen, ließ ich mich nur selten auf diesen virtuellen Kampf ein; ich ging Konflikten aus Harmoniebedürfnis möglichst lange aus dem Weg, versuchte außerdem zu verstehen, warum Menschen sich derart gehen lassen.

Wir beide agierten unterschiedlich und mussten noch lernen. Susanna würde heute keine Diskussion mehr auf Facebook beginnen, weil diese Plattform eine Art Wutspirale ist. Ihr ist es nicht immer gelungen, sachlich zu bleiben, zu oft wurde sie sarkastisch oder polemisch. Ihre Erfahrung ist, dass man Leute auf Facebook nicht umstimmen kann, wenn sie an der anderen Meinung gar nicht wirklich interessiert sind. Deshalb begnügt sie sich heute damit, schlicht Fakten zu benennen, die zur Kenntnis nehmen kann, wer will.

Nur wenige Menschen können Widerspruch ertragen. Vielleicht liegt das daran, dass wir selten in der Lage sind, Kritik in der Sache und Kritik an der Person zu unterscheiden. Warum kommt mir dies aber im Osten noch ausgeprägter vor? In der realsozialistischen Diktatur gab es keine Diskussionskultur, die »Vorzüge« des DDR-Staates waren nachzubeten, widersprechende Argumente galten schnell als »Hetze« des Klassenfeindes. Es gab nichts zu diskutieren, nicht in der Schulklasse vor dem Lehrer, nicht in der Pionier- und FDJ-Gruppe über die Arbeitsbrigade bis hin zum SED-Apparat. Denn: »Die Partei hat immer recht.« Manchen der heute noch tätigen Lehrer fiel es vielleicht schwer, plötzlich eine freiheitlich-demokratische Diskussionskultur aus ganzem Herzen zu übernehmen.

Darüber hinaus prägt ein starker Hang zur Vereinfachung den Zeitgeist, Differenzierung erscheint als zu anstrengend und zeitaufwendig.

Neben dem Gefühl der Macht gibt ein soziales Medium wie Facebook auch das Gefühl, im Recht zu sein und auf der richtigen Seite zu stehen. Wer Teil einer Gruppe ist, bezieht möglicherweise alle Informationen aus diesem Kreis. Man lebt in einer Blase der Gleichgesinnten und hält deren Meinung für repräsentativ. Inzwischen gibt es für dieses Phänomen einen Namen: das Paradox der »Majority Illusion« (eingebildete Mehrheit) in sozialen Netzwerken. Je mehr Menschen in einem mehr oder weniger abgeschotteten Bereich bestimmte Thesen teilen, umso glaubwürdiger erscheinen sie. Man stellt sich seine Nachrichten selbst zusammen, anstatt die Auswahl – wie bei einer Tageszeitung oder den Fernsehnachrichten – ausgebildeten Journalisten zu überlassen, die entscheiden, welche Themen relevant und richtig recherchiert sind. Wer keine anderen Medien nutzt und den Blick nicht über sein Umfeld hinaus weitet, wähnt sein Denken bestätigt. Dieser Eindruck verstärkt sich, wenn in Facebook-Gruppen wie der »Tröglitzer« Gegenstimmen gelöscht werden. Das erklärt auch, warum Pegida und ihre Ableger immer wieder selbstbewusst schreien: »Wir sind das Volk« – obwohl doch rechnerisch alles dagegen spricht.

Sofortiger und deutlicher Widerspruch auf Hetze und Fremdenhass im Netz ist deshalb wichtig. Dabei ist aber entscheidend, wie man darauf reagiert. Eine Antwort auf Facebook erreicht ja nicht nur den Verfasser des Kommentars, sondern alle Mitlesenden. Ein rüder oder aggressiver Ton dreht die Wutspirale weiter, sinnvoll sind nur fundierte, sachliche Beiträge, die etwa auf die Verwendung einer unzuverlässigen Quelle oder falscher Zahlen aufmerksam machen. Vor allem sollte man hetzerischen und rassistischen Postings von Personen, die einem persönlich bekannt sind, unmissverständlich widersprechen. Denn Menschen aus dem eigenen Umfeld haben den größten Einfluss und können am ehesten zum Nachdenken anregen.

Eines der immer gleichen »Argumente« der Fremdenfeinde lautet: »Wir sollten uns lieber um unsere eigenen Armen kümmern statt um Asylbewerber.« Eine Antwort darauf wäre: »Sind Flüchtlinge arbeitslos, klagen viele über die Sozialhilfekosten, die man ja irgendwie mitbezahle. Sind sie es nicht, fürchten sie die Konkurrenz um Arbeitsplätze. Dabei ist die Angst, dass Flüchtlinge der Wohnbevölkerung die Arbeitsplätze wegnähmen, unbegründet: Forscher, die den Zusammenhang von Zuwanderung und lokaler Arbeitslosigkeit untersucht haben, fanden keine negativen Auswirkungen auf den Arbeitsmarkterfolg von Einheimischen. Auch die Rechnung, dass die Versorgung von Flüchtlingen Arme noch ärmer mache, geht nicht auf: Kämen tatsächlich weniger Flüchtlinge, bekäme ein arbeitsloser Hartz-IV-Empfänger nicht einen Cent mehr, geringe Löhne würden deshalb nicht steigen, und Mittelständler hätten nicht weniger Angst vor dem sozialen Absturz. Hinter diesen Sorgen steht nämlich ein anderes Problem: die wachsende Ungleichheit zwischen Arm und Reich.«

Diese Antwort stammt von der Webseite der Menschenrechtsorganisation Pro Asyl, die Argumente veröffentlicht hat, mit denen man gängige Vorurteile widerlegen kann.[2]

Doch bei Internetkommentatoren, von denen viele sich in der Anonymität des Netzes in Rage schreiben, ist eine Diskussions- und Streitkultur nicht ausgeprägt. Stattdessen werden Widerworte nicht nur auf der »Tröglitzer«-Seite gelöscht. Alternativ fällt die Antwort darauf noch schärfer aus.

Wenn die Aussagen jenseits jeden Anstands und volksverhetzend sind, kann und sollte man das den Betreibern der Plattform, wie zum Beispiel Facebook, melden. Sie sind verpflichtet, dagegen vorzugehen und den Beitrag zu löschen. Auch eine Anzeige zu erstatten, ist sehr sinnvoll. Polizei und Staatsanwaltschaften greifen inzwischen auch im Internet härter durch und verfolgen die Urheber volksverhetzender Kommentare. Wer menschenverachtende und rassistische Parolen im Netz verbreitet, muss inzwischen mit empfindlichen Strafen rechnen. Pegida-Mitbegründer Lutz Bachmann wurde im Mai 2016 wegen Volksverhetzung zu einer Geldstrafe von knapp 10 000 Euro verurteilt, weil er auf Facebook Migranten in einem Kommentar pauschal als »Viehzeug« und »Gelumpe« bezeichnet haben soll.

In Sachsen hat die Polizei 2015 insgesamt in 367 Fällen wegen Volksverhetzung ermittelt. Das waren fast dreimal so viele wie im Jahr zuvor (129). Auch die Aufklärungsquote lag so hoch wie nie zuvor. Nach einer Statistik der Generalstaatsanwaltschaft gab es 36 Anklagen und 80 Strafbefehle wegen Volksverhetzung, also 116 Fälle mit gerichtlichen Folgen, in den beiden Jahren zuvor waren es 20 beziehungsweise 24 Urteile.[3]

Dass es viel zu lange im Netz möglich war und trotz verstärkter Kontrollen immer noch möglich ist, justiziable Parolen zu verbreiten und damit viel mehr Menschen als am Stammtisch zu erreichen, führt zu dem Gefühl, das Netz sei ein rechtsfreier Raum. Die strengeren Regeln haben inzwischen zur Folge, dass viele der Neurechten zum russischen Netzwerk vk.com umziehen, wo sie über Zensur US-amerikanischer Behörden und der Bundesregierung schimpfen. Allerdings haben die deutschen »Patrioten« in dem riesigen Netzwerk kaum Reichweite. Hier ist es – bislang – noch so, dass Neonazis sich nur untereinander bestätigen, die gesellschaftliche Mitte erreichen sie hier nicht.

4 Neonazis marschieren auf

Schnell stacheln Rechtsextreme den Bürgerprotest an und setzen sich an die Spitze des Protests, nur wenige der Demonstranten stören sich daran. Sie fühlen sich endlich beachtet und aufgewertet.

Um die Jahreswende 2014/15 fordert NPD-Kreistagsmitglied Steffen Thiel die Tröglitzer zur ersten Kundgebung gegen das geplante Flüchtlingsheim auf. Termin: Sonntag, der 4. Januar, 16 Uhr, auf dem Friedensplatz. Sein Aufruf steht auf Zetteln im DIN-A5-Format, die im Ort verteilt werden.

In einem Interview mit dem MDR berichtet Thiel, wie es zu der Demo-Anmeldung kam: »Wir haben uns nach dem Schreiben von Herrn Nierth im Dezember vor der Kaufhalle getroffen, sieben Bürger«, sagt er. »Und da haben wir einen Zettel erarbeitet. Die Gänge, wie wir weiter vorgehen wollen, haben wir da unter sieben Leuten diskutiert. Da habe ich den Vorschlag gemacht, eine Kundgebung zu machen, um alle Tröglitzer zu informieren, weil ja nicht jeder Internet hat und nicht jeder Facebook hat. Und deswegen hab ich, oder haben wir einen Zettel erarbeitet, den wir dann auch in die Briefkästen gesteckt haben. Und dann ging es darum, die Veranstaltung anzumelden, wer seinen Namen gibt und auch um den Zettel, wer da im Impressum steht, denn wenn man was verteilen möchte, da muss ein Impressum draufstehen. Da hat sich keiner gefunden. Und da habe ich gesagt, ich würde das tun, aber ich bin im Kreistag für die NPD. Es kann sein, dass es da immer in die NPD-Richtung geht. Das war den meisten aber egal. Und ich habe das dann so angemeldet, und habe auf dem Zettel im Impressum meinen Namen, mit meiner Telefonnummer sogar und alles gemacht, und die haben wir dann verteilt und angemeldet. (…) Ich war der einzige aus der NPD. (...) Um die Bürger zu informieren. Es wurde ja bloß in dem Brief von Herrn Nierth in dem Blickpunkt berichtet, dass Asylbewerber hierherkommen sollen und da hat sich schon ganz kurz danach, zwei, drei Tage später, eine Facebook-Gruppe gegründet, die Tröglitzer Gemeinschaft. Und da bin ich dann auch drauf gekommen. Und da hab ich dann, oder da haben wir dann, gesagt, jetzt müssen wir mehr machen als eine Internetseite.«[4]

Als ehemaliger Einwohner, der seine Kindheit und Jugend in Tröglitz verbracht hat, aber auch durch Plakate der NPD aus dem letzten Wahlkampf ist Steffen Thiel allen bekannt. Mir ist klar, dass einige Menschen seinem Aufruf folgen würden – obwohl er NPD-Kreistagsmitglied ist. Ich bin zerrissen zwischen der Aufgabe, mich als Ortsbürgermeister den Fragen und Sorgen der Einwohner zu stellen, und dem Problem, dass die NPD hierfür die Proteststruktur gebildet hatte. Nach langem Überlegen komme ich zur Überzeugung, dass ich für die Einwohner präsent sein und mich äußern will, mich aber eindeutig von dem Forum, das die NPD organisiert, abgrenzen muss.

Ich rufe alle Mitglieder des Ortschaftsrats an und kann die Hälfte dafür gewinnen, am Abend der Kundgebung einen eigenen Stand aufzubauen, in deutlichem Abstand zur Veranstaltung, aber sichtbar. Wir versehen den Stand mit einem bunten Schild: »Können wir es schaffen? Ja, wir schaffen das – gemeinsam!« Außerdem hängen wir ein Banner auf, auf dem steht: »Demonstrieren ist ok – aber ohne NPD.« Wir haben Kaffee, Tee und Kekse dabei – und viel aufklärendes Infomaterial zur Flüchtlings- und Asylthematik. Als die ersten Demonstranten kommen, versammeln sie sich intuitiv um uns und begrüßen uns. Auch Steffen Thiel grüßt und bleibt neben mir stehen. Ich weise ihn höflich darauf hin, dass ich nicht Teil der Veranstaltung sein will und mich deshalb ganz bewusst am Rand aufgestellt habe.

Die Menge versammelt sich also hundert Meter entfernt, ein paar Einwohner bleiben bei uns, da sie mit Thiel nichts zu tun haben wollen. Da es keine Lautsprecheranlage gibt, verstehe ich nur einzelne Sätze der offensichtlich unprofessionellen Redebeträge von Thiel, seinen Parteifreunden und besorgten Einwohnern. Doch sie hören Thiel zu, weil er – offenbar aus seiner Arbeit im Kreistag – über bisher unbekannte Informationen verfügt, die er nun propagandistisch aufbereitet an die Menschen weitergeben kann, die sich schlecht unterrichtet fühlen. Sie hören Thiel zu, weil er einer von ihnen ist. Einer, der die Sprache des einfachen Mannes spricht und nicht intellektuell oder sprachgewandt wie einer von »denen da oben«. Seinem Publikum gibt er das erhebende Gefühl, endlich Beachtung zu finden, auch wenn später die »Lügenpresse« über den Tröglitzer »Volksaufstand« nur in wenigen Zeilen und ganz ohne Bilder berichtete.

Ich schaue mir die Zuhörenden an: Zu diesem ersten Treffen sind etwa 90 Einwohner gekommen, eine bunte Mischung aus Leuten, die offensichtlich viele Fragen haben und noch gar nicht wissen, dass die NPD Veranstalter ist. Aus dem Geraune der Menge und den unzufriedenen Stimmen höre ich den Ärger heraus, dass nicht der Gemeindebürgermeister, keiner vom Gemeinderat oder vom Landkreis für die Fragen der Einwohner da ist. Auch ich ärgere mich, dass ich hier allein mit ein paar Leuten aus dem Ortschaftsrat stehe und den Leuten erklären muss, dass der Bürgermeister der Gemeinde zu diesem Thema gar keine Position bezieht, der Landrat sich erst nach dem Beschluss des Kreistages in etwa zwei Monaten äußern will und ich selbst als ehrenamtlicher Ortsbürgermeister nicht mehr weiß als sie. Ich verstehe vollkommen, dass die Einwohner einer Ortschaft wissen möchten, was sie erwartet.

Eigentlich sollten sie in unser Boot geholt werden. Stattdessen müssen sie sich durch das Verschweigen und Wegducken der politisch Verantwortlichen entmündigt und nicht ernst genommen fühlen. Ich kann ihre Frustration verstehen, auch wenn ich die allgemeine Politikfeindlichkeit und die Fremdenfeindlichkeit einiger Teilnehmer ganz und gar nicht akzeptieren kann. Was jedoch bei dieser Demonstration geschieht, ist keine Informationspolitik, sondern unnötige Verstärkung der Frustration. Und so werden ich und die Leute vom Ortschaftsrat zum einzig greifbaren Blitzableiter.

Nach Ende der Kundgebung kommt ein Teil der Menge sichtlich aufgebracht zu mir. Ein junger Mann sagt wütend: »Markus, warum holst du denn die Kanaken hierher?« Es ist jener junge Mann, der später der Brandstiftung verdächtigt und vorläufig verhaftet wird. Ich kenne ihn schon viele Jahre und sage: »Mensch, gib doch den Fremden 'ne Chance. Du bist doch früher auch geärgert worden, weil du anders oder schwächer warst. Jetzt kannst du anderen helfen. Vielleicht ist unter den Neuen ein richtig guter Freund für dich.« Er aber sagt mit dem Brustton der Überzeugung: »Aber ich bin Deutscher!« Ich antworte: »Das ist nichts Besonderes, Deutscher zu sein. Ein gutes Herz zu haben dagegen schon. Und das haben sicher auch einige Asylbewerber!« – »Na und, aber ich bin Deutscher!« Das ist ihm inzwischen wichtig geworden ist, das gibt ihm offensichtlich das Gefühl, wertvoll zu sein.

Andere erklären mir, dass man die Fremden – sie benutzen oft alle gängigen und bekannten Schimpfwörter – hier nicht haben wolle. Gegen echte Kriegsflüchtlinge und deren Familien habe man ja nichts, ist zu hören. Aber da kämen doch vor allem alleinstehende Schwarze und »Asylschmarotzer«, die bleiben sollen, wo sie herkommen. Ein 75-Jähriger schimpft: »Die wollen uns doch hier nur ausnehmen!« Ich blicke entsetzt auf, der Mann spricht unüberhörbar mit pommerschem Dialekt, entstammt offenbar selbst einer Flüchtlingsfamilie. Auch eine Frau, die bisher eine der wenigen sozial Engagierten im Ort war, zieht böse und sehr verallgemeinernd über Ausländer her. Menschen, die ich sonst eher als zurückhaltend und ruhig erlebt habe, kreischen aufgebracht fremdenfeindliche Parolen. Für mich zerbricht in diesem Moment ein erstes Stück des alten Tröglitz. Ich rede und beschwichtige mit allen Argumenten, die mir in den Sinn kommen. Schließlich sage ich, dass es doch nachvollziehbar sei, dass Menschen zu uns wollen, um einen besseren Job zu bekommen und sich und ihren Familien eine bessere Zukunft aufzubauen; so wie früher auch viele in den Westen gegangen seien und jetzt noch auf Montage führen, weil sie dort besser bezahlt werden. Da bricht ein Sturm der Entrüstung los: Das sei doch etwas ganz anderes. Schließlich regt jemand an, künftig jeden Sonntag nach Pegida-Vorbild zu demonstrieren beziehungsweise zu »spazieren«.

Ich rufe den Landrat an und bitte ihn nachdrücklich, zu einem Gespräch nach Tröglitz zu kommen. Er sagt für Ende Januar zu, eine vorgreifende Informationsveranstaltung für Tröglitz werde es aber nicht geben. Daraufhin besuche ich den Bürgermeister, Manfred Meißner, und trage ihm die Idee einer eigenen Veranstaltung vor, die ich mit ihm oder notfalls auch allein durchführen würde, weil die Einwohner immer unruhiger werden, dringend Informationen und Gespräche brauchen und nur so den Demonstranten und damit der NPD der Wind aus den Segeln genommen werden kann. Das ist ein Akt der Verzweiflung eines kleinen Ortsbürgermeisters, der immer noch daran glaubt, dass »seine« Tröglitzer eigentlich freundliche und hilfsbereite Menschen sind, denn viele Jahre haben meine Familie und ich sie so erlebt.

Deshalb bin ich bereit, auch allein mit ihnen zu reden, auch wenn ich fürchte, dass ich mich einer brodelnden, aufgebrachten Menge zu stellen hätte und dass rechte Pöbler auftauchen würden, selbst wenn Mitarbeiter eines Sicherheitsdienstes nur gemeldete Tröglitzer in den Saal ließen.

Der Bürgermeister bewundert zwar meinen Mut, will selbst aber nicht mitmachen und rät mir mehrfach von einem Alleingang ab. Als auch unsere Kinder und Freunde davon abraten, ziehe ich zurück, weil wir ganz allein dagestanden hätten und ich auch keine neuen Informationen hätte liefern können.

Im Nachhinein – auch nachdem ich die Bürgerversammlung des Landrats miterlebt habe – bin ich heilfroh, dies damals nicht auf eigene Faust versucht zu haben, weil die Frustrationsenergie einiger Menschen noch viel stärker und deren Enthemmung und Unanständigkeit noch viel größer ist, als ich mir damals vorstellen konnte. Und ich bin nicht sicher, ob ich dabei so souverän, sachlich und auch nur annähernd so ruhig hätte bleiben können wie später der Landrat.

Um trotzdem irgendwie die Instrumentalisierung durch die NPD zu verhindern, schreiben meine Frau und ich einen weiteren Infobrief, wobei mich der Bürgermeister immerhin beim Kopieren unterstützt. Ich bitte den Ortschaftsrat zu einer informellen Sitzung in mein Haus, an der etwa die Hälfte der Mitglieder teilnimmt, und gemeinsam verteilen wir das Schreiben an die Einwohner. Darin bitte ich sie, den Demonstrationen fernzubleiben und die Informationsveranstaltung des Landrats abzuwarten, weil die NPD nun offen die Demos anführt und die Menschen aufzuhetzen versucht. Unter der Überschrift »Information zum Thema Unterbringung von Asylbewerbern« schrieben wir:

Liebe Tröglitzer,
die am Sonntag stattgefundene Versammlung: »Kein Asylheim in Tröglitz« auf dem Friedensplatz wurde, wie allen bekannt, vom Kreistagsabgeordneten der NPD, Herrn Steffen Thiel, initiiert. Wie zu erwarten, gab es auf dieser Versammlung auch nur zwei Hauptredner von jener Partei. Daneben erfolgten kurze Redeeinwürfe von Teilnehmern für und gegen dieses Vorhaben.

Offensichtlich war der zweite NPD-Redner etwas hilflos in seiner Funktion und skandierte bald mehrfach meinen Namen, damit ich ihm in meiner Funktion als Ortsbürgermeister zur Seite stehe und Stellung beziehe.

Selbstverständlich kam ich dem mit gutem Gewissen nicht nach. Wie hoffentlich viele Tröglitzer wissen, liegen mir die Einwohner und der Ort sehr am Herzen, aber ich werde im Leben nicht einer rechtsradikalen Partei aus der Patsche helfen und ihr zur Verfügung stehen.

Die Mehrzahl der Versammelten waren nach meiner Einschätzung schlichtweg besorgte Tröglitzer Bürger, die weitere Informationen und ihren Ängsten und Sorgen irgendwie Luft machen wollten. Die verständlicherweise von der Politik nicht übergangen und vor vollendete Tatsachen gestellt werden wollen und die auch von niemanden in Tröglitz als »Nazis« beschimpft oder benannt werden, denn ein »Nazi« ist per Definition ein Anhänger der nationalsozialistischen Idee. »Ab etwa 1930 wurde der Ausdruck in Analogie zu ›Sozi‹ (Sozialist) … für die Anhänger Adolf Hitlers gebraucht« (http://de.wikipedia.org/wiki/Nazi). Jeder Bürger wird für sich selber wissen, ob er dies ist oder nicht.

Allerdings waren einige bekannte NPD-Anhänger, vor allem von außerhalb, gekommen und es gab unter den Versammelten leider sehr deutliche, allgemein fremdenfeindliche Äußerungen, aber auch Menschen, die nicht ablehnend der Aufnahme von Flüchtlingen entgegenstehen und sich für eine hilfsbereite Aufnahme aussprachen.

Auch wenn der Ortschaftsrat und ich als Ortsbürgermeister keine neuen Infos hatten, die über das von mir im ›Blickpunkt‹ Geschriebene hinausgehen, wollten wir dennoch für die besorgten Einwohner da sein und hatten einen eigenen Stand mit Tee, Kaffee und Informationsmaterial zur Flüchtlings- und Asylthematik aufgebaut. Jedoch bewusst räumlich getrennt von der Versammlung, um uns davon zu distanzieren und von der NPD nicht instrumentalisieren zu lassen.

Bei den an unserem Stand sich anschließenden Gesprächen kristallisierte sich heraus, dass von den politisch Verantwortlichen eine schnelle und umfassende Information gefordert wird: welcher Personenkreis erwartet wird und ob Kriegsflüchtlinge oder Asylbewerber kommen, die automatisch meist für ›Wirtschaftsflüchtlinge‹ von den Fragenden gehalten wurden.

Dabei bin ich zum Teil persönlich sehr angegangen worden und musste mir auch äußerst widerliche, fremdenfeindliche und in Rage vorgebrachte Meinungen anhören. Das war schwer für mich, weil es dabei für mich auch einige menschliche Enttäuschungen gab.

Jedoch in meiner Funktion als Ortsbürgermeister versuche ich immer wieder, die Emotionen von sachlichen Bedürfnissen zu trennen. Daher rief ich, nach einer mit meiner Frau durchwachten und gesprächsintensiven Nacht, unseren Gemeindebürgermeister Herrn Meißner an, der leider keine neuen Informationen hatte, mich aber ermutigte, unseren Landrat Herrn Ulrich direkt zu kontaktieren.

Zu meinem Trost und meiner Freude hörte ich von seiner Sekretärin, dass Herr Ulrich mich selbst soeben auch kontaktieren wollte – zwei Männer, ein Gedanke ;-).

Ich war dankbar, dass Herr Ulrich mir lange und geduldig zuhörte, nachfragte und mir offen und ehrlich Auskunft zu allen Fragen gab.

So darf ich Ihnen mitteilen, dass die Vorgehensweise bei der Unterbringung von Asylbewerbern im Landkreis folgende ist: Um den Aufnahmeverpflichtungen nachzukommen, muss der Burgenlandkreis, über die Städte Naumburg, Weißenfels und Zeitz hinaus, auch auf geeignete Objekte in anderen Orten zurückgreifen.

Hierfür wurden zunächst Beamte des Burgenlandkreises in die Gemeinden geschickt, um freistehende Wohnungen zu lokalisieren. Diese hat man aufgelistet und sondiert. Nach der Anfrage potenzieller Vermieter wurde in einem weiteren Schritt der Gemeinderat informiert. In diesem Stadium befindet sich die Elsteraue und Tröglitz. Obwohl der Landrat direkte Entscheidungsbefugnis hätte, möchte er sich auf einem breiten, demokratischen Fundament getragen wissen und legt die Sachlage daher erst dem Kreistag zur Abstimmung vor. Wie Herr Ulrich mir mitteilte, findet die nächste Sitzung des Kreistages am 9. März statt.

Erst wenn diese realen Fakten vorliegen, wird Herr Ulrich sich persönlich zu einer Einwohnerfragestunde mit den BürgerInnen von Tröglitz beraten, um ihre Meinung zu hören und sich den Anfragen zu stellen. Er verwehrt sich verständlicherweise gegen eine Bürgerversammlung zu einem früheren Zeitpunkt, da die entscheidenden Fakten noch nicht vorliegen!

Sie entnehmen diesem gesamten Vorgehen, dass wir als Einwohner eines Ortes keinen direkten Einfluss auf zukünftige Unterkünfte der Asylbewerber haben. Dies obliegt vor allem einem Vermieter, ob er sein Mietobjekt zu diesem Zweck vermieten möchte. Es ist Standard in Deutschland, dass ein Vermieter vorher seine Nachbarn nicht mit einbeziehen muss, welche Mieter er wählt. Dies regelt das Eigentumsrecht.

Eine ›Unterschriftensammlung gegen die Beherbergung von Asylbewerbern‹ in unserem Ort wird, wie Sie erkennen können, keinen Erfolg bringen. Allein das Anschreiben der Vermieter … könnte daran evtl. etwas ändern.

An dieser Stelle möchte ich noch einmal darauf hinweisen, dass die Asylbewerber bereits in Halberstadt sind und nun nur noch ‚verteilt' werden, da es die Aufnahmeverpflichtung gibt. Die Welt wird in Tröglitz ankommen. Das ist eine Realität, auch wenn das manche fürchterlich finden. Wir sind gezwungen, aufzuwachen! Solange wir in Tröglitz freien Wohnraum in dieser Größenordnung und willige Vermieter haben, stehen wir in der Aufnahmeverpflichtung.

Daher bringen uns Diskussionen, ob Asylbewerber in Tröglitz leben sollen oder nicht, auch nicht weiter, sondern lediglich die Frage, wie wir zukünftig mit ihnen zusammenleben wollen.

Daher bitte ich Sie, lassen Sie sich nicht sinnlos aufwiegeln und warten Sie die ernstgemeinte Einwohnerfragestunde des Landrats ab. Dort können wir gemeinsam beraten, wie wir diese Herausforderung zusammen bewältigen.

Bei einem bald stattfindenden persönlichen Besuch, zu dem Herr Ulrich und Herr Meißner vorbeikommen werden, werde ich auf die besondere soziale Struktur in Tröglitz und auf die von Einwohnern geschilderten Sorgen hinweisen, um eine tatsächlich zumutbare Anzahl von Asylbewerbern zugewiesen zu bekommen.

Der bisherige Umgang einiger Tröglitzer mit dieser Ankündigung hat mich und meine Frau bisher über Tage hinweg in hohen Maßen überstrapaziert, was meine ehrenamtliche Tätigkeit und die überdurchschnittliche Unterstützung meiner Frau und Kinder an die

Grenzen gebracht hat. Nicht nur wegen des großen Zeit- und Kraftaufwandes, sondern vor allem der einhergehenden Traurigkeit, dass unser Heimatort sich scheinbar von Ängsten und Vorurteilen vergiften lässt.

Ich habe mich jetzt entschieden, über diese hier gegebenen Informationen hinaus bis zur Einwohnerfragestunde des Landrates oder bis zu tatsächlich neuen Fakten, mich nicht weiter zu äußern. Ich stehe als gewählter Vertreter für die demokratischen Spielregeln und das oben beschriebene Vorgehen und werde mich keinesfalls an Kundgebungen beteiligen, die durch Herzenskälte und harte Vorverurteilung die Ansiedelung von Asylbewerbern verhindern wollen.

An konstruktiven Diskussionen und Treffen werden wir uns hingegen weiter beteiligen.

Ich hoffe auf das herzensoffene und gastfreundliche Tröglitz, für das ich angetreten und bisher gerne Ortsbürgermeister gewesen bin. Ich werde mit Unterstützung meiner Familie und Ihnen zusammen gerne die anstehenden Herausforderungen weiter angehen, wenn ich erkennen kann, dass Herzensweite und Toleranz von einer Mehrheit der Tröglitzer mitgetragen werden.

Ihr Ortsbürgermeister Markus Nierth

Meine Frau ist weiter in Kontakt mit der besorgten Mutter, die die Facebook-Seite ins Leben gerufen hat. In teils stundenlangen und nächtlichen Telefonaten versucht Susanna, ihr die Ängste vor Ausländern zu nehmen. Mit einem älteren LKW-Fahrer, der seit dem ersten Sonntagstreffen zum Organisationsteam der Demonstrationen gehört, diskutiert sie ausdauernd die Frage, wer als Nazi zu bezeichnen ist und wer nicht. Als er ein Treffen anregt, sitzen Susanna und ich bald mit den drei Administratoren der »Tröglitzer«-Seite in unserem Wohnzimmer.

Die beiden Mütter berichten von ihrem Erschrecken über die Radikalisierung der Demonstrationen. Sie fürchten sich vor der wachsenden Gruppe von auswärtigen Rechtsradikalen, die zunehmend die Führung übernehmen. Der LKW-Fahrer erzählt vom letzten Vorbereitungstreffen, auf dem jemand versucht habe, den Protest zu radikalisieren. »Mit mir nicht«, habe der LKW-Fahrer gesagt und sei gegangen, weil er nichts mit Faschisten zu tun haben wolle. Er ist noch bei unserem Treffen so aufgebracht und entsetzt, dass er sich an diesem Abend vornimmt, bei der nächsten Kundgebung am 11. Januar als Organisator laut zu sagen, dass er Neonazis nicht dabeihaben möchte. Als er jedoch zwei Tage später auf dem Platz gewaltbereite Rechte mit Schlagringen sieht, traut er sich nicht mehr.

Auch die beiden Frauen wollen wegen der Radikalisierung aussteigen. Die Gründerin der Facebook-Seite will aber noch »stiller« Administrator bleiben, um Einfluss auf das Geschehen zu behalten und die nächsten Demonstrationen abzusagen. Entsetzt stellt sie fest, dass ihr Facebook-Account gehackt wurde.

Obwohl sich die beiden Frauen vor den Reaktionen fürchten, beziehen sie deutlich Stellung gegen die Vereinnahmung durch radikale Rechte. Sie erklären auf Facebook, dass ihr Account gehackt wurde »von Kräften, die zunehmend einen radikalen Ton hineinbringen und eigene politische Ziele verfolgen wollen«, und dass sie eine Nachricht über Versammlungen auch in Zeitz bekommen haben, bei denen »Hobby-Nazis« »Stress machen« würden. Außerdem sprechen sie sich gegen einen geplanten Fackelumzug aus und erklären, dass sie die Facebook-Seite jetzt schließen. Als Reaktion ernten sie auf Facebook Häme und Beschimpfungen – zum Beispiel: »Also jetzt macht ihr euch echt lächerlich! Seit (sic!) doch froh, das (sic!) auch Leute aus anderen Orten kommen und euch unterstützen! So undankbar kann man gar nicht sein! Pfui!«

Der LKW-Fahrer dagegen will die Seite nicht schließen. Man habe doch inzwischen »über 200 Likes«, man hat also etwas erreicht, was man nicht ohne Weiteres aufgeben dürfe, sagt er. 200 zustimmende Bewertungen sind für ihn anscheinend ein so großer Erfolg, dass er bereit ist, sich mit Neonazis einzulassen.

Einerseits hat der Mann Angst vor Repression durch gewaltbereite Rechtsradikale, andererseits will er seine Mission nicht beenden, die er mit diesen vielen Likes bestätigt sieht: Er wird schließlich Administrator der Facebook-Seite, die nun »Tröglitzer« heißt. Offensichtlich wirkt jedoch nun auch ein Rechter steuernd mit, eine zunehmende Radikalisierung der Beiträge wird sichtbar. Auch das Bild des geköpften Mädchens wird während seiner »Amtszeit« gepostet.

Schon bei diesem ersten Treffen bescheinigen alle drei, dass Thiels »Briefkasteneinwürfe« und die zunehmende Werbung in den Nachbarorten dazu führen, dass immer mehr Ortsfremde an den Demonstrationen teilnehmen, darunter ihnen unbekannte Neonazis. Erst viel später, bei einer Schulung des Vereins Miteinander e. V. über rechtsradikale Strukturen im Burgenlandkreis, erfahren wir, welche überregional bekannten Extremisten in Tröglitz mitmarschierten.

Immerhin aber ist den Organisatoren und wohl den meisten der mitlaufenden Tröglitzer bewusst, dass die NPD gezielt versucht, Radikale, Fremdenfeindliche und Rechte aus anderen Orten anzulocken und das Steuer in Tröglitz ganz zu übernehmen. Offenbar ist ihnen das egal, sie gehen bewusst darüber hinweg, weil sie sich in deren sonntags vorgetragenen Erzählungen und Forderungen wiederfinden und ermutigt fühlen, endlich auch mal ihre Meinung über »die Asylanten« auszusprechen.

Bald übernehmen die Rechten erkennbar das Kommando bei den »Spaziergängen« der »besorgten Bürger« und der ältere LKW-Fahrer arbeitet widerspruchslos mit den Rechten zusammen. Warum er sich da doch so völlig hineinbegab, ist uns bis heute ein Rätsel.

Vom 11. Januar an – also nach dem zweiten Infobrief und nach dem Gespräch mit den Organisatoren – beteiligen sich deutlich weniger Tröglitzer an den »Spaziergängen«, dafür umso mehr aus den umliegenden Dörfern und der Umgebung. Es kommen nur noch 25 bis 30 Einwohner, dafür aber etwa

100 Demonstrierende von außerhalb. Ich bin erleichtert über die sinkende Beteiligung der Einheimischen, ärgere mich aber sehr, dass die NPD nun offen das Ruder und die Organisation übernommen hat. Entgegen meiner Hoffnung bleibt aus dem Ort sichtbarer oder laut hörbarer Widerspruch gegen die NPD aus. Auch die Ortsgruppe der CDU kann sich nicht auf eine gemeinsame Stellungnahme einigen, so dass diese ganz ausbleibt, lediglich der Altbürgermeister der Gemeinde versucht mir mit einem Aushang beizustehen, in dem er zur Mäßigung, zum Abwarten und friedlichen Umgang miteinander aufruft.

In dieser Zeit wird der evangelische Pfarrer im Zeitzer Ortsteil Theißen, Matthias Keilholz, der auch für Tröglitz zuständig ist, von einem Kirchenmitglied aus einem Nachbarort her angefragt, ob nicht eine Gegendemonstration angebracht wäre. Nach einer Beratung sind wir uns einig, dass wir damit zweifellos ebenfalls Demonstranten »importieren« würden, was die »Spaziergänger« noch mehr anstacheln und den Ort noch mehr zerreißen könnte. Rückblickend fragen wir uns heute: Der Ort wurde sowieso zerrissen, hätte da eine Kundgebung mit Menschen, die vor allem von außen gekommen wären, nicht doch ein Zeichen gesetzt und den radikalen Kräften eine deutliche Grenze aufgezeigt? Wäre öffentlicher Widerspruch sichtbarer geworden und hätte das die irrige Annahme, den »Willen des Volkes« zu repräsentieren, ad absurdum geführt? Wäre gar der Brandanschlag dadurch zu verhindern gewesen?

Wir aber fürchteten, dass die Verantwortung für etwaige Eskalation und Unfrieden bei uns und den Gegendemonstranten abgeladen würden. Daher schlägt Susanna vor, dass es, anstatt eine Gegendemo zu starten, doch viel wichtiger sei, gemeinsam zu beten, auch weil vor 26 Jahren beim Ende der DDR das Gebet um friedliche Lösungen ohne Gewalt so entscheidend war. Matthias Keilholz sieht das ähnlich und so lädt die evangelische Kirchengemeinde vom 3. Demosonntag an zu Friedensgebeten ein. Zugleich läuten in der evangelischen und katholischen Kirche von Tröglitz während Demonstration und Friedensgebet etwa fünf Minuten die Glocken.

Schnell entsteht ein Rückzugsort, an dem politisch und menschlich Gleichgesinnte Trost und Kraft tanken können. Tief gerührt sind Susanna und ich über die Gegenwart vieler Mitglieder der Links-Partei, die uns mit ermutigenden Worten und vielen Nachfragen stärken, während örtliche CDU-Mitglieder fernbleiben, gar gänzlich abtauchten – auch jene, die mich damals zum Engagement im Ortschaftsrat überredeten und mit Blumenstrauß zum Geburtstag besuchten. Das tat nicht nur weh, sondern hat unsere Einstellung zu einzelnen politischen Parteien auch nachhaltig verändert.

Ermutigend ist, dass Landrat Ulrich zu einzelnen Friedensgebeten kommt und sich mit dieser Form des Widerstands gegen den »Widerstand« eins macht. Auch die *Mitteldeutsche Zeitung* (MZ) und der MDR schicken immer öfter einen Reporter sowohl in die Kirche als auch zu den sonntäglichen Demonstrationen, der in seinen kleinen Berichten die Zahl der Teilnehmer an den Demonstrationen eher zu niedrig einschätzt, beim Friedensgebet eher übertreibt. Das hat den Vorwurf der verzerrenden »Lügenpresse« gestärkt. Ich tröste mich mit dem Gedanken, dass die Redaktion die Demonstrationen in dieser Anfangsphase wohl nicht noch unfreiwillig bewerben wollte.

Am 20. Januar veröffentlicht die MZ ein Interview, in dem ich auch nach der Möglichkeit einer Gegendemo gefragt werde, ich über die angespannte Stimmung im Ort rede, erneut für Dialog und Offenheit werbe und meine »Angst vor kalten Herzen« ausdrücke. Ich sage auch, dass ich mich freuen würde, wenn es eine Möglichkeit gäbe, über die Anzahl der Flüchtlinge zu diskutieren, die hier untergebracht werden sollen: »Für Tröglitz wäre es gut, wenn vor allem Familien kämen. Und es dürfte nicht nur Betreuung für die Flüchtlinge geben, sondern es müsste dazu jemanden geben, der mit den Tröglitzern redet und arbeitet, der sich für eine Integration engagiert.«[5] Auf mehrfaches Bitten hin lädt der Landrat nach dem vierten Demosonntag ebenso kurzfristig wie überraschend 18 Demonstranten vor allem aus Tröglitz zu einer Gesprächsrunde in der Zeitzer Volkshochschule ein. Man merkt den Teilnehmern den Stolz an, nun doch den Landrat vorzeitig zum Dialog gezwungen zu haben. Die Teilnehmer treffen auf eine evangelische Pfarrerin, die von ihren positiven Erfahrungen mit einer Sammelunterkunft im 57 Kilometer entfernten Eckartsberga berichtet, sowie auf einen äußerst gelassenen Landrat, der souverän und ruhig Fakten und Zahlen zur geplanten Unterbringung parat hat, schier unendlich viel Zeit mitbringt und freundlich um Verständnis wirbt. Geduldig rechnet er vor, welche Leistungen Asylbewerbern zustehen, und reagiert auf Ängste vor »alleinstehenden Schwarzen«. Der Polizeisprecher erklärt, die Kriminalitätsrate sei durch Asylbewerber bisher nicht gestiegen. Dem Einwurf, die Fremden seien meist Sozialschmarotzer, entgegnet der Landrat, dass einige Firmen bereit seien, Asylbewerber baldmöglichst anzustellen. Als ein NPD-Mann und Freund von Thiel klagt, dass er als Deutscher aber keine Arbeit bekomme, entgegnet Ulrich, er habe auch ihm einen Job anzubieten. Der Mann, der schon länger bereitwillig die Stütze des ihm verhassten Staates in Anspruch nimmt, stellt die Bedingung, dass es schon 8,50 Euro pro Stunde sein müssen. »Natürlich, und wenn Sie wollen«, antwortet der Landrat, »kann ich Ihnen in den nächsten Wochen ein Vorstellungsgespräch vermitteln und Sie könnten bald als Fleischbeschauer arbeiten.« Der gut genährte Angesprochene stutzt und sagt nach einigen Sekunden: »Nee, ich bin Vegetarier.« Seine Freunde lachen, wohl peinlich berührt.

Nach dem mehrstündigen Gespräch, bei dem alle Fragen kompetent, sachlich und sehr geduldig beantwortet wurden, müssten die Teilnehmer verstanden haben, dass die Asylbewerber nach dem Kreistagsbeschluss nach Tröglitz kommen werden und Demonstrationen das nicht verhindern können. Aber wir und der Landrat spüren, dass sachliche und gute Argumente die Asylgegner nicht beruhigen, weil sie gar nicht beruhigt werden wollen. Der Kern der Demonstranten zeigt sich belehrungsresistent. Aus einem Gefühl von Ohnmacht und Niederlage scheint damals Trotz entstanden zu sein. Wie pubertierende Jugendliche wollen sie ihren Willen durchsetzen, und der heißt: keine Asylanten in ihrem Lebensumfeld. Der Rat von Pädagogen scheint auch in diesem Fall der richtige zu sein: konsequent und deutlich bleiben.

Zwei Tage später kommt der Landrat Götz Ulrich mit seinem Stab samt Bürgermeister der Gemeinde Elsteraue zu uns nach Hause, um die Lage zu besprechen. Er lässt sich geduldig die spezielle Geschichte von Tröglitz schildern: Mitte der 1930er Jahre wurde Tröglitz als Industriesiedlung erbaut. Hier wohnten die Arbeiter des Konzerns Brabag Zeitz, die während des Nationalsozialismus kriegswichtiges Flugbenzin herstellten. Später führte die DDR das Unternehmen weiter. Nach dem Mauerfall gingen 4500 Arbeitsplätze verloren, wovon auch die meisten Tröglitzer betroffen waren.

Mit Folgen, wie ich als evangelischer Pfarrer im Ehrenamt lernen musste: Mit einem christlich-sozialen Projekt kümmerte ich mich mit einem Team sieben Jahre um Kinder, Jugendliche und Erwachsene. Viele Tröglitzer litten unter den Umbrüchen der Wendezeit und unter ihrem sozialen oder nur gefühlten Abstieg. Und deshalb, so vermutet nun auch der Landrat, könnte die Abwehr alles Fremden wohl stärker sein als andernorts. Die in gewachsenen Ortschaften sich bewährenden Sozialstrukturen können in dieser ehemaligen aus dem Boden gestampften Industriesiedlung die Menschen nicht so auffangen oder in ihrem Unmut begrenzen. Sicher entstanden auch soziale Beziehungen und Freundschaften, aber mit dem Abriss des großen Hydrierwerks ging auch für die meisten Bewohner der soziale Bezugspunkt verloren, viele Junge zogen weg. Nicht wenige Tröglitzer fühlen sich unverstanden, alleingelassen, vernachlässigt und unbeachtet von Politik und Gesellschaft, sie sind ernüchtert und enttäuscht vom Staat, weil ihr eigener Neustart nach den gesellschaftlichen, wirtschaftlichen und politischen Veränderungen der Wende einfach nicht gelungen ist. Der Landrat fragte uns, warum wir gerade hierher gezogen sind. Und wir antworteten, dass wir hier so viele herzliche und ehrliche Menschen ohne künstliche Fassaden kennen und schätzen gelernt haben und dass Tröglitz unser Zuhause, unsere Heimat geworden ist.

Wir berichten dem Landrat von unserer Erfahrung, dass sich die Tröglitzer von sich aus kaum engagieren, dass wir als Verantwortliche deswegen ein Vorbild geben, mit unseren »Gegnern« diskutieren und versuchen sollten, möglichst vielen die Angst zu nehmen, das mühsam Erreichte und Aufgebaute noch einmal zu verlieren. Unser Traum, sagen wir ihm, ist der von einer Gemeinschaft, in der auch die Schwachen, die sich als Verlierer oder Vergessene fühlen, einen Platz finden, indem Menschen gemeinsam Verantwortung für die noch Schwächeren übernehmen, in diesem Fall die Fremden. Wir müssten ihnen nur vermitteln, dass im Tröglitzer Boot für alle genug Platz und Aufmerksamkeit vorhanden ist, dass die Angst vorm Kentern unnötig ist, weil alle dazugewinnen können, auch die bisher zu kurz Gekommenen.

Der Landrat Ulrich versteht die besondere Situation in Tröglitz und verspricht, nach Möglichkeit die anvisierte Zahl von 60 Flüchtlingen auf 40 zu reduzieren. Er geht auch auf die Bitte ein, dass ein Sozialarbeiter mit voller Stelle vor Ort sein wird. Ein besonderes Zugeständnis für eine besondere Situation, um die Integration der Neuen im Ort reibungsloser gelingen zu lassen. Und wir entwickeln die Idee, für jede Wohnung der geplanten Unterkunft einen Paten aus dem Ort zu finden, um die neuen und die alteingesessenen Tröglitzer zusammenzubringen. Außerdem, so schlagen wir dem Bürgermeister vor, könnten freiwillige Einheimische und Flüchtlinge auf neuen Ein-Euro-Stellen Seite an Seite arbeiten und gemeinsam den Ort verschönern.

Inzwischen ist allen klar: Das Flüchtlingsheim kann nicht verhindert werden. Deshalb soll die zehnte Demonstration am 15. März die letzte sein. Doch der Ton verschärft sich, und schließlich steht bei den Protestierenden die Idee im Raum, vor unserem Privathaus aufzumarschieren, was schließlich zu meinem Rücktritt führt (mehr dazu im nächsten Kapitel). Wegen des mangelnden Redetalents von Thiel und seinen Genossen und weil auch die Tröglitzer Wutbürger sich nicht als besonders sprachgewandt erwiesen haben, holen die Organisatoren bekannte lokale NPD-Größen und andere als Hetzredner »qualifizierte« Rechte nach Tröglitz. Der Thüringer Christian Bärthel tritt plötzlich auf, einer der bekanntesten Anhänger der rechtsextremen Verschwörungstheorie der »Kommissarischen Reichsregierung«, für die das Deutsche Reich immer noch existiert, zudem ist er Holocaustleugner, der bereitwillig als Wahlkampfhelfer der NPD auftritt. Er gibt üble rassistische Ergüsse von sich und verliest Texte des NPD-Politikers Hans Püschel, der zwar anwesend ist, aber zu dieser Zeit einem offiziellen Redeverbot des Innenministers wegen seiner verfassungsfeindlichen Verlautbarungen unterliegt.

Viel schlimmer aber ist: Das selbsternannte Volk der Demonstranten und die anwesenden Tröglitzer bejubeln Formulierungen wie »begattungsfreudige Afrikaner« und Versprechen von der Art, die Anwesenden würden ihre Freiheit wieder errungen haben, wenn es dieses System nicht mehr gäbe. Bewundernd schauen sie gen Dresden, wo »Patriotische Europäer gegen die Islamisierung des Abendlandes« (Pegida), die auch meist aus der Arbeiterschaft oder aus der unteren Mittelschicht stammen, seit dem 20. Oktober 2014 auf ihren montäglichen Kundgebungen nicht mehr als die immer gleichen Parolen in die Nacht rufen: »Lügenpresse, Lügenpresse!« und »Wir sind das Volk«. Das können wir auch, glauben die Demonstranten in Tröglitz, und feiern sich selbst als »Trögida«.

Wenn die NPD in der Bevölkerung so weit anerkannt und

akzeptiert ist, dass einige Bürger zu ihren Veranstaltungen gehen und ihren Reden Glauben schenken, stellt sich am Tröglitzer Beispiel die Frage, ob Ignoranz gegenüber der NPD der richtige Weg ist, oder ob man dadurch vielleicht sogar deren Opfermythos stärkt. Da die NPD (noch) eine zugelassene Partei ist, muss eine demokratische Öffentlichkeit ihr widersprechen, mit Argumenten begegnen und in einer sachlichen Konfrontation für Klarheit und Aufklärung sorgen.

Widerspruch ist aber nicht nur gegen die NPD angebracht, weil deren Mitglieder so stark xenophobes Denken verbreiten. Fremdenangst, ja Fremdenfeindlichkeit durchdringt erhebliche Teile der Bevölkerung und trat in Tröglitz durch ein konkretes Ereignis, die Ankündigung der Flüchtlinge, offen zutage. Dass sich fast alle Teilnehmer der späteren Demonstrationen mit den Neonazis der NPD gemein machten, dass sie bei den letzten Kundgebungen gemeinsam deren rassistische Ideologie herausbrüllten und beklatschten, kann nur heißen: Der Widerspruch darf nicht einer Partei allein gelten, sondern einem Ressentiment. Fremdenfeindlichkeit und Rassismus zu bekämpfen bedarf eines langen Atems all denen gegenüber, die dies in sich tragen. Insofern griff mein Slogan »Demonstrieren ist ok, aber ohne NPD« zu kurz.

5 Der Rücktritt

Die Neonazis wollen vor dem Haus des Ortsbürgermeisters demonstrieren, die Behörden wollen es zulassen. Dieses Versagen forderte eine klare Reaktion.

Dienstag, 3. März. Steffen Thiel von der NPD meldet eine weitere Demonstration der selbsternannten »besorgten Bürger« an. Zum neunten Mal übernimmt er die Rolle des Veranstalters, doch diesmal hat er die Route geändert. Der Demonstrationszug am Sonntag soll in die Burtschützer Straße führen und mit einer Kundgebung vor meinem Wohnhaus enden, um mir und meiner Familie lautstark »Volkes Willen« kundzutun. Warum gerade uns? Es ist doch bekannt, dass ich als kleiner Ortsbürgermeister gar keine Entscheidungsbefugnis habe? Und selbst wenn: Mein Büro befindet sich im Ort, nicht in meinem Haus. Die Antwort ist einfach: Weil aus meiner Familie in den vergangenen Wochen die einzig lauten Gegenstimmen zu hören waren, und weil »von denen da oben« nur wir greifbar sind. Niemand informiert mich, nicht einmal die Behörde. Zwei Tage später, am Donnerstag in der Früh, gehen der zuständige Beamte des Landratsamts und Thiel durch die schmale Straße, um den möglichen Kundgebungsplatz unmittelbar vor meinem Haus zu begutachten. Der Verantwortliche nutzt dabei nicht die Gelegenheit, bei mir zu klingeln und meine Familie zu informieren. Auch davon erfahren wir erst am Nachmittag, als die beiden für Tröglitz zuständigen Regionalbereichsbeamten der Polizei vorbeikommen, um uns zu warnen.

Wir sind bis auf die Knochen entsetzt. Die NPD, ihre teils gewaltbereiten Anhänger aus dem gesamten Umkreis und die einheimischen Wutbürger wollen mich und meine Familie einschüchtern. Selbst wenn die Demonstration bei widerlichem, lautstarkem Gegröle friedlich bleiben sollte, wüssten danach alle radikalen Rechten der Umgebung, wo ich wohne und wohin sie kommen könnten, wenn keine Polizei mehr da ist.

Das Landratsamt, für das ich als Ehrenamtlicher all die Wochen meinen Kopf hingehalten hatte, hält mir und meiner Familie in der Not nicht den Rücken frei. Es gibt keine Auflagen, die die Neonazis bremsen sollen. Dabei ist die Sackgasse, in der unser Haus steht, so schmal, dass bei 120 Demonstranten kein Rettungswagen im Notfall passieren könnte. Fast gleichzeitig findet in der Kirche neben meinem Haus das Friedensgebet statt, zwei gegnerische Gruppen würden also aufeinandertreffen. Diese äußeren Umstände hätten für Auflagen ausgereicht, was später etliche Kriminalbeamte, Politiker und Juristen bestätigten. Dabei hätte der zuständige Beamte noch nicht einmal den Schutz des Persönlichkeitsrechts höher als das ebenso im Grundrecht verankerte Recht auf Versammlungsfreiheit stellen müssen. Doch er verhindert die Demonstrationsroute nach der Begehung nicht, entscheidet sich zugunsten der Fremdenfeinde. Das hinterlässt einen Beigeschmack und Raum für Spekulation. Der Beamte sitzt bis heute im Burgenlandkreis auf dem Posten mit dieser Entscheidungsbefugnis.

Unser Glaube an Rechtsstaat und Demokratie sind zutiefst erschüttert, besonders bei Susanna. Wie können das Persönlichkeitsrecht und der Schutz von Kindern, Familie und Privatsphäre weniger wiegen als die Freiheit des Versammlungsrechts? Würde diese einseitige Abwägung gängige Praxis werden, wäre das ein Freibrief für ähnliche Aktionen von Rechtsradikalen und deren Anhängern, der Beginn von zunehmenden Einschüchterungsversuchen gegen aufrechte Verteidiger von Demokratie und Menschenrechten und jene, die sich ohnehin schon einer wachsenden Zahl von rassistischen Angriffen ausgesetzt sehen.

Sollte diese Entscheidung bestehen bleiben, muss ich konsequent sein und zurücktreten. Ich ringe um die richtige Position, aber uns beiden wird klar, dass es nicht anders geht. Zum Schutz der Familie einerseits, aber auch um zu zeigen, dass die politisch Verantwortlichen einen Ehrenamtlichen, der die Arbeit der bezahlten Politiker an der Basis umsetzt, nicht so verantwortungslos und gleichgültig alleinlassen dürfen.

In der Gemeinde- und der Kreisverwaltung ist telefonisch niemand zu erreichen. Per E-Mail an den zuständigen Beamten, den Gemeindebürgermeister und den Landrat fordere ich schließlich, die Route nicht vor meinem privaten Haus enden zu lassen. Nichts geschieht. Am Abend steht zufällig eine Sitzung des Ortschaftsrats im Terminkalender. Die Dezernatsleiterin des Landratsamts will über die Unterbringung von Asylbewerbern informieren. Sie ist über die Demo-Route informiert. Als ich mit meinem Rücktritt drohe, zitiert sie telefonisch den zuständigen Beamten herbei. Er beruft sich stotternd und unbeholfen auf das hohe Gut des Demonstrationsrechts.

Von den Mitgliedern im Ortschaftsrat, den ich über fünf Jahre geleitet habe, kommt kein nennenswerter Widerspruch. Sie bleiben hilflos und stumm. Nicht einmal, als ich schließlich deutlich sage: »Wenn das so ist, trete ich hiermit als Ortsbürgermeister zurück!« Ein Mitglied, das als Unternehmer durchaus erfolgreich ist, erklärt mir später, dass er nichts weiter gegen die Beamten gesagt hat, weil das sicher irgendwann als Repression auf ihn zurückgefallen wäre.

Und das ist die zweite schmerzhafte Enttäuschung an diesem Tag: Ich hätte mir gewünscht, dass einige auf den Tisch hauen und sagen: »Wir wollen unseren Ortsbürgermeister behalten, sorgen Sie gefälligst für seinen Schutz und den seiner Familie!« Die meisten Menschen am Tisch sind aber offensichtlich überfordert. Ich sehe in die Runde: Der kaum spürbare Widerstand und das Schweigen tun mir zutiefst weh. Ein Schmerz, bei dem ich noch nicht ahne, dass ich ihn in den nächsten Wochen noch oft spüren werde. Ich wiederhole, dass ich, wenn das so ist, hiermit zurücktrete. Mit dem »wenn das so ist« ließ ich eine Möglichkeit zur Korrektur offen, falls das Amt die Demo-Route doch noch einschränkt, aber bewusst innerhalb einer engen Frist, damit ich mich noch rechtlich wehren kann.

Die freundliche Dezernentin will meinen Rücktritt schließlich noch verhindern. Ich betone, dass ich nicht vor dem Druck der NPD-Demo weiche, sondern weil ich enttäuscht bin über das Verhalten der Behörden und des Landratsamts, die mir und meiner Familie nicht einmal einen Mindestschutz gewähren wollen. Ich weise den Beamten darauf hin, dass sich direkt neben meinem Wohnhaus die Kirche und der evangelische Gemeinderaum befinden, wo zeitgleich bereits seit Wochen das Friedensgebet stattfindet. Überraschend sagt er nun, das habe er nicht gewusst, das sei eine ganz neue Sachlage, das müsse er prüfen, jetzt stünden die Chancen, diese Route nicht zu genehmigen, viel besser. Gleich morgen früh, am Freitag, werde er anrufen. Bis zehn Uhr. Versprochen.

Noch in derselben Nacht setze ich mich an meinen Rechner und schreibe eine E-Mail an den Bürgermeister und den Landrat, in der ich protokollartig schilderte, was geschehen ist, und auch auf meinen angekündigten Rücktritt verweise. Ich setze ein erstes Zeitlimit für eine endgültige Entscheidung: zehn Uhr, nächster Tag. Doch auch am nächsten Vormittag meldet sich niemand, auch nicht, wie versprochen, der Beamte. Als ich selbst anrufe, erklärt die Dezernentin, dass für elf Uhr eine Sicherheitskonferenz im Landratsamt einberufen sei, bei der über die Demo-Route abschließend entschieden wird.

Bei Susanna meldet sich die Revierleiterin der Polizei, die sehr freundlich und fürsorglich ist, und verspricht, sie werde 20 bewaffnete Polizeibeamte vor unserem Haus postieren, damit uns nichts passieren kann. Susanna bittet daraufhin einen befreundeten Rechtsanwalt um Hilfe. Der schaltet sich per Telefonkonferenz beim Sicherheitstreffen im Landkreis zu und verlangt eine schnelle Entscheidung, da wir uns nur noch bis 14 Uhr mit Hilfe einer einstweiligen Verfügung wehren können.

Er wird fast angebettelt, ob er nicht ein vorhandenes Urteil nennen könne, auf das man sich stützen könne. Susanna googelt und findet später ein Urteil des Landgerichtes Berlin vom 21.2.2012, das eine Abschlusskundgebung von Flughafengegnern vor dem privaten Wohnhaus von Berlins Regierendem Bürgermeister Wowereit untersagt.

Erst gegen 15.30 Uhr meldet sich – nach langen Beratungen mit Polizei und Fachbeamten – der Landrat persönlich und teilt mir mit, dass ich als Ortsbürgermeister vor solch einer Demonstration samt Kundgebung nicht geschützt werden könne. Damit wird für uns in diesem Moment der Rücktritt zur beschlossenen Sache. Herr Ulrich hatte die Ankündigung meines Rücktritts in meiner nächtlichen E-Mail nicht gelesen, die Frist war mehrfach überschritten und wir wollten notfalls noch eine einstweilige Verfügung erwirken. Ich bin frustriert und fordere ihn auf, sich zusammen mit dem Gemeindebürgermeister am Sonntag schützend vor mein Wohnhaus zu stellen. Schließlich seien sie die eigentlichen Verantwortungsträger.

Herr Ulrich antwortet nur: »Dazu kommt es ja jetzt nicht mehr, da Sie zurückgetreten sind, wie mir ihr Rechtsanwalt gerade sagte. Ist das so?« Ich antworte: »Ja, ich bin zurückgetreten.«

Als Steffen Thiel von der NPD davon erfährt, gibt er die Demonstrationsroute bis vor mein Haus bereitwillig auf. Er hatte gewonnen.

Völlig fassungslos stand ich mit meiner Frau vor dem Fakt, dass der Rechtsstaat, für den ich als Ehrenamtlicher fast allein die Asylunterbringung vor Ort kommunizieren musste, mich nun nicht einmal vor der Aggressivität einer rechten Minderheit beschützen konnte oder wollte. Am schockierendsten war für mich die Erkenntnis, dass das Landratsamt offenbar nicht willig oder nicht fähig ist, solch eine Demonstration vor meinem Wohnhaus zu unterbinden, obwohl die Sicherheitslage eindeutig dagegen sprach. Die Rechtsextremisten und ein paar Tröglitzer Wutbürger wären also tatsächlich mit Genehmigung der Behörden bis vor meine Haustür gekommen. Sicher ist das Demonstrationsrecht ein hohes Gut. Aber darf es bei missbräuchlicher Verwendung über dem hohen Gut des Persönlichkeitsschutzes stehen?

Was hielt das Landratsamt ab, die Demonstration zu beauflagen? Eine einstweilige Verfügung zu ihren Gunsten hätten die »Spaziergänger« schon allein aus Zeitmangel wohl nicht mehr erwirkt. Es wurde einfach zu lange abgewogen und nicht mutig zugunsten der wirklich Schutzbedürftigen entschieden. Unser Rechtsanwalt erklärte uns, dass sich die Behörde so auch keine rechtlich falsche Bewertung eingestehen muss, sondern sich nun mit dem »vorschnellen« Rücktritt herausrede. Ehrenamtlich politisch Verantwortliche waren bis dato noch nicht explizit geschützt. Der Gesetzesrahmen sagte lediglich aus, dass »herausgehobene Persönlichkeiten des öffentlichen Lebens« auch solche Demos vor ihren privaten Wohnungen dulden müssen. So wird gesetzlich legitimiert ein kleiner Ehrenamtlicher geopfert. Ich frage mich seither, ob der Umgang mit den fremdenfeindlichen und teils gewaltbereiten Demonstranten wirklich so verständnisvoll gewesen wäre, wenn die brüllende braune Menge vor dem Wohnhaus von weitaus herausgehobeneren Persönlichkeiten des öffentlichen Lebens wie Manfred Meißner in Rehmsdorf oder Götz Ulrich in Bad Bibra hätte demonstrieren wollen?

Der politische Schaden für die freiheitliche Demokratie, der aus dem Versagen der Behörden entstand, schien uns enorm. Dass es nicht zum Auflauf der Rechten vor meinem Privathaus kam, hatte nicht das Landratsamt entschieden, sondern jemand von der NPD. Ich wäre nicht zurückgetreten, wenn das Landratsamt als Versammlungsbehörde die Schutzbedürftigkeit meiner Familie vor die des Versammlungsrechts gestellt und zumindest die Route verändert hätte.

Zunächst ging es darum, dass ich meine Familie vor den

rechten Demonstranten schützen wollte. Das ist ja nur selbstverständlich, immerhin handelt es sich hierbei um meine Kinder und meine Frau, die durchaus Angst davor haben dürfen, dass in Kleinbussen aus dem Saale-Holzlandkreis und aus der gefestigten rechten Szene im Nachbarort Theißen gewaltbereite Neonazis herangekarrt wurden. Ich kann es als Familienvater nicht verantworten, dass ein Haufen hasserfüllter, fremdenfeindlicher Neonazis, Rassisten sowie »besorgte Tröglitzer« vor meinem Haus Parolen gegen Ausländer und gegen meine Person brüllen. Ich will nicht, dass meine Kinder Angst bekommen, weil etwa 120 Menschen vor ihrem eigenen Zuhause gegen ihren Vater demonstrieren und 20 bewaffnete Polizisten ihren eigenen Schutz gewährleisten müssen. Meine Kinder hatten schon genug Stress durch die angespannte Situation in den letzten Monaten und sollten sich wenigstens zu Hause sicher fühlen. Ihre Unsicherheit hätten ihnen auch die zugesicherten Polizeibeamten, die sich in schwerer Montur vor unserem Haus aufreihen sollten, nicht nehmen können, sondern im Gegenteil den Eindruck der Bedrohlichkeit eher noch verstärkt.

Zudem ging es wohl auch darum, dass die Rechtsradikalen in Tröglitz ein Exempel statuieren wollten. Die Botschaft sollte sein: Wer sich uns in den Weg stellt, lernt uns kennen. Wer sich uns in den Weg stellt, den suchen wir heim. Ob sie auch den Rücktritt anvisiert hatten, bleibt fraglich. Aber bald danach war schon in den sozialen Netzwerken zu lesen, dass die NPD mit »meinem Fall« Schule machen wollte, und nun Versammlungen vor den Privathäusern anderer Amtsträger geplant würden.

Dass sich die beiden Organisatoren »der Lichterspaziergänge« – der ehemalige Tröglitzer Bewohner und NPD-Kreistagsabgeordnete sowie der ältere Tröglitzer LKW-Fahrer – mit ihrer menschenverachtenden Ideologie erdreisten, mich und meine Familie vor meinem privaten Schutzraum, meinem Hof, zu bedrängen, war nicht anders zu erwarten. Ihr Hass braucht sichtbare Feindbilder, und ich war ihnen bekannt. Niemand erinnerte daran, dass ich einer der Ersten war, der seine Bedenken über den Zuzug von Fremden formuliert hatte und zwischen den Fronten vermitteln wollte. An einem friedlichen Miteinander waren die Rechten nicht interessiert. Tröglitz sollte ihr Fanal werden, Muster für ihren Kampf gegen das System und dessen Repräsentanten.

Das war unübersehbar. Der Staatsschutz, mit dem ich mehrfach telefonierte, beobachtete alle relevanten Facebook-Seiten und hielt das Geschehen durch Screenshots fest. Die Polizei filmte und analysierte Versammlungen. Berichte über Morddrohungen, die ich allerdings persönlich nicht erhalten hatte, machten die Runde. Das braune Gewaltpotenzial war also sehr genau bekannt. Da hätte es zweifellos keiner großen juristischen Recherche bedurft, um festzustellen, dass mein Recht und das Recht meiner Familie auf Privatsphäre gegenüber dem Versammlungsrecht Vorrang hatten. Meiner Frau, keine Juristin, genügte dafür simples Googeln – leider einen Tag zu spät. Allein ein gewisses Bewusstsein für unsere deutsche Geschichte hätte die Erkenntnis gebracht, dass die staatliche Duldung einschüchternder Maßnahmen einer grölenden, enthemmten Gruppe gegenüber denen, die sich ihrem Weltbild entgegen stellen, nicht mit unserer freiheitlichen demokratischen Grundordnung im Einklang steht und daher nicht von der Versammlungsfreiheit gedeckt ist.

Da sich die Demonstrationskultur in den vergangenen Jahren deutlich verändert und radikalisiert hat, ist es unbedingt nötig, den Schutz der Privatsphäre und Sicherheit von Verantwortungsträgern aller Art auch gesetzlich über das scheinbar unbegrenzte Recht auf Versammlungsfreiheit zu stellen.

Die Verwaltung vor allem in ländlichen Regionen muss dafür ausgebildet und für die Methoden radikaler, staatsgefährdender Gruppen sensibilisiert und taktisch wie juristisch geschult werden. Das gilt auch für Mitglieder von Gemeinde- und Ortschaftsräten, von denen vielen Kenntnisse über Theorie und Praxis der politischen und demokratischen Abläufe und Formalien fehlen. Permanente Fortbildung ist auch bei Kommunalpolitikern angebracht, denen hin und wieder ihre verwaltungstechnische, aber vor allem auch politische Verantwortung gar nicht bewusst zu sein scheint; nachdrücklich gilt das für parteilose Kandidaten, die nicht in ein politisches Programm eingebunden sind.

6 Lügenpresse?

Die Medien unterdrücken Fakten, interpretieren Statistiken falsch, verdrehen Aussagen und pflegen ein »Meinungsdiktat«, behaupten die Rechten. Das ist nicht wahr.

Der erste Bericht erscheint am 7. März 2015, ein kleiner Artikel der Lokalredaktion der *Mitteldeutschen Zeitung*: »Geplanter Lichterspaziergang der NPD – Tröglitzer Ortsbürgermeister tritt zurück«.[6] Über Twitter gelangt die Nachricht in die Medienwelt. Der Journalist Matthias Meisner veröffentlicht den ersten überregionalen Artikel auf der Onlineseite im Berliner *Tagesspiegel* am 8. März.[7] Daraufhin verschickt das Innenministerium Sachsen-Anhalt eine Pressemitteilung. Der Innenminister lässt wissen, dass er – anders als der Tröglitzer Ehrenamtliche – nicht vor den Rechten einknicke: »Wir lassen uns in unserer Demokratie und Freiheit durch niemanden einschüchtern.«[8]

Dass in diesem Fall aber vor allem der Rechtsstaat versagt hat, wird nicht erwähnt. Diese Beschwichtigungs- und Abwehrreaktion der Politiker ärgert mich, wir fühlen uns verraten, und ich will dies nicht unkommentiert lassen. Daher gebe ich eine Gegendarstellung heraus, die ich an dieselben Medienadressaten schicke wie der Innenminister. Ich erkläre noch mal in fetten Lettern: »Ich möchte an dieser Stelle aber mit aller Deutlichkeit mitteilen, dass mein Rücktritt, den ich bedaure, nicht nötig gewesen wäre und ich diesen auch nicht erklärt hätte, wenn das Landratsamt als Versammlungsbehörde seine Pflichten ordnungsgemäß wahrgenommen und die Versammlung vor meiner Haustür untersagt hätte.«

Beim Friedensgebet am selben Tag sind diesmal auch Innenminister Holger Stahlknecht und Landrat Götz Ulrich anwesend. Ich spreche beide deutlich an und korrigiere deren falsche Darstellung der Gründe meines Rücktritts. Medienvertreter nehmen dies begierig auf. Nicht wegen des Drucks der Rechten bin ich zurückgetreten, sondern weil mich die Repräsentanten des Landes und des Landkreises alleingelassen hatten. Zudem widerspreche ich dem Landrat und seiner Darstellung, dass ich zu früh zurückgetreten und damit einer positiven Entscheidung für meinen Schutz zuvorgekommen sei, sondern betone, dass mir zuerst dieser Schutz versagt wurde, ich deswegen zurückgetreten bin und erst das Einlenken der NPD nach meinem Rücktritt meine Familie vor einem Aufmarsch der Rechten bewahrt habe.

Da zum Friedensgebet Vertreter von Presse, Radio und Fernsehsendern erscheinen, Interviews führen und meinen Rücktritt und seine Umstände weiter publik machen, entwickelt sich ein völlig unerwarteter Medienansturm. Am Montag stehen Reporter verschiedener überregionaler Zeitungen und Fernsehanstalten vor der Haustür. Im Halbstundentakt gebe ich Interviews, Susanna managt schließlich die Termine. Weil es immer mehr werden, sage ich auf ihr Anraten auch Fernsehanfragen ab – z. B. Talkshows bei Anne Will und Günter Jauch.

Am Dienstagabend bin ich Gast bei Markus Lanz. Zwei neue Sorgen treiben mich inzwischen um: Ich will zum einen »mein Tröglitz« nun vor klischeehaften Übertreibungen schützen und vom Ruf des braunen Nests befreien, den manche Berichte verstärkt hatten. Und ich möchte zum anderen über mein versöhnliches Gespräch mit dem Landrat berichten, der inzwischen stark unter öffentlichem und politischem Druck steht. Ich betone, dass wir uns als demokratische Kräfte nicht gegenseitig zerfleischen, sondern den eigentlichen Gegner unserer Demokratie bekämpfen müssen.

Wenige Minuten vor meinem Auftritt bei der Talkshow in Hamburg sehe ich auf der Großbildleinwand, wie die »Tagesschau« den Rücktritt eines kleinen Ortsbürgermeisters im Osten als Hauptmeldung gleich nach Barack Obama und Kanzlerin Merkel bringt.

Einer Anfrage der *Superillu* für ein Interview komme ich nach langem Zögern nach, weil ich schließlich die Überzeugung gewinne, dass auch die Leser einer populistischen Boulevardzeitschrift für den Kampf gegen Rechts gewonnen werden müssen. Eine große Wochenzeitschrift hingegen schafft es, meinen großen Vertrauensvorschuss in ihre als seriös geltende Zeitung zu ruinieren. Wie bei allen Presseinterviews verspricht auch die eigens aus Berlin angereiste Redakteurin, mir genügend Zeit zum Korrekturlesen der Zitate zu geben und sie mir bis etwa 18 Uhr zuzusenden. Sie schickt sie um halb zehn mit der Bitte, etwaige Änderungswünsche bis 22 Uhr einzureichen. Ich lese sofort Korrektur und verbessere einiges. Die Redakteurin meldet sich um 23.09 Uhr und versichert mir, dass sie die Änderungswünsche umgesetzt hat. Aber tatsächlich wird der nicht autorisierte Text gedruckt, der bis heute online abrufbar ist.

Erstaunlich ist das große Interesse ausländischer Medien, die meist ausführlicher und unter weniger Zeitdruck nachfragen, darunter die *Financial Times, The Washington Post, Le Monde, De Volkskrant* oder die zwei japanischen Tageszeitungen *The Asahi Shimbun* und *The Tokyo Shimbun.* Letztere berichteten, dass sie hier sind, weil ihr Land gerade eine schlimme rassistische Welle gegenüber den südkoreanischen Gastarbeitern erlebt und vielleicht etwas von unserem Umgang mit Fremdenfeinden lernen können. *Czech Radio* und *Danmark TV2* fragen vor ähnlichem Hintergrund: Ihre Länder könnten aus den Erfahrungen Deutschlands für den erwartbaren Zuzug von Flüchtlingen und eventuelle Proteste lernen.

Dafür taten uns oft die Gespräche mit einfühlsam nachfragenden Journalisten gut. Ich bemerkte erstaunt, wie die angestauten Emotionen und Gedanken, die man sich in den Nächten zuvor gemacht hatte, herausplatzten, wenn das Gegenüber sich als vertrauenswürdig erwies.

Die deutschen Medien haben im Großen und Ganzen fair berichtet und meist korrekt zitiert. Ich habe sehr aufrichtige, empathische und seriös arbeitende Journalisten kennengelernt. Es bringt einen selbst weiter, wenn man auf Menschen mit weitem Horizont und klugen Fragen trifft. Oft fanden im Gespräch meine eigenen Überlegungen und Gedankenverwirrungen zu einer erfrischenden Aha-Erkenntnis. Zu einigen Journalisten, die uns damals stärkten und ermutigten, pflegen wir bis heute herzliche Beziehungen. Ein paar wenige andere haben – besonders später nach dem Brand des geplanten Flüchtlingsheims – mein Vertrauen in den seriösen Journalismus zum Teil erschüttert. Was jedoch Pegida und ihre Anhänger der »Lügenpresse« in toto ankreiden, praktizieren gerade die Webseiten, die vor allem von Rechten und Verschwörungstheoretikern gelesen werden: »Political Incorrect«, »Bürgerstimme« und andere. Sie unterdrückten im Fall Tröglitz Fakten, versuchten, uns persönlich mit üblen Verleumdungen zu diskreditieren, verdrehten Aussagen und pflegen jenes »Meinungsdiktat«, das sie den deutschen Medien insgesamt vorwerfen.

Eine Lehre aus all diesen Erfahrungen mit Medien ist, immer selbstbewusst genügend Zeit zur Korrektur zu beanspruchen. Mir hat es sehr geholfen, mich vor wichtigen Interviews zu sammeln und meine Kernaussagen aufzuschreiben, um mich nicht zu verzetteln oder mich missverständlich zu äußern – besonders seitdem klar war, wie kritisch und wütend mancher im Ort auf meine Äußerungen in den Medien blickte und jeder Satz auf die Goldwaage gelegt wurde. Dabei besteht natürlich die Gefahr, dass man auf die eigentlichen Fragen nicht richtig eingeht und seine eigene Thematik durchdrückt, wie es mir beispielsweise im »Nachtcafé« in Baden-Baden am 27. November 2015 passiert ist.

Es war kaum ein Jahr her, da waren die Tröglitzer noch stolz gewesen, dass der MDR mit seiner Radiosendung »Landpartie« bei ihnen zu Gast war und die Reporter sich für Ort und Leute interessierten. Jetzt sorgen die Medien nicht für Ruhm und Ehre, sondern es geht um Anklage und Ursachenforschung. Die

Augen der Reporter und der Kameras schauen wochenlang auf den Ort, die scharfen Stifte der Journalisten halten unerbittlich jede Äußerung fest. Und jeder Einwohner spürt: Hier führt die Öffentlichkeit Tribunal.

Zunächst lassen die Tröglitzer die Berichterstattung hilflos über sich ergehen und flüchten sich in die passive Opferrolle, indem sie den Medien vorwerfen, zu übertreiben und zu verzerren. Doch dann, nach dem Brandanschlag, überschwemmt eine Armee von Reportern den Ort. In ihrer Jagd auf Nachrichten verletzen sie viele Grenzen. In erster Linie Boulevardreporter bedrängen die Einwohner, so dass sie sich kaum noch auf die Straße trauen. Sie betreten Vorgärten, Hinterhöfe und Hausflure und nötigen Passanten zu Stellungnahmen. Dieser mangelnde Respekt und die wochenlange ständige Präsenz einer erdrückenden Menge von Kameras lösen bei den Einwohnern das Gefühl aus, belagert zu sein. Eine wachsende Zahl der Tröglitzer nimmt die Medien bald als Feind wahr. Wenn Berichte mit unsachgemäßen Titeln wie »Neonazi-Terror: Erst Bürgermeister aus Amt gejagt, dann Flüchtlingsheim angezündet«[9], »Das Dorf, in dem der Pöbel siegte«[10] oder »Wie Nazis einen Bürgermeister aus dem Amt jagten«[11] überschrieben oder mit Fotos illustriert sind, die statt bürgerlicher Demonstranten rechtsradikale Demonstranten mit riesigen NPD-Flaggen, Glatzen und Springerstiefeln zeigen, die es in Tröglitz gar nicht gegeben hat, sorgt das verständlicherweise für große Verärgerung im Ort. Bei anderen Beiträgen vermutet man, dass das gruselige Kribbeln eines westdeutschen Fernsehzuschauers gefördert werden soll, weil die Nazis da im furchtbar grau-braunen Osten nun wieder mal zugeschlagen haben.

Stattdessen haben sich die Rechten, die in Tröglitz den Ton angeben, auch optisch bewusst unter die Wutbürger gemischt: NPD-Thiel erscheint öfters im blauen T-Shirt mit weißer Friedenstaube oder gar mit der Regenbogenflagge und dem Peace-Zeichen der Friedensbewegung. Da er eben nicht in Springerstiefeln und mit Glatze auftritt, verringert er den äußerlichen Abstand und erreicht, dass die NPD mit ihrem Gedankengut auch inhaltlich mit den »besorgten Bürgern« und ihren Forderungen verschmelzen kann.

Der Vorwurf gegen die Medien richtete sich schließlich auch gegen mich, gegen denjenigen, der sich vor Kameras und Mikrofonen äußert und nun als »mediengeil« bezeichnet wird und dazu beiträgt, dass die Berichterstattung »einseitig« ist. Man sucht die Schuld nicht bei sich oder den Demonstranten, sondern schiebt sie in dem Fall auf die, die die Medien überhaupt darauf aufmerksam gemacht haben. Ein Bekannter hat mir das so erklärt: »Etwa ein Viertel der Leute hier, vielleicht auch mehr, finden euch und das, was ihr gemacht habt, wirklich gut. Wenn ihr sie auf der Straße trefft, wird aber nicht jeder mit euch reden, weil man euch zusammen sehen könnte. Mancher hat einfach Angst, dass man dann euch zugeordnet und ausgegrenzt wird.«

Ich bin überzeugt, dass viele Tröglitzer bewusst oder unbewusst wissen, dass hier im Ort beim Umgang mit den Rechten etwas falsch gelaufen ist. Aber die Mehrheit rückte und hielt intuitiv zusammen, denn sie spürten insbesondere nach dem Brandanschlag eine weitere Bedrohung, eine von außen: die mediale Öffentlichkeit. Wer sich jetzt noch vor den Medien äußerte, sein Entsetzen formulierte oder gar die Spaziergänger für verantwortlich erklärte, galt bei manchen Nachbarn und Bekannten als Nestbeschmutzer. Die Folge war ein unausgesprochenes, aber wirksames Medienverbot, ein stillschweigendes Diktat, unter dem sich bis heute kaum einer traut, vor eine Kamera oder ein Mikrofon der Presse zu treten. Ein schweigender, sich versteckender Ort, den die *Frankfurter Rundschau* im April 2016 so beschrieb: »Tröglitz will vergessen werden«.

Vergessen werden, weil Aufarbeitung unmöglich zu sein scheint? Verdrängen, weil »der Ort wieder Ruhe, wieder Frieden braucht«, wie viele nun sagen? Doch Ruhe und Frieden auf welcher Grundlage? Die Ruine steht ausgebrannt da, die fremdenfeindlichen Sprüche kursieren bei den Unbelehrbaren weiter, der Ort ist zerrissen in Flüchtlingsbefürworter und Gegner, ist in seinem Innersten gelähmt vor Schreck und Schock. Erst der Rücktritt, dann der Brand. Wie nach einer, nun schon zweiten, riesigen Explosion liegen überall die Trümmer und der Staub des alten Tröglitz, das es so nicht mehr gibt. Ruhe und Frieden? Oder eher: Ruhe in Frieden? Lasst uns in Ruhe, lasst uns in Frieden?

Das alte Tröglitz ist gestorben, aber nicht die Medien haben es zerstört, sondern die vielen kleinen rassistischen Brandsätze, die »friedliche Spaziergänger« wochenlang im Ort verteilten und die erst zu einem geistigen, dann zu einem realen Feuer führten. Dieses Feuer ist ein Verbrechen, das nicht vertuscht werden durfte und darf. Dass die Medien Fotos von diesem Verbrechen in die Welt schickten, war hilfreich und richtig als Warnung für andere Orte. Wenn die Medien übertrieben, vereinfacht und verzerrt haben, war das kontraproduktiv und schädlich, da alle Tröglitzer sich über einen Kamm geschoren fühlten. Aber außer denen, die etwa zur Aktion »Gesicht zeigen«, zur Demo nach dem Brand kamen oder sich sonst irgendwie bekannten, hat auch kaum einer etwas gegen diesen Ruf getan. Wenn wir schon über Schuld reden, dann liegt die Schuld am Tod des »alten« Tröglitz zuerst bei den Feuer mit sich tragenden »Spaziergängern«, und Mitschuld liegt bei denen, die ihnen nicht widersprochen haben.

Immer wieder haben wir uns gewundert, warum diese Provinzgeschichte so eine erstaunlich hohe Aufmerksamkeit in Deutschland, in Europa bis hin zum Artikel in der *New York Times*, in Japan und den Nachrichten auf Hawaii erfährt. Was waren die Gründe für diesen Hype? War, nachdem die ganze Republik wegen Pegida und anderen fremdenfeindlichen Aufmärschen monatelang den Atem angehalten hatte, mein Rücktritt zu einer Art überstrapaziertem Druckventil geworden, weil ein »rechtschaffener«, nicht bezahlter und damit automatisch

»herzensengagierter Volksvertreter« von dem braunen Mob aus dem Amt getrieben wurde? Brauchte die Mehrzahl der Menschen wieder eine Sympathiefigur, die zum Helden gegen Rechts stilisiert werden konnte, vielleicht auch, damit sie selbst untätig bleiben dürfen? Brauchte der Westen wieder etwas, um mit Fingern gen Osten zu deuten? Brauchte das Ausland wieder Angstklischees über ein Deutschland, in dem die Nazis vielleicht wieder zu mächtig werden?

Susanna war diejenige, die als Erste intuitiv verstand, was es bedeutete, dass ein engagierter, ehrenamtlicher Bürgermeister so alleingelassen wird: Dies stellt den Rechtsstaat, seine Schutzfunktion in Frage und ermutigte die Rechten zur Nachahmung. Unser Kampfgeist erwachte. Wir wollten bekannt machen, dass rechte Gruppen die Demokratie gefährdeten und die Behörden überfordert waren. Tröglitz sollte sich nicht wiederholen.

Nach meinem Rücktritt waren allenfalls Artikel in der regionalen Presse zu erwarten. Ohne meine Stellungnahme zu den wahren Rücktrittsgründen und die folgenden Berichte im *Tagesspiegel*[12] und in der *taz*[13] sowie im MDR[14] hätten Innenminister und Landrat weiter unwidersprochen verbreiten dürfen, dass sie eingeschritten wären, Nierth aber dies mit seinem übereilten Rücktritt verhindert habe. Auch weil die Rechten sich als Gewinner dieser Schlacht fühlten und zu Spaziergängen vor das Haus des nächsten unliebsamen Bürgermeisters aufriefen, gingen wir auf die vielen Presse- und TV-Anfragen ein. Als dann für mich das Entsetzen ganz Deutschlands darüber in der »Tagesschau«-Sendung am 9. März 2015 sichtbar wurde, schrieb ich begeistert auf meiner Facebook-Seite: »Die Demokratie hat doch gesiegt!« Aber nicht durch schnelles Verstehen und mutiges Handeln der Politiker, sondern durch das Eingreifen und Offenlegen der Medien.

Natürlich erhielt ich Hass- und Drohnachrichten. Aber erfreulich waren mehr als einhundert Briefe und Hunderte Nachrichten über Facebook, in denen Menschen aus allen Bundesländern ihre tiefe Betroffenheit ausdrückten und Verständnis für meinen Schritt bekundeten. Die Spannbreite reichte von rührigen Ostdeutschen, die Anteil am Schicksal ihrer Heimat nahmen, über die Aufforderung, uns nicht unterkriegen zu lassen und weiterzukämpfen, bis hin zu besorgten Briefen aus westdeutschen Ländern. Selbst aus Bolivien und Hawaii kamen Freundschaftsanfragen, und als ich nach dem Warum fragte, bekam ich die Antwort, dass mein Rücktritt dort in den Nachrichten gesendet wurde und man mich in meinem Kampf gegen Rassismus unterstützen möchte.

Längst vergessene Klassenkameraden und Bekannte, eine Reihe Kommunalpolitiker, der Städte- und Gemeindebund von Sachsen-Anhalt oder etwa der Theologe Friedrich Schorlemmer meldeten sich sehr herzlich, um uns Mut zu machen und das Gefühl zu geben, dass wir nicht allein sind.

Ein Bekannter, der einige Jahre zum Rand der rechten Szene gehörte, erklärte uns später, dass die Medienaufmerksamkeit uns tatsächlich geschützt habe: »Da ihr zu bekannt geworden seid, trauen die sich nicht mehr. Die Führungsebene der Rechten macht sich nicht die Hände schmutzig und hält in solchen Fällen auch ihre Jungs zurück, die sonst für einen Kasten Bier und einen Zwanziger losziehen, um eine Bude oder ein paar Leute platt zu machen. So machen die über Jahre hinweg politische Gegner fertig, ohne dass dabei die Polizei wirklich einschreitet. Bei euch aber müssen sie Angst vor der Polizei haben. Denn wenn die Polizei von oben den klaren Auftrag bekommt, besuchen die Beamten ihre Pappenheimer, die eigentlichen Hintermänner, und kommen dann zu unangenehmen Hausdurchsuchungen vorbei. Das wollen die höheren Neonazis auf keinen Fall. Denn in eurem Fall machen die Politiker Druck, dass euch nichts mehr passiert. Und die Polizei weiß: Wenn sie schlampt, rollen Köpfe. Deshalb ermittelt sie mit aller Kraft, das wissen die Rechten und das schützt euch.« Auch wenn das vielleicht ein wenig übertrieben klingt, leuchtet mir seine Argumentation ein.

7 Politiker sind auch nur das Volk

Müssen Politiker bessere und engagiertere Menschen sein als das Volk? Viele Volksvertreter sind es und reiben sich zwischen moralischem Anspruch und Machtspielen auf.

Durch die große Medienaufmerksamkeit melden sich viele Politiker zu Wort – auch persönlich bei mir. Bundesjustizminister Heiko Maas nennt es »eine Tragödie für unsere Demokratie, wenn ein gewählter Bürgermeister wegen Anfeindungen von Neonazis zurücktreten muss«. Politik und Zivilgesellschaft müssten »klar Position beziehen: Hetze gegen Flüchtlinge, Hetze gegen demokratisch gewählte Bürgermeister – das geht gar nicht.«[15]

Grünen-Chef Cem Özdemir sagt: »Wenn sich in unserer rechtsstaatlichen Demokratie ein gewählter Bürgermeister vor einem braunen Mob nicht mehr geschützt sieht, müssen alle Alarmglocken schrillen.«[16]

Der stellvertretende Bundesvorsitzende der CDU, Armin Laschet, nennt es »bestürzend«, wenn sich Kommunalpolitiker so sehr alleingelassen fühlten, dass sie keinen anderen Ausweg als den Rücktritt sähen. Dieser Fall müsse eine »Mahnung« sein, den Gegnern der freiheitlich-demokratischen Grundordnung die Grenzen klar aufzuzeigen.[17]

SPD-Generalsekretärin Yasmin Fahimi sagt, der Fall bewege sie tief. »Es kann nicht angehen, dass jemand von seinem Amt zurücktreten muss, weil er sich für Minderheiten engagiert und Neonazis in den Weg gestellt hat.«[18] Sie versucht mich mehrfach anzurufen und nimmt es mir auch nicht übel, als ich sie vor dem Gespräch bitte, es nicht parteipolitisch auszuschlachten. So führe ich mit ihr ein vertrauensvolles ausführliches Telefonat, bei dem ich schnell merke, wie ernst es ihr ist, aufmerksam zuzuhören, aus der Lage vor Ort zu lernen und mich zu unterstützen. Auch der Bundespräsident äußert sich: »Das darf ja nun überhaupt nicht sein«, sagt Joachim Gauck. »Es muss ja irgendwie Schluss sein mit Bedrohungsszenarien und Einschüchterungsszenarien gegenüber den Leuten, die wir entweder als ehrenamtliche Bürgermeister haben oder als gewählte Politiker. Da sind wir als Bürger aufgefordert, aber da sind auch die Institutionen aufgefordert, den Leuten, die Ämter haben, Schutz zu gewähren, wo dieser nötig ist.«[19]

Sachsen-Anhalts Landespolitiker nahmen zwiespältig Stellung. Dass Innenminister Holger Stahlknecht den Rücktritt wichtig nahm und sofort zum Friedensgebet kam, hatte wohl vor allem mit der beginnenden Beachtung in überregionalen Medien zu tun. Denn auch bei ihm war zunächst zu beobachten, wie er reflexartig versuchte, die Medien zu beschwichtigen. Vermutlich tat er dies, um Schaden von seinem Bundesland abzuwenden. Dabei ist er politisch klar gegen Rechts positioniert und versucht auch als treibende Kraft, das NPD-Verbot voranzubringen. Er sorgt wenige Tage später für einen Erlass zum Schutz ehrenamtlicher Politiker, der eine Handlungshilfe für zukünftige rechtssichere Entscheidungen sein soll. Wenn die Demonstrationen etwa das Ziel hätten, psychischen Druck zu erzeugen oder den Willen der Ehrenamtlichen zu beugen, sollten die Behörden die Versammlungen beschränken oder verbieten.

Am 13. März abends steht unerwartet neben Landrat Götz Ulrich Ministerpräsident Reiner Haseloff in der Hoftür. Er stürzt in unserer Wohnzimmer, erklärt unseren überraschten Teenies, dass es besser sei, Bücher zu lesen, als mit dem Handy zu kommunizieren. Routiniert erzählt er allerlei aus seinem politischen Alltag, bis Susanna ihn höflich unterbricht und fordert, doch nun endlich die Dinge zu benennen, die eindeutig falsch gelaufen sind, und nicht wie gewohnt weiterzumachen.

Die schützende Fassade des Ministerpräsidenten schwindet – vor allem beim Thema Schuld und Christsein –, und im folgenden Gespräch zeigt er auch etwas von seiner eigenen Zerrissenheit und Verletzlichkeit. Er erzählt von dem inneren Kampf, einerseits den eigenen Überzeugungen, dem Gewissen und den Glaubensgrundsätzen folgen zu wollen und andererseits sich selbst im alltäglichen Parteien- und Intrigenspiel schützen, Kompromisse schließen und auf die eigenen Kräfte achten zu müssen. In dem sehr persönlichen Gespräch ermutigen wir uns gegenseitig, in der Flüchtlingspolitik den eingeschlagenen Weg gemeinsam fortzusetzen. Uns als Familie und Tröglitz sagt er alle nötige Unterstützung zu: »Tröglitz muss eine Erfolgsgeschichte werden.« Die Unterstützung solle zunächst über den Landrat erfolgen, wir könnten ihn aber auch jederzeit auf seiner Handynummer anrufen.

Später wurden meine kritischen Aussagen über Herrn Haseloffs Forderungen nach Obergrenzen für aufzunehmende Flüchtlinge von den Medien als Schlagzeilen besonders herausgestellt. Sicher, ich empfand das als ein unzulässiges Verschieben unserer eigentlich unverrückbaren Grundwerte nach rechts, um auch das eher rechte Wählerpotenzial zu gewinnen, was sich letztlich wohl nie auszahlt. Es wirkt fatal, wenn sich die Volksparteien, wie besonders die CSU, auch in anderen Bundesländern bei »besorgten« und schon längst wütenden Bürgern anbiedern und versichern, nun wieder gewissenhafter auf sie zu hören, anstatt auf die noch ängstlichen Fragen der Bevölkerung rechtzeitig zu antworten. Denn so geben sie den rechten Demagogen im Nachhinein recht. In der »Elefantenrunde« des MDR am 7. März 2016 zur bevorstehenden Landtagswahl warf ich dem Ministerpräsidenten direkt vor, dass er bisher nicht die öffentliche, sachliche Auseinandersetzung mit der AfD gesucht habe, um sie noch vor der Wahl zu entzaubern.

Auch zwei sächsische Landtagsabgeordnete klingeln in dieser Zeit an unserer Tür, darunter eine schlanke Frau mit brünettem Kurzhaarschnitt und kleinen, eindrucksvoll stechenden Augen.

Susanna öffnet ihr die Tür, und die junge Frau redet sofort los: Sie hätte sich gerade das Brandhaus angeschaut, sie wünsche Markus Nierth zu sprechen. Sie sei selbst ja auch eine »Pastorenfrau«, sie teilten somit das gleiche Schicksal. Susanna entgegnet irritiert, dass sie sich nicht als Frau eines Pastors definiere, lässt sie aber trotzdem herein. Ich halte die beiden mit ihren dunkelblauen Anzügen im ersten Moment für Mormonen. Da stellt sich die Dame vor: Frauke Petry sei ihr Name, sie komme vom Sächsischen Landtag und wolle sich über meinen Rücktritt und den Brand informieren. Ihr Name war uns bis dahin noch gänzlich unbekannt. Susanna fragt nach einem kurzen Austausch, von welcher Fraktion sie denn seien. Als wir die Antwort hören, verschlägt es uns die Sprache und unsere eigentlich als langmütig bekannte Gastfreundschaft neigt sich abrupt dem Ende entgegen. Für Frauke Petry hat sich der Besuch gelohnt; in einer Diskussionsrunde im Fernsehen kann sie behaupten, auch sie hätte den zurückgetretenen Bürgermeister besucht.

Frank Thiel, Landtagsabgeordneter der Linken, stand schon seit Beginn der Friedensgebete mit uns in Kontakt und ermutigte uns durchzuhalten. Im Juni besucht er uns zu Hause mit Wulff Gallert, Fraktionschef der Linken im Landtag, um zu fragen und zuzuhören, aber auch, um mit uns nach den Ursachen für den Rechtsruck im Land zu suchen. Durch meine oppositionelle DDR-Vergangenheit war das persönliche Kennenlernen der Linken für mich eine echte Herausforderung, bei der sich meine Meinung aber allmählich änderte. Besonders weil ich merkte, dass in diesen schweren Kampfeszeiten gegen Rechts die Linken von der rührigen Ortsgruppe über die Landtags- bis zur Bundestagsfraktion es waren, die sich wirklich um uns bemühten und uns halfen. Beeindruckt hat uns, dass die Linke Mittel aus einem Fonds aus gespendeten Diätenerhöhungen unkonventionell und ohne irgendwelches Getöse für die praktische Flüchtlingshilfe in Tröglitz zur Verfügung stellte. Es ergab sich eine spannende Diskussion über die Frage, ob die Linke nicht wieder eine weitergehende Vision für die Menschen entwickeln müsste, die nicht nur die materiellen Bedürfnisse sichert, sondern eine neue Wertigkeit des Seins und höhere ethische Ziele bietet. Auch wenn neue Heilsversprechen nach Stalin und dem realsozialistischen Scheitern eine schwierige Sache sind, sehnen sich viele in ihrem Inneren unzufriedene Menschen – ob nun besitzend oder nicht – nach einem größerem Wert, der über dem Materiellen steht und an dem sie sich orientieren können. Einen Wert, der, so der Astrophysiker Prof. H. Lesch, nicht wirklich verhandelbar sei. Solidarität untereinander gehört dazu, ein gegenseitiges Sich-unter-die-Arme-Greifen. Also eigentlich das, was man allgemein unter christlicher Nächstenliebe verstehe. Auch bei späteren Begegnungen mit Wulff Gallert in Magdeburg fand ich in ihm einen Verbündeten in der Sache, der immer das konstruktive Gespräch suchte und dann während des Wahlkampfes in Sachsen-Anhalt als einer der wenigen die direkte Konfrontation mit Rechtspopulisten suchte und führte.

Meine Vorstellung, dass »die da oben« kaum etwas von der Basis mitbekommen, wird nun oft widerlegt. Bei der MDR-Talkshow »Fakt ist!« am 13. April 2015 lerne ich den thüringischen Ministerpräsidenten Bodo Ramelow (Linke) kennen – als sehr menschlichen Politiker und Kämpfer gegen Rechts, der die Flüchtlingshilfe zu seiner Herzenssache macht und vorbildhaft und mutig innovative Strukturen dafür aufbaut. Petra Pau, Fraktionschefin der Linken und Bundestagsvizepräsidentin, kommt nach einer Buchlesung bei uns zum Abendbrot vorbei, und wir haben das Gefühl, wirklich verstanden zu werden. Auch sie hat aufgrund ihres deutlichen Kampfes gegen Rechtsextremismus in Marzahn einige Morddrohungen bekommen, kann unsere Gedanken und Gefühle gut nachvollziehen und bietet Unterstützung an. Bei zwei Veranstaltungen in Berlin zu »Demokratie Leben« unter Schirmherrschaft der Bundesfamilienministerin Manuela Schwesig erleben wir, dass viele Politiker aus dem Bundestag, anderen Landesregierungen und auch aus kommunaler

Ebene die Geschehnisse in Tröglitz persönlich verfolgt haben, auch das, was wir als Opfer rechter Gewalt zu ertragen hatten.

Auch die höheren Beamten in Berlin sind erstaunlich gut informiert, mit dem Herzen interessiert und wollen etwas an der Basis bewegen. Dafür sind sie aber auf Initiativen und Anfragen des jeweiligen Bundeslandes angewiesen. Dass unten scheinbar so wenig ankommt oder gemacht wird, scheint nicht an mangelnden Mitteln oder mangelnder Bereitschaft an der hohen Ebene in der Hauptstadt zu liegen, sondern auch in der bürokratischen Weiterleitung über die Zwischenebenen. Für die Initiativen auf Kreisebene sind durchaus Mittel abrufbar, leider meist nur sehr kurzfristig und in zeitlich zu engen Rahmen, so dass sie fast immer in schnell aus dem Boden gestampften »Projekte« zu stecken sind, die dann noch kompliziert abgerechnet werden müssen.

Jedenfalls treffe ich in Berlin in den Referaten auf sehr gut ausgebildete, teils junge Fachkräfte mit kreativen Ideen, viel sozialer Kompetenz und klarer Ausrichtung gegen Rechts. Meine Frau spürte in einem längeren Gespräch mit Bundesfamilienministerin Manuela Schwesig echte Besorgnis, weshalb die bisherigen Instrumentarien der Demokratie in manchen ländlichen Gebieten scheinbar nicht greifen. Sie sagt Susanne Hilfe vor Ort zu.

Von Sachsen-Anhalts Grünen ist der Landtagsabgeordnete Sebastian Striegel als unermüdlicher Kämpfer gegen Rechts in unserer Region aktiv. Als die NPD mit Steffen Thiel nach Tröglitz ein neues Wirkungsfeld in Kretzschau findet und dort nach dem gleichen Schema die Bevölkerung gegen eine zeitlich begrenzte Asylunterkunft in einer Jugendherberge aufhetzt und wieder wöchentlich demonstriert, beteiligte er sich aktiv an der Konzeption von kreativen Gegendemonstrationen.

Es hat viele ermutigt, dass dort auch Landrat Götz Ulrich auftrat und die Bevölkerung aufrief, den Wind der Veränderung, den die Flüchtlinge bringen, zu nutzen und statt Mauern Windmühlen zu bauen. Während Ministerpräsident Haseloff bald Obergrenzen forderte, wuchs Landrat Ulrich in der praktischen

Bewältigung der Flüchtlingswelle über sich hinaus: Er machte sie zur Chefsache, versammelte dafür alle Behördenmitarbeiter, um diese dafür auch mit dem Herzen zu gewinnen, und stellte dafür alle Mittel zur Verfügung, auch gegen manchen Widerstand in seiner Partei, der CDU. Vor allem aber übernahm er auch privat Verantwortung. Gemeinsam mit seiner Familie nahm der Landrat Flüchtlinge in seinem Privathaus auf. Und so erhalten alle, die sich um die Flüchtlinge kümmern, heute die meiste Unterstützung von eben der Behörde, die uns damals noch im Stich gelassen hatte: dem Landratsamt des Burgenlandkreises.

Wir alle mussten lernen, mit dem Unerwarteten zurechtzukommen, zu lernen und Vorurteile abzubauen. Auch mein Blick auf unsere Berufspolitiker hat sich verändert. Manche von ihnen entsprachen meinen Vorurteilen von Wichtigmachern und notorischen Selbstprofilierern. Egozentrik, eine gewisse Unaufrichtigkeit, aber auch Dickhäutigkeit scheinen oft zum Geschäft dazuzugehören, um ihrer Rolle gerecht zu werden, ohne zu große Blessuren davonzutragen.

Aber ich begegnete einigen Politikern und Beamten, die mit Herz und Verstand gute und mutige Entscheidungen treffen. Die mit erstaunlichem Langmut Intrigen, Unwahrheiten und Verleumdungen aushalten. Und die sich zudem neben berechtigter und in einer Demokratie notwendiger Kritik auch viel ungerechtes, pauschalisierendes Nörgeln anhören müssen, die unwahrscheinlich viel arbeiten und denen kaum Zeit für sich, ihre Familien und Freunde bleibt. Erst jetzt weiß ich, wie viel Lebenskraft und Lebenszeit viele Politiker investieren, und dass ich schon aus diesem Grund nicht mit ihnen tauschen möchte. Wir haben in dieser Zeit Hochachtung vor »denen da oben« bekommen. Viele Bürger und rechte Demagogen missachten deren Engagement auf schädliche und undankbare Weise und verallgemeinern auch hier zu schnell.

Bei unseren Gesprächen bekamen wir den Eindruck, dass

viele der Verantwortungsträger täglich mit ihrem Gewissen kämpfen, aber zu oft Pragmatismus, der Zwang zu Kompromissen, Intrigen, die Loyalität zur Partei oder das unerbittliche Auge der Medien ein zu großer Gegner sind. Deshalb leiden viele engagierte Politiker nicht nur unter Kräfteverzehr, sondern müssen sich einen Teil ihrer Sensibilität und echten Empathie abgewöhnen, um im politischen Alltag bestehen zu können.

Fehler und deren Eingeständnisse sind offenbar nicht erlaubt, weil sie vom Gegner sofort ausgenutzt werden, wären aber Voraussetzung für eine glaubwürdigere Politik. Nach meiner Wahrnehmung ist auch unter Politikern eine Sehnsucht nach einer neuen Politikkultur, nach einem ehrlicheren Umgang miteinander entstanden.

Zugleich stellt sich die Frage: Warum sollten Politiker eigentlich besser und engagierter sein als das Volk, aus dem sie kommen? Weil sie unsere »Anführer« und gewählten Vertreter sind? Soll dafür allein dieser moralische Auftrag, der Anspruch anderer reichen?

Auch Politiker, das habe ich gelernt, wünschten mehr Wertschätzung ihrer Arbeit. Gerade rechte Demagogen sind es, die unter anderem mit dem Flüchtlingsthema eine Kluft zwischen Volk und Politik herbeigeredet oder künstlich aufgebauscht und den Politikern allerlei Verantwortung für die Unwägbarkeiten des Lebens und das eigene verantwortungslose Tun zugeschoben haben.

Sicher muss die politische Klasse sich einen Vorwurf gefallen lassen: Das Aussitzen, unter Helmut Kohl eingeübt, ist unter Angela Merkel augenscheinlich perfektioniert worden. Debatten, welche die Bürger belasten, verunsichern oder gar beunruhigen könnten, werden im Verborgenen geführt. Das Volk fühlt sich in diesen Fällen zu Recht ausgesperrt, nicht wirklich beteiligt, und böse oder misstrauische Bürger unterstellen allerlei Verschwörungen. Dabei ist und bleibt es mühsamer Alltag in einer Demokratie, Kompromisse zu finden, auszuhandeln und nach von allen tragbaren Lösungen zu suchen. Aber dies geschieht am besten gemeinsam mit den Menschen, das Volk von den Überlegungen komplett auszuschließen führt nicht zum Ziel. An Angela Merkels Verhalten in der Flüchtlingsfrage zeigt sich manches davon.

In Tröglitz haben wir uns im ersten halben Jahr 2015 als Verteidiger der von ihr geforderten »Willkommenskultur« furchtbar allein gefühlt. Erst Til Schweigers Aufforderung, für Flüchtlinge zu spenden, und endlich Frau Merkels »Wir schaffen das« bestätigte unsere Bemühungen. Das war damals wie eine Erlösung auch für uns, wir hatten endlich »von da oben« eine emotionale Unterstützung erhalten, die in Deutschland zur zeitweiligen Euphorie wurde und auch uns sehr half. Bis sie nach Silvester 2015/16 – zumindest gefühlt – deutlich abnahm und nach den Attentaten in Würzburg und Ansbach rapide zurückging. Im Herbst 2015 jedenfalls warteten wir ebenso ungeduldig wie vergeblich auf weitere Erläuterungen der Bundeskanzlerin, wie wir das nun schaffen werden.

Fatalerweise schwieg sie monatelang, nahm die Bevölkerung nicht mit dem Herzen mit. In der Folge entschieden nicht Fakten, sondern das politische Naturell jedes Einzelnen, ob Angela Merkel zu vertrauen war oder ihr immer wütendere Beschimpfungen entgegenschlugen. Für des Volkes Seele wäre es besser und beruhigender gewesen, hätte sie uns alle viel eher und vor allem öfters an ihren Gedanken und Lösungsideen teilhaben lassen, als bei ihren seltenen Talkshowauftritten bei Anne Will, bei denen sie sich dann wohlüberlegt äußerte. So entstand bei vielen übertriebenes Misstrauen und der Eindruck, dass die Politiker keinen Plan haben oder heimlich machen, was sie wollen. So können sich gerade die Wutbürger als entmündigtes Volk fühlen und in ihrem selbst erwählten Opfer- und Ohnmachtsmythos suhlen. Es entlässt sie auch von der Aufforderung, endlich wieder selbst mehr politische Verantwortung zu übernehmen.

Dramatisch ist, dass rechtsradikale Kräfte dieses Versäumnis ausnutzen konnten, um einen beträchtlichen Teil der Deutschen von der Notwendigkeit eines »Volksaufstands« zu überzeugen, zu »Notwehr« oder gar einem revolutionären Umsturz aufzurufen. Aber »das Volk«, die Bürger, sind weder Opfer noch ohnmächtig. Alle Deutschen können sich, wenn sie es wirklich wollen, in einer Partei oder in ihrem Kreis gesellschaftlich und gemeinnützig engagieren. Aber sind dazu wirklich all jene bereit, die sich sonst beklagen, entmündigt und ohnmächtig zu sein?

Die Demokratie ist nur zu retten, wenn das Volk seine freiheitlich organisierte Mitbestimmung auch wirklich selbst ausüben will. Unsere Politikkultur kann sich erst dann erfolgreich für mehr Beteiligung öffnen, wenn das Volk die Veränderung innerlich mitträgt, wenn ein breites Verlangen danach auch von unten nach oben, aus der Breite an die Spitze wächst. Sicher ist dies ein Wechselspiel. Daher sind nach meiner Wahrnehmung Politiker und höhere Beamte nicht besser, aber auch nicht schlechter als ihr Volk. Sie stehen nur mehr in der Gefahr, sich gefangen nehmen zu lassen. Zudem wird ihr Fehlverhalten, wenn es entdeckt wird, auch in viel größerem Umfang öffentlich gemacht. Hier wird nach meinem Gefühl ein viel zu unbarmherziger Maßstab an die Politiker angelegt, an den manch fordernder Bürger sich selbst nicht einmal in Grundzügen hält.

Als ich selbst 2009 zum Ortsbürgermeister gewählt wurde, erlebte ich ein erschreckend verändertes Verhalten vieler mir gegenüber. Mancher buckelte plötzlich und schmeichelte mir, obwohl ich doch auf dem untersten Posten in der Politikerhierarchie stand, mir von jeher jeglicher abgehobener Gestus fremd ist und man mich eigentlich als »Kumpeltyp« kannte. Aber ich war nun plötzlich »einer von denen da oben«, wurde seltsam überhöht. Gleichzeitig wurde ich dadurch auch in die Ferne gerückt, in der ich für Dinge verantwortlich gemacht werden konnte, auch für solche, die gar nicht in meiner Entscheidungsbefugnis stehen. Mich hat lange die Frage bewegt, warum gerade in der Flüchtlingsfrage Politiker so erstaunlich enthemmt und emotional überladen angegangen werden.

Ein Politiker ist zunächst nur ein Mensch, der von einer Mehrheit gewählt wurde und deshalb Verantwortung für die Gesellschaft übertragen bekommen und übernommen hat. Er muss also über egoistische Einzelinteressen hinaussehen, sie auch klar benennen und auf das große Ganze hinwirken, auf das, was möglichst vielen Menschen nützt. Damit hat er automatisch auch einen anleitenden, einen pädagogischen Auftrag.

Die Menschen aber, die sich in ihrer Gesellschaft sowieso schon als zurückgelassen, verloren oder zumindest übergangen erleben, haben entweder oft keine Eigenverantwortung übernommen und fühlen sich von »denen da oben« ungerecht behandelt oder haben schlichtweg Angst, ihr bisher Erworbenes zu verlieren. Erstere können in ihrer inneren Rebellion stecken bleiben, weil sie ihren Eigenanteil ausschließen, und empfinden das anmahnende Verhalten ihrer »stellvertretenden Mütter und Väter« als zusätzliche Provokation, als Verrat, als ungerechtfertigte Zumutung oder gar Zwang. Als prominentestes Beispiel fällt mir hier Frau Merkel ein, die gern als »Mutti« bezeichnet, von vielen auch verspottet wird. Gerade diejenigen, die sich zurückgelassen, verloren oder zumindest übergangen fühlen, die keine persönliche Verantwortung übernommen haben, erwarten von Politikerinnen wie Angela Merkel Hilfe. Sie geben damit alle Verantwortung fürs eigene Leben in deren Hand und damit auch die für das eigene Scheitern. So lebt es sich scheinbar leichter, eben verantwortungslos. Werden die Erwartungen nicht erfüllt, bleibt fürsorgliche Hilfe aus, rebellieren sie.

Diese Menschen erhöhen Politiker zu Halbgöttern. Ein Soziologe erklärte mir, dass wir gerade eine verkindlichte Gesellschaft erleben, in der eine wachsende Zahl von Menschen narzisstisch auf sich selbst schauen, sich selbst am nächsten sind und erwarten, dass sich irgendeine Instanz um ihr Wohlergehen kümmert, ihr Leben regelt, ohne dass sie selbst sich bemühen müssen. Geht das schief, muss diese Instanz, müssen vor allem die Politiker die Schuld dafür tragen.

Eine konkrete Folge meines Rücktritts war immerhin, dass Sachsen-Anhalts Innenminister Holger Stahlknecht zügig einen Erlass zum Schutz ehrenamtlicher Politiker verfügte, der eine Handlungshilfe für zukünftige rechtssichere Entscheidungen sein soll. Wenn Demonstrationen eben das Ziel hätten, psychischen Druck zu erzeugen oder den Willen der Ehrenamtlichen zu beugen, sollten die Behörden die Versammlungen beschränken oder verbieten.

Zudem gaben die Vorfälle in Tröglitz auch der Diskussion um ein NPD-Verbot neue Kraft. Ziel des Verbotes ist es, dass die Partei keine Steuergelder mehr aus der Parteienfinanzierung erhalte. Stahlknecht spricht sich in der Frage des NPD-Verbots klar dafür aus und sagt auch 2016 der dpa: »Eine Partei, die bei vier oder fünf Prozent liegt, ist sehr wohl ein hohes Sicherheitsrisiko für eine Demokratie.«[20]

Nach dem Brand in Tröglitz und nach den rechtsextremen Überfallen im sächsischen Heidenau im August 2015 erklärte der Prozessbevollmächtigte des Bundesrates, Christoph Möllers, gegenüber dem SWR, dass bei diesen Vorfällen, die man zur Beweisführung gegen die NPD noch in das laufende Verfahren einarbeiten konnte, erkennbar sei, dass die NPD eine Atmosphäre der Angst und ein Klima schaffe, das demokratisches Handeln anderer erkennbar einschränkt. Zudem befördere sie eine Atmosphäre, in der Aggressionen, menschenverachtende Äußerungen über Asylbewerber oder auch Straftaten ermöglicht werden.[21]

8 Bühnen für Rassismus

Auf Informationsveranstaltungen versuchen die Fremdenfeinde, die Diskussion mit Provokationen zu bestimmen. Wie geht man mit Pöblern und Hetzern richtig um?

Im Frühjahr 2015 ist Tröglitz ein anderer, ein zerrissener Ort. Der Streit um die Unterbringung von ein paar Flüchtlingen hat die Einwohner in zwei Lager geteilt. Dazwischen stehen diejenigen, die es nicht wagen, sich deutlich zu positionieren, oder noch immer versuchen, sich herauszuhalten aus einer Debatte, die den Ort über Deutschland hinaus bekannt gemacht hat.

Ein paar mutige und sehr motivierte Menschen haben sich bereit erklärt, die Ankunft der Flüchtlinge vorzubereiten, aber es gibt immer noch viele, die dagegen sind oder alles sehr kritisch betrachten. Der Landrat lädt in dieser Situation für den 31. März 2015 zu einer Informationsveranstaltung zur Flüchtlingsunterbringung ein. Auch ich hoffe, dass sich vieles nach der Bürgerversammlung zum Guten wenden wird, weil dann endlich mehr Informationen vorliegen. Uns als Familie macht zudem Mut, dass die Initiative »Miteinander – Füreinander«, die sich aus den Friedensgebeten und anschließenden Vorbereitungstreffen heraus gegründet hat, eine »Tröglitzer Erklärung« auslegen wird. Damit soll erreicht werden, dass sich nun jeder mit seiner Unterschrift öffentlich für eine menschenfreundliche Aufnahme positionieren kann.

Der erste Teil der »Tröglitzer Erklärung« im Wortlaut:

Tröglitz ist weltoffen und Menschen zugewandt.
Tröglitzer haben Sorge, wie die Zukunft des Dorfes aussehen wird, wenn Asylbewerberinnen, Asylbewerber oder Flüchtlinge im Ort Zuflucht suchen und hier ihre Unterkunft beziehen.«

Wir in Tröglitz respektieren uns in unseren verschiedenen Meinungen. Aber Einschüchterungen, Morddrohungen und Ausländerfeindlichkeit sind nicht die Antworten, die wir in Tröglitz auf unsere Sorgen und Bedenken für richtig halten.

Als Bürgerinnen und Bürger, als Verantwortungsträger in der Kommune, in Vereinen, den Kirchen und anderen Organisationen treten wir für ein friedliches Miteinander aller Menschen in unserem Ort ein, wer sie auch seien, woher sie auch kommen, wie sie auch aussehen, sprechen, was sie auch glauben. So stellen wir uns unter die folgenden Leitgedanken und bitten alle Bürgerinnen und Bürger, diese Gedanken zu teilen:

Menschen sind auf der Flucht vor Krieg und Gewalt, vor Not und Elend in ihren Heimatländern. Sie werden verfolgt, weil sie einer bestimmten Religion, sozialen Gruppe oder Nationalität angehören oder weil sie eigene politische Überzeugungen vertreten. Kinder, Frauen und Männer sind von Folter und sogar Tod bedroht. Die Lebensumstände, die politischen Zustände und Kriegsnot schneiden sie von ihren Lebensmöglichkeiten ab, so dass sie ihr einziges Heil in der Flucht in ein anderes Land sehen können.

Diese Menschen in ihrer Not kommen zu uns und hoffen auf unsere Unterstützung, auf Hilfsbereitschaft, auf eine Chance zum Leben in Freiheit und Würde. Ihre Not ist eine Herausforderung und Anfrage an alle Menschen in unserem Land. Sie ist eine Anfrage an uns Bürgerinnen und Bürger im Burgenlandkreis, in der Elsteraue und konkret in Tröglitz.

Wir stellen uns miteinander dieser Aufgabe, die uns übertragen ist, mit allen Möglichkeiten, die uns gegeben sind.

- *Menschenfreundlichkeit ist unser oberstes Gebot.*
- *Wir treten dafür ein, dass Menschen, die zu uns kommen, nicht angefeindet und ihrer Würde beraubt werden.*
- *Wir stellen uns gegen Hass und Gewalt Fremden gegenüber.*
- *Wir treten für ein freundliches Miteinander ein und unterstützen*

diejenigen, die sich für die Integration der Asylbewerberinnen und Asylbewerber engagieren.

- *Wir arbeiten an einem menschenfreundlichen Klima und achten darauf, in Worten und Taten alles zu vermeiden, was Menschen verletzt, sie ausgrenzt oder in Angst versetzt.*
- *Wir suchen das Gespräch mit besorgten Bürgerinnen und Bürgern und bitten sie im Gegenzug um Gesprächsbereitschaft.*
- *Wir suchen das Gespräch mit allen Bürgerinnen und Bürgern und wollen alle, die sich für ein friedliches Miteinander in unserem Ort einsetzen, unterstützen.*
- *Wir rufen die Landes- und Bundespolitik auf, nicht nur Finanzen für die Unterbringung der Asylbewerberinnen und Asylbewerber zur Verfügung zu stellen, sondern auch das bürgerliche, ehrenamtliche Engagement wieder verstärkt zu unterstützen.*

Etwa 500 Interessierte kommen am 31. März 2015 in den Saal des Alt-Tröglitzer Klubhauses. Unter ihnen auch Steffen Thiel und weitere bekannte NPD-Funktionäre des Burgenlandkreises mit ihren Anhängern. Sie nehmen in den hinteren Reihen das Saals Platz und zeigen teilweise schon mit ihrer Kleidung, auf der einer auch das Logo der NPD trägt, ihre rechtsextreme Gesinnung. Einige sind extra angereist, um die Fragerunde mit provokanten Aussagen und Zwischenrufen zu dominieren.

Auch der Gastgeber, Landrat Götz Ulrich, ist nicht allein gekommen; ihn begleiten Vertreter aus Stadt- und Landrat, Verwaltung und Polizei sowie Bürgermeister aus Hohenmölsen und Eckartsberga und die dortige Pfarrerin. Denn in diesen Orten im Burgenlandkreis hatte es bereits ähnliche Informationsveranstaltungen gegeben, und inzwischen waren dort die ersten Flüchtlinge untergebracht.

Zu Beginn der Veranstaltung betont Ulrich, dass dieses Treffen eine Einwohnerversammlung sei. »Hier sollen also die Einwohner der Gemeinde Elsteraue zu Wort kommen. Um die geht es besonders.«

Der Landrat gibt zu, dass niemand wisse, wie sich das Jahr 2015 weiter entwickeln und wie viele Flüchtlinge Deutschland aufnehmen werde. Zahlen kann er dennoch präsentieren:

Sachsen-Anhalt bekommt nach dem Königsteiner Schlüssel rund 2,8 Prozent aller Asylbewerber in Deutschland zugewiesen, der Burgenlandkreis davon 9,1 Prozent. Er rechne in diesem Jahr mit 650 Flüchtlingen, die der Landkreis aufnehmen muss. »Die Zahl wird aber wohl nach oben korrigiert werden müssen«, glaubt er. Schließlich rechnet er vor, wie hoch im Kreis der Bevölkerungsanteil an Bürgerkriegsflüchtlingen, Asylbewerbern und Geduldeten ist: 0,49 Prozent.

Dann erklärt er, was die Aufnahme von 40 Flüchtlingen für Tröglitz konkret bedeuten werde: Zwölf Wohnungen sollen angemietet werden, elf davon für die Flüchtlinge und eine als sozialer Treffpunkt und als Büro für den Sozialarbeiter, der mindestens zwei Sprachen sprechen soll. Zudem werde sich ein Wachdienst täglich und rund um die Uhr um das Haus kümmern, in dem die Flüchtlinge untergebracht werden sollen.

Ulrich räumt ein, dass diese Informationsveranstaltung sehr spät stattfinde. Jemand brüllt: »Zu spät!« Der Landrat verteidigt sich, indem er darauf verweist, dass der Kreistag der Unterbringung erst vor zwei Wochen zugestimmt hat. Außerdem habe er Fakten nennen und keine Spekulationen verbreiten wollen. Auch den Vorwurf, die Bürger seien nicht gefragt worden, entkräftet er, bevor er erhoben worden wäre: Er als Landrat und der Kreistag seien von den Bürgern gewählt worden, und zu seinen Aufgaben gehöre es auch, Entscheidungen wie die Unterbringung von Asylbewerbern zu treffen. »Wir übernehmen die Verantwortung dafür, was im Kreis passiert. Wir sind dafür gewählt. Das halte ich nicht für undemokratisch.«

Die meisten Anwesenden hören ihm zu, ab und an gibt es Zwischenrufe oder Beifall. Die Fragerunde eröffnet ein glatzköpfiger Mann, der sich als Ronny S. aus Tröglitz vorstellt: »Warum geben wir für die Asylanten so viel Geld aus, wenn wir selber nichts haben. Was soll denn die Scheiße?« Da er nicht ins Mikrofon spricht, entgegnet der Landrat: »Ich habe das Wort ›Scheiße‹ verstanden, aber sonst nicht viel. Vielleicht könnten Sie die Frage noch einmal wiederholen.« Da muss auch S. kurz lächeln. »Für die Ausländer wird viel Geld ausgegeben, aber für uns nicht. Was soll denn das?«, schimpft er mit lauterer Stimme und erntet Applaus. »Die kriegen die Wohnung hergerichtet von A bis Z. Wir, die was brauchen, kriegen nüscht.« Ulrich lässt ihn weiterreden, was S. offenbar selbst erstaunt. »Die kriegen alles, jeden Scheiß. Jeden Scheiß«, wiederholt er sich. »Und wir müssen betteln gehen.«

Ulrich, freundlich lächelnd, bestätigt, dass die Unterbringung der Flüchtlinge Geld koste. »Ich habe die Zahlen mal mitgebracht, weil es ja keinen Sinn hat, um den heißen Brei herumzureden«, sagt er. 6,1 Millionen Euro seien im Kreishaushalt für die Unterbringung und Integration samt Deutschkursen eingeplant. »Das ist viel Geld. Ohne Frage. Ich muss Ihnen aber widersprechen: Für uns selbst geben wir auch viel Geld aus.« Aus 400 Millionen Euro besteht das Haushaltvolumen des Landkreises und des Jobcenters. »Davon geben wir alleine 173 Millionen im Jahr für Betreuung der Hartz-IV-Empfänger aus. Das ist richtig und wichtig, aber auch das stellt uns vor Herausforderungen.« Weitere 100 Millionen, so Ulrich, werden für andere soziale Leistungen ausgegeben. »Die Aussage, dass wir für uns nichts tun, trifft zumindest für uns im Burgenlandkreis nicht zu.« Der Applaus ist nun um einiges lauter und länger als beim Mann am Mikrofon.

Vor das Mikrofon treten noch einige an diesem Abend. Ein älterer Herr erinnert ausführlich an die Flüchtlinge nach dem Weltkrieg. »Aber das waren Deutsche«, ruft jemand dazwischen. Der ältere Herr ist dennoch für Solidarität. »Dann nimm du die doch zu Hause auf«, ruft Thiel. Der Mann fordert stattdessen, dass die Flüchtlinge arbeiten gehen dürfen, um sich den Lebensunterhalt selbst verdienen zu können. Auch der Landrat betont die Geschichte Deutschlands und die besondere Verpflichtung der Deutschen. Das Asylrecht sei eingeführt worden, nachdem Nazideutschland Hunderttausende Deutsche zu Flüchtlingen gemacht habe, weil sie politisch verfolgt wurden. »Deshalb haben die Gründerväter der Bundesrepublik das Asylrecht ins Grundgesetz geschrieben.«

Weitere Fragen kommen. Wie die Sicherheit gewährt werden wird, will jemand wissen. Wie die ärztliche Versorgung funktionieren soll, wenn doch die einzige Ärztin des Ortes jetzt schon überfordert ist. Wie man denn Flüchtlingen Praktika geben will, wo doch die Arbeitslosenquote so hoch sei. Ob es mehr Polizisten geben werde. Was man dagegen tue, dass die Flüchtlinge den Islam leben. Ob auch die Schule auf jeden Fall die versprochene Sozialarbeiterin bekomme.

Auch NPD-Kreistagsmitglied Thiel meldet sich zu Wort. Er trägt einen Pullover, auf dem »Tröglitz – Stadt der starken Herzen« steht. Er will wissen, ob der Landrat neben der Verantwortung auch die Kosten übernehme, wenn wegen des Flüchtlingsheims die Preise für die örtlichen Grundstücke sänken. Und ob das nicht am Ende viel mehr als 40 Asylbewerber werden. Und wen der Wachdienst da genau schütze – die Bürger vor den Flüchtlingen oder die Flüchtlinge vor den Bürgern.

Der bestens vorbereitete Landrat lässt sich nicht provozieren, nimmt die Durchsetzung des Hausrechtes nicht in Anspruch und erklärt stattdessen in stoischer Ruhe über viele unbegründete Vorurteile auf. Flüchtlinge seien nicht krimineller als Deutsche, sagt er. Er umwerbe einen Arzt, in die Gegend zu ziehen. Im Landkreis gebe es mehr als 300 unbesetzte Lehrstellen, die Bevölkerungszahl sinke pro Jahr um ein Prozent. Die Religionsfreiheit sei geschützt. Die Schule solle eine Sozialarbeiterin bekommen. Er erklärt Steffen Thiel, dass nicht vorgesehen sei, immer mehr Flüchtlinge in Tröglitz anzusiedeln.

Und doch bestimmen die Fremdenfeinde mit meist peinlich provokanten oder oft sichtlich ungebildeten Aussagen die

Diskussion. Immer wieder werden fremdenfeindliche Äußerungen in den Raum oder ins Mikrofon gerufen. Der bekannte Rechtsradikale Christian Bärthel aus Ronneburg in Thüringen, der laut *Spiegel Online* auf der letzten Demonstration in Tröglitz von »begattungsfreudigen Afrikanern« gesprochen hatte, betonte, dass Deutschland »nicht das Sozialamt der Welt« sei. Kriegsflüchtlinge wolle er ja aufnehmen, sagt er, alle anderen Menschen aber würde er rigoros abschieben.[22]

Da der Abend vor allem als Fragerunde angelegt ist, kommen die Befürworter der Unterbringung mit ihren Statements leider kaum zu Wort. Das empfinde ich als einen schwerwiegenden taktischen Fehler, weil die »Besorgten« deshalb viel häufiger reden können als die Flüchtlingsunterstützer. Wer die Mehrheit des Publikums stellt, ist am starken Beifall zu ermessen, den der Landrat bekommt, wenn er die »Sorgen« der Bürger mit Fakten widerlegt. Ansonsten bleiben auch an diesem Abend die meisten Einwohner still und zurückhaltend, obwohl dieses Podium auch geeignet wäre, um vor den Vertretern der regionalen und überregionalen Medien Tröglitz wieder in ein besseres Licht zu rücken und seine Weltoffenheit zu zeigen.

Damit Bürger sich trauen, kritisch zu fragen oder Ängste zu formulieren, ohne fürchten zu müssen, mit unbelehrbaren Rechtsradikalen gleichgesetzt zu werden, wäre der Ausschluss von Ortsfremden Voraussetzung gewesen. Doch nun übernehmen die Rechtsradikalen, vor allem Mitglieder der NPD, mit teils pöbelnden Fragen die Führerschaft im Lager der Asylfeindlichen. Umso fataler wirkt es, wenn in solch einer Runde ein bekannter Rechtsanwalt oder eine Angestellte des Burgenlandkreises, die in Tröglitz wohnen und sicher als gewisse Autoritäten wahrgenommen werden, sich sehr kritisch zur Unterbringung von Flüchtlingen in ihrem Ort äußern, weil sie dadurch – zumindest gefühlt – eine Einheit mit den Rechten bilden.

Und so bleibt deutlicher Widerspruch gegen die Fremdenfeinde an diesem Abend aus.

Mehrere Kamerateams und Pressevertreter – auch überregionaler Medien – sind anwesend. Mir ist an diesem Abend wichtig, ruhig zu bleiben, nicht zu provozieren oder schon wieder im Mittelpunkt zu stehen, auch weil sich einige andere zu uns gesellt haben und die Stimmung im Ort besser zu werden scheint. Immerhin unterschreiben rund 130 Menschen aus Tröglitz und Umgebung die »Tröglitzer Erklärung«, etwa 40 tragen sich mit konkreten Hilfsangeboten in eine Helferliste ein. Darüber freuen wir uns sehr, es tut gut, sich nicht mehr so allein zu fühlen.

Im Vergleich zu manch anderer Versammlung zum Thema Flüchtlinge, die auch in Städten wie Berlin oder Leipzig eskalierten, weil Flüchtlingsgegner und Rechtsextreme extra angefahren kamen, um die Veranstaltung zu stören und mit ihren Parolen die erklärenden Worte der Politiker übertönten, bleibt es in Tröglitz verhältnismäßig ruhig und sachlich. Das liegt auch an der geduldigen unaufgeregten Art, mit der sich der Landrat die Wortmeldungen anhört und auf sie reagiert. Auch seine Podiumsgäste wirken deeskalierend. So berichtet die Revierleiterin der Polizei von ihren Erfahrungen mit Migranten, die Integrationsbeauftragte des Landes, Susi Möbbeck, kann mit der künstlichen Unterscheidung von Kriegsflüchtlingen und Asylsuchenden aufräumen und Andy Haugk, der Bürgermeister von Hohenmölsen, schlussfolgert aus seinen konkreten Erfahrungen ganz pragmatisch: »Wir können alle dagegen sein, aber am Ende kommen die Asylbewerber trotzdem, also ist es doch besser, wir nehmen das Heft des Handelns in die Hand. Nur Sie vor Ort können das tun.« In seinem Ort engagieren sich viele Menschen für die Integration, denn »wir müssen die Menschen auch darauf vorbereiten: andere Länder, andere Sitten«.

Der Landrat und sein Stab hatten den Abend professionell vorbereitet. Häufig nutzen Anhänger von NPD und AfD solche Veranstaltungen, um zu provozieren, den Ablauf zu stören und die kommunalen Träger und damit das demokratische System zu diskreditieren. Um dies zumindest einzudämmen, ist es ratsam, ausschließlich Ortsansässige einzuladen und am Eingang die Ausweise zu kontrollieren. Einladungen sollten eine Ausschlussklausel für Rechtsradikale und Störer enthalten. Notfalls sollte das Hausrecht ausgeübt werden. Securitypersonal ist unverzichtbar. Mit weiteren praktischen Ratschlägen und Broschüren hilft die »Mobile Beratung gegen Rechtsextremismus Berlin« unter www.mbr-berlin.de, darunter »Keine Bühne für Rassismus!«, »Was tun, damit's nicht brennt?« oder »Feste feiern ohne Nazis«.

Auch der Landrat hat inzwischen Erfahrungen auf diversen Bürgerversammlungen gesammelt. In einem Interview mit dem MDR erklärt er dazu: »Mein Eindruck ist, dass im Laufe der Bürgerversammlung ein gewisser Prozess bei vielen stattfindet. Nicht bei allen. Es gibt natürlich welche, die nur um des Störens willen dahin kommen, nur ihre Meinung sagen wollen und dann auch die Versammlung wieder verlassen. Die nicht zuhören können, nicht zuhören wollen. Aber bei vielen findet schon ein Prozess statt.« Das sei in der Regel ziemlich schnell zu spüren: »Man merkt das an der Gesprächsatmosphäre. Ich habe den Eindruck: Zu Beginn ist die sehr aufgeheizt. Und im Laufe der Veranstaltung, wenn immer mehr Fragen geklärt und damit vielleicht auch Ängste genommen werden, beruhigt sich das Ganze.« Und so wirkte es auch an diesem Abend. Trotz der fremdenfeindlichen Statements gehen viel mehr Menschen als vorher in der guten Hoffnung nach Hause, dass die Unterbringung von Flüchtlingen in Tröglitz nun doch gelingen könnte. Doch vier Tage später brennt die geplante Flüchtlingsunterkunft.

9 Der Brandanschlag

Am Osterwochenende 2015 brennt die geplante Asylunterkunft. Haben die Fremdenfeinde gesiegt?

Mitten in der Nacht zum Ostersamstag schreckt mich Handyklingeln aus dem Tiefschlaf. Es ist halb fünf. »Weißt du, dass es hier brennt?«, höre ich eine aufgeregte Bekannte aus dem Ort sagen. »In der Thälmannstraße! Das Haus für die Asylbewerber ist abgebrannt!« In meinem Kopf schießen die Gedanken wild hin und her, mein Puls steigt und ich denke wütend: »Diese Schweine, sie haben es tatsächlich gemacht!« Schon vor Wochen hatte mir ein Bekannter erzählt, dass in der rechten Szene darüber geredet werde, das Asylheim anzuzünden, solange es noch leer steht. »Die Feuerwehr löscht gerade die Reste, der Bürgermeister war auch schon da«, sagt die junge Frau. »Der ganze Dachstuhl hat gebrannt.« Ich kann es nicht fassen und fahre sofort in die Thälmannstraße. Um zwei Uhr in der Nacht war dort Feuer ausgebrochen, als ich gegen fünf Uhr morgens vor den verkohlten Balken ankomme, zieht die Feuerwehr gerade die Leiter ein. Der Geruch von verkohltem Holz liegt in der Luft.

Eine bedrückende Ruhe liegt an diesem Morgen des 4. April über der Straße. Ein paar Tröglitzer stehen schweigend und wie gelähmt am Straßenrand und starren ins Leere. Ein Ehepaar, das in den nächsten Wochen ausziehen sollte, wohnt in dem Haus, schlief tief und fest, während das Dach anfing zu brennen. Die beiden wurden durch eine wachsame Nachbarin herausgeklingelt und konnten sich dadurch gerade noch unverletzt retten. Das Feuer hat das gesamte Dachgeschoss zerstört, Balken ragen wie ein schwarzes Gerippe drohend in den Nachthimmel, das Löschwasser hat Teile der Zimmerdecken in der ersten Etage zum Einsturz gebracht, einige Fenster sind zersprungen.

Mich packt deutliche Unruhe und auch Angst. Ganz Deutschland wird nach Tröglitz schauen, das nun seinen fremdenfeindlichen Ruf weg hat. Wer soll diesen Ruf jemals beseitigen?

Der Sachschaden liegt nach ersten Schätzungen im sechsstelligen Bereich. Eine politisch motivierte Brandstiftung ist nicht auszuschließen, erklärt ein Polizeisprecher. Was zunächst nur eine Vermutung ist, wird im Laufe des Tages immer mehr zur Gewissheit. Denn das Feuer im Dachgeschoss ist den Ermittlungen zufolge an mehreren Stellen gelegt worden, offenbar kamen Brandbeschleuniger zum Einsatz. Die Staatsanwaltschaft spricht von einer »besonders schweren Brandstiftung«. Und das trotz der Schutzmaßnahmen für die geplante Asylunterkunft. Stündlich fuhr eine Polizeistreife an dem Haus vorbei.[23] »Die müssen in den Büschen gelegen und gewartet haben«, vermutet Ministerpräsident Reiner Haseloff.

Alle Hoffnungen liegen nun in Schutt und Asche. Dabei hatte sich die Lage nach der Bürgerversammlung doch beruhigt: Die rechten Demonstrationen waren abgeebbt, Paten und etwa 130 Unterstützer für die Neuen hatten sich gemeldet, und sogar ein Willkommensfest sollte stattfinden.

Haben nun doch die Fremdenfeinde und mit ihr die Rechten gesiegt? Das durfte nicht sein, das durfte der Ort auch nicht unwidersprochen lassen. Spontan schreibe ich einen Aufruf und befestige noch vormittags überall im Ort gelb leuchtende A4-Plakate, um »alle menschenfreundlichen Tröglitzer, die gegen diesen unerträglichen Hass ein Zeichen setzen wollen«, auf die Straße zu bringen: »Da ist die braune Saat so weit aufgegangen, dass man nun lieber Häuser niederbrennt, in denen notleidende Familien eine neue Bleibe finden sollten. Selbst Familien aus Kriegsgebieten wird nicht freistehender Wohnraum von kranken, bösen Gehirnen gegönnt! Eine bleibende Schande für Tröglitz, die uns nun mit Mölln und Hoyerswerda in eine Reihe bringt und noch viele unabsehbare Folgen haben wird! Es ist nun endgültig ZEIT AUFZUSTEHEN!«

Doch es stehen nicht viele auf. Zu der Spontankundgebung um 17 Uhr am Karsamstag, dem Tag nach der Brandnacht, kommen etwa 300 Menschen – darunter etwa 90 Einwohner. Ich bin enttäuscht, ich hatte auf mehr Teilnehmer aus dem Ort gehofft, weil ich wusste, dass diesen Brandanschlag fast alle Tröglitzer als ein Verbrechen empfinden. Zum einen sehe ich Menschen, die sich teils mit Tränen in den Armen liegen und fassungslos sind. Zum anderen fühlen wir uns ermutigt, weil so viele aufgrund unserer Facebook-Einladung spontan von außerhalb gekommen sind, denn so viele hatte der Platz bei den Kundgebungen der Rechten nie gesehen.

Ich kann es nicht glauben, dass auch einige der Rechten und der »besorgten Spaziergänger« aus Tröglitz am Rande der Menge stehen sehe – ohne erkennbares Schamgefühl. Sogar der NPD-Gemeinderat Pampel hat sich hierhergewagt. Was mag die Fremdenfeinde zu dieser Dreistigkeit bewegt haben? Ich vermute ein »Reinwaschungsmotiv«, denn einige Spaziergänger ahnen wohl, für das Geschehene mitverantwortlich zu sein, und wollen sich in der Öffentlichkeit als »unschuldig« darstellen. Manche unter ihnen denken aber wohl tatsächlich, dass sie mit der Brandstiftung rein gar nichts zu tun haben. Weil sie persönlich niemals ein Haus anzünden würden und nicht den übergeordneten Zusammenhang zwischen ihrem Protestieren gegen Asylbewerber und der Brandstiftung erkennen – bis heute. Daher fühlen sie sich später, als der Vorwurf erhoben wird, ungerecht behandelt.

Für mich ist unfassbar, dass die fremdenfeindlichen »Spaziergänger« offensichtlich ihre geistige Mitverantwortung für die Brandstiftung so sehr ausblenden können, dass ein Schuld- und Schamgefühl ausbleibt oder zumindest zu schwach ist, um sie von der Teilnahme abzuhalten.

Nun stehen sie, teils im Pulk, etwas abseits und hören und gucken dem Entsetzen der »Gutmenschen« zu. Ich bin noch mit dem Aufbau der Lautsprecheranlage und Live-Interviews mit

ZDF und MDR beschäftigt, doch zwischendurch gehe ich wütend auf die Wutbürger zu. Herrn Pampel von der NPD raunze ich an, dass es eine Frechheit sei, hier zu erscheinen. Ich verweise ihn des Platzes. Seine Gesinnungsgenossen verteidigen ihn, aber er weicht zumindest an den Rand.

Ein »Jetzt-erst-recht-Gefühl« macht sich in mir breit, auch wenn ich ahne, dass das noch stärkere Anfeindungen zur Folge haben wird. Bei der Veranstaltung rufe ich die Einwohner erneut zur deutlichen Abkehr von aller Fremdenfeindlichkeit auf. Spontan biete ich von mir verwalteten Wohnraum als Unterbringung an, »damit die Braunen nicht siegen«, und fordere die Bürger auf, ebenfalls Wohnungen zur Verfügung zu stellen und hier auf dem missbrauchten Friedensplatz auch etwas zu sagen. Aber es kommt nur zu wenigen Wortmeldungen. Wenn jemand spricht, sind es meist Redebeiträge von Ortsfremden.

Rückblickend erscheint ein Schweigemarsch durch den Ort zum Brandhaus als geeignetere Maßnahme, jeder Teilnehmer wäre ein Statement gewesen. So war es für uns alle eine Überforderung, weil man vor so viel ausgelebter Bosheit einfach sprachlos steht.

Etwas hilflos suche ich nach einer Geste für alle und stimme spontan das Lied »Kleine weiße Friedenstaube« an, mit dem zu DDR-Zeiten Frieden und Völkerverständigung beschworen wurden. Und tatsächlich, die meisten Leute singen erleichtert mit, die Jüngeren, die den Text nicht mehr kennen, hören zu. Redner aus Politik, von Vereinen und Kirchen werben für ein Zeichen gegen Hass und Ausgrenzung. Auch Ministerpräsident Haseloff hält eine kurze, sehr persönliche Rede und sichert dem Ort alle erdenkliche Unterstützung zu, damit die Unterbringung von Asylbewerbern in Tröglitz doch noch gelingt. Wulff Gallert, der Fraktionsvorsitzender der Partei Die Linke im Landtag, spricht sichtlich bewegt und stellt heraus, wie wichtig gerade heute wieder der Widerstand gegen den Faschismus ist. Schon mittags war der Ministerpräsident mit Innenminister

Stahlknecht angereist, hatte das Brandhaus besichtigt und mit dem Hauseigentümer und den beiden geretteten Bewohnern gesprochen.

Am Sonntag nach dem Brand der Asylunterkunft ziehen nach dem Friedensgebet etwa 80 Menschen mit dem bunten Banner »Miteinander – Füreinander« von der Kirche her durch den Ort Richtung Friedensplatz, wo weitere 20 Menschen aus Tröglitz und Umgebung warten, die dem Aufruf der Initiative gefolgt sind. Das Ziel ist, bei einem öffentlichen Pressetermin die andere Seite von Tröglitz zu zeigen und auf einem Foto möglichst viele fremdenfreundliche Gesichter zu versammeln.

Doch auf den Platz haben sich etwa 30 Rechtsradikale, darunter bekannte NPDler, um die Wartenden gestellt, offensichtlich um sie nach alter Manier einzuschüchtern. Sie tragen Sonnenbrillen, stellen, wo vorhanden, ihre Muskelpakete aus und filmen auffällig jeden Dazukommenden, um zu zeigen: Wir kennen dich jetzt, wir haben dich im Blick und werden nicht vergessen!

In dieser Atmosphäre an einem öffentlichen Fototermin festzuhalten, wäre unklug gewesen. Die Neonazis würden uns zumindest mit bösen Sprüchen stören und mit ihrer Drohkulisse die Stimmung der Fremdenfreundlichen trüben. Wir sind jedoch für diesen Fall vorbereitet, die mutige Direktorin der Grundschule lässt uns in die Turnhalle, wo sie das Hausrecht anwenden kann. Drinnen wird eine vorbereitete Erklärung für die Presse verlesen, wonach alle Anwesenden sich gegen Fremdenfeindlichkeit und Rassismus aussprechen; alle anderen mögen bitte den Raum verlassen. Unter lautem Geklatsche verlassen zwei, drei dreiste Rechtsradikale die Halle.

Ich blicke um mich und bin zu Tränen gerührt. Einige mutige Tröglitzer sind aufgetaucht, dazu viele aus der Umgebung, darunter der Gemeinderatsvorsitzende der Elsteraue, ein in der Öffentlichkeit sehr anerkannter Mann, der damit die unrühmliche Tradition des Wegduckens in unserer Gemeinde etwas durchbrach. Die *Mitteldeutsche Zeitung* schreibt später, die Teilnehmer hätten das Ziel erreicht, »sich mit dem Foto öffentlich zu bekennen und zu zeigen, dass es nicht nur eine Handvoll Menschen ist, die sich für eine menschenfreundliche Aufnahme von Flüchtlingen im Ort einsetzt«.

Die Aktion »Gesicht zeigen« war in dieser öffentlichen Wirksamkeit etwas Einmaliges. Nachhaltig wirkte sie nicht. Der Brand ist bis heute nicht aufgeklärt, die Täter sind nicht gefasst, die meisten Tröglitzer schweigen weiterhin und einige sind überzeugt davon, dass dies »nur ein Außenstehender gemacht haben kann, vielleicht sogar einer von den Linken!«

Dabei war dieses von Menschen gelegte Höllenfeuer in der Nacht von Karfreitag auf Ostersamstag die Steigerung des Bösen, die logische Fortführung der »friedlichen Lichterspaziergänge« und der geistigen Brandstiftung durch die Reden gegen ein Asylbewerberheim und die Hakenkreuz-Kennzeichnung des Hauses ein paar Wochen zuvor. Die Saat des Hasses war aufgegangen und eskalierte in diesem Brand. Dafür nahmen die Brandstifter sogar den Feuertod eines deutschen Ehepaares in Kauf.

Die Boulevardpresse stürzt sich schnell auf den westdeutschen Eigentümer der Immobilie, der außerhalb lebt. Bei ihm soll es schon zweimal woanders gebrannt haben, heißt es. Dankbar wird dieses Gerücht im Ort aufgenommen. Und schon gilt es als bewiesen: Der Eigentümer selbst war es!

Die Polizei ging auch diesem Hinweis intensiv nach, entlastete den Eigentümer schließlich. Vor allem spricht schon logischer Menschenverstand dagegen: Er hatte in den vergangenen zwei Jahren mehr als 100 000 Euro investiert. Die auszuzahlende Versicherungssumme erhöhte sich durch das Feuer nicht. Und der Vertrag für die Vermietung als Flüchtlingsunterkunft hätte ihm über Jahre sichere Mieteinnahmen eingebracht.

Die große Frage stand also weiter im Raum: Wem nutzte dieser Brand am meisten? Wer könnte es gewesen sein? Nach fast einjährigen, sehr aufwendigen Ermittlungen sagte der Sprecher des Landeskriminalamts, Andreas von Koß, kurz vor Einstellung der Ermittlungen gegenüber der *Mitteldeutschen Zeitung*, dass die Polizei grundsätzlich davon ausgehe, dass es eine »politisch motivierte, fremdenfeindliche Straftat« war. Denn das »Motiv, dieses Haus anzuzünden, könnte am ehesten gewesen sein, verhindern zu wollen, dass dort Flüchtlinge einziehen«.[24] Ähnlich war es in Meißen, wo zwei Männer wegen Brandstiftung, Sachbeschädigung und Hausfriedensbruch verurteilt wurden und zugaben: Sie hatten das Ziel, die geplante Flüchtlingsunterkunft unbenutzbar zu machen. Dazu legten die beiden Familienväter, die Pegida nahegestanden haben sollen, aber vorher noch nicht in der rechten Szene auffällig geworden waren, ein Feuer, sieben Wochen später setzten sie das Haus unter Wasser.

Die Ermittlungen zu Tröglitz ergaben, dass die Täter aus der näheren Umgebung kommen sollen. Das LKA hat ein Bild der Personenbewegungen zur Tatzeit, sagt der Sprecher im Deutschlandfunk.[25] Auch der oder die Brandstifter von Tröglitz müssen nicht unbedingt aus dem rechtsradikalen Umfeld kommen, die ideologische Verstärkung einer offenbar grundsätzlich vorhandenen Fremdenfeindlichkeit durch die rechten Demonstrationen im Ort ist aber anzunehmen: Bei den wochenlangen von der NPD organisierten Kundgebungen heizten zunehmend radikaler sich äußernde Redner die Stimmung immer mehr an, malten die angebliche Bedrohung durch die bevorstehende Anreise der Asylbewerber immer schwärzer, bis sich jemand zur Tat verpflichtet fühlte. Vielleicht haben sich der oder die Täter durch die breite Ablehnung ermutigt und bestärkt gefühlt, so sehr ermutigt, dass alle Hemmschwellen fielen und sogar eine längere Haftstrafe keine Abschreckung mehr war.

Nicht nur in Tröglitz, auch in vielen anderen Dörfern und Städten des Landes, von Freital bis Lübeck, brannten in diesen Wochen und Monaten Flüchtlingsunterkünfte. Im Schnitt gab es jeden dritten Tag einen Brandanschlag, berichtete die *taz*, die

122 Anschläge im Jahr 2015 zählte.[26] Das BKA kam auf 95. Eine gemeinsame Chronik der Amadeo Antonio Stiftung und Pro Asyl zählte sogar 140 Brandanschläge.

Unbestreitbar kam es 2015 in ganz Deutschland zu einem massiven Anstieg der Gewalt gegen Flüchtlinge, zukünftige und bewohnte Heime. Gegenüber dem Vorjahr hat sich die Zahl in etwa verfünffacht, das BKA nennt in seiner Statistik 1005 Attacken auf Asylunterkünfte, bei 901 mit einem eindeutig rechtsradikalen Hintergrund. 2014 waren es noch 199 Attacken, davon 177 von Rechtsradikalen.[27] Diese Zahl nannte die »Tagesschau« damals schon einen »historischen Höchststand«.[28]

Die Ursache der wachsenden Zahl von Flüchtlingen, die Europas Grenzen erreichen, liegt in der Verschärfung der Lage in den Krisenregionen. In Deutschland folgten dem die »Nein zum Heim«-Kampagnen, Pegida-Demonstrationen und ähnliche Aktionen rechtsextremer und rechtspopulistischer Initiativen.

Der Brand von Tröglitz ist also nur ein Beispiel von vielen: Menschen zünden ein Haus an, das ihnen nicht gehört, und vernichten einen hohen materiellen Wert. Sie nehmen – vermutlich bewusst – in Kauf, dass dabei zwei Bewohner in Flammen und Rauch umkommen, sie sind also potenzielle Mörder. Sie meinen, dass dieses Land, dieser Ort ihnen gehört. Sie denken, dass die meisten Einheimischen wie sie keine Fremden wollen, sie also im Sinne der Gemeinschaft handeln. Sie sind überzeugt, dass »die da oben« ihr Volk verraten, und fühlen sich ermächtigt, den unerhörten Willen des Volkes selbst umzusetzen, auch wenn es anderen das Leben kosten kann. Sie glauben, in Notwehr zu handeln, wenn der Staat sein Volk so verrät.

Durch diese Selbstermächtigung schaffen diese brandgefährlichen Wutbürger und Rechten in ganz Deutschland Fakten, sie versuchen, durch Brandterror ihre beschränkte Welt aufrechtzuerhalten. Dieses Ziel sollte wohl auch in Tröglitz erreicht werden, denn niedergebrannte Häuser können Fremden kein Obdach geben.

Landrat Ulrich bekräftigte nach dem Anschlag, dass es bei der geplanten Unterbringung von 40 Flüchtlingen in Tröglitz bleiben soll und nur der Zeitplan – vorgesehen war ihre Ankunft Ende Mai oder Anfang Juni – nicht mehr zu halten sei. So zieht sich die Unterbringung bis heute hin, weil freier Wohnraum nur schleppend zur Verfügung gestellt wird und die Flüchtlingszahlen zurückgegangen sind. Ein Jahr nach dem Brand des Dachstuhls der geplanten Flüchtlingsunterkunft leben 25 Flüchtlinge in Tröglitz: eine indische und fünf afghanische Familien. Sie sind später gekommen als geplant, und es sind bis heute weniger. Damit haben die rechten Demonstranten und der oder die Brandstifter einen Teilerfolg zu feiern. Auch wenn Letztere noch nicht verhaftet werden konnten, bleibt die Vermutung, dass sie aus dem rechten Milieu und damit dem »Umfeld der Spaziergänger« kommen, die wahrscheinlichste.

10 Soko »Kanister«

Alle Ressourcen will Ministerpräsident Haseloff einsetzen, um die Täter zu finden. Trotz intensiver polizeilicher Ermittlungen gelingt das nicht.

Der Sonderkommission »Kanister« ist es nicht gelungen, die Brandstiftung aufzuklären. Zwischenzeitlich ermittelten mehr als 24 Beamte, und die Staatsanwaltschaft war sehr bemüht, den für Sachsen-Anhalt politisch und wirtschaftlich schädigenden Fall aufzuklären. »Alle zur Verfügung stehenden Ressourcen werden eingesetzt, um dieses gemeine Verbrechen aufzuklären«, erklärte Ministerpräsident Haseloff nach dem Brand. »Das kann ich an dieser Stelle nur noch mal betonen, weil es ein Thema ist, was nicht nur Verbrechensbekämpfung heißt, sondern hier geht es um die Demokratie.«[29] Am Anfang war das Landeskriminalamt zuversichtlich, die Brandstifter zu finden. 20 000 Euro setzte das Innenministerium als Belohnung für Hinweise aus, die zur Ergreifung führen. Die Ermittler gingen über Wochen von Tür zu Tür und befragten mit hohem Aufwand jeden Haushalt. Die Spurensuche konzentrierte sich bald auf gefundene Gegenstände, die auch der MDR seinen Zuschauern zeigte. Doch die Spuren führten nicht weiter.

Aber am 9. Oktober – also ein halbes Jahr nach dem Brand – geht es wie ein Lauffeuer durch den Ort: Die Polizei hat einen jungen Verdächtigen in Tröglitz verhaftet. Es dauert nicht lange, bis die ersten Medien anrufen. Unautorisiert wird ein Satz aus einem der Gespräche veröffentlicht, den ich wenig später bereue: »Das ist wie ein Geburtstagsgeschenk!«[30] Natürlich freue ich mich über die Nachricht, dass endlich ein Täter gefasst zu sein scheint. Aber als ich erfahre, dass es der 22-jährige Patrick R. ist, bin ich zutiefst traurig, weil ich den jungen Mann schon seit seiner Kindheit gut kenne. Er war immer dankbar, dass ich ihn wie jeden anderen freundlich behandelte oder ein paar Worte mit ihm wechselte, weil er es sichtlich schwerer im Leben hatte und von vielen wegen seiner schlichten Art und seines Aussehens gehänselt wurde. Patrick war immer kontaktfreudig und offen, vor allem war ihm Anerkennung sehr wichtig, weil er so wenig davon bekam.

Und nun soll er es gewesen sein, der die Tat vollbracht hat. Viele Einwohner äußern offen oder hinter vorgehaltener Hand, dass doch offensichtlich sei, dass er nur ausführende Hand gewesen sein kann, weil er allein weder die intellektuelle oder kreative Fähigkeit dazu hat.

Susanna und ich sind entsetzt, wie unwürdig die *Bild* in einem Interview die Mutter vorführt und schreibt, dass Patrick R. ein Muttersöhnchen mit Lese-Rechtschreib-Schwäche sei, der noch keinen Job gefunden hat. Andere berichten über die schwierigen Familienverhältnisse, dass der Vater seit Jahren Alkoholiker sei und kaum jemals ein gutes Wort für seinen Sohn übrighatte.

Patrick fiel in den Jahren vor 2015 nie durch eine Nähe zu den Rechten auf, das aber änderte sich mit den fremdenfeindlichen Demonstrationen. So wird sein Facebook-Account bei den Ermittlern sicher auch das Verdachtsmoment verstärkt haben: Während Patrick in der Zeit vor Dezember 2014 nur Belanglosigkeiten oder Ergebnisse von Onlinespielen postete, findet sich mit den ersten »Spaziergängen« in Tröglitz das NPD-Logo auf seiner Seite. Patrick war auch der junge Mann, der mich im Januar bei der ersten Demo anging, warum ich die »Kanaken« ins Dorf holen will, und der damals so stolz betonte, dass er Deutscher ist.

Er nahm regelmäßig an den Demonstrationen in Tröglitz teil und bekam so die ersehnte Anerkennung, da er plötzlich eine Aufgabe hatte und sein Freundeskreis sich um einige NPD-Freunde erweiterte. Zu denen gehörte auch Steffen Thiel, der sich nach Patricks Verhaftung von ihm distanzierte. Wie mag Patrick sich gefühlt haben, dass seine neuen »Freunde« so schnell von ihm abrückten?

Am 16. Oktober, also eine Woche später, wird Patrick wieder freigelassen. Ein paar Wochen später treffe ich ihn auf der Straße. Ich sage ihm, dass ich den Satz vom »Geburtstaggeschenk« bedaure, und frage, warum er denn an den Demonstrationen teilgenommen habe. Er sei wie alle aufgehetzt worden, sagt er, und nun sei ein sinnloser Schaden für Tröglitz entstanden. Viele würden ihn nicht mehr grüßen und meiden, deswegen überlege er, fortzuziehen.

Die Freilassung des Verdächtigen erscheint vielen Tröglitzern erstaunlich nach der spektakulären Verhaftung und nachdem die Staatsanwaltschaft den Eindruck vermittelt hatte, der Täter sei überführt. Die Mutmaßung macht die Runde, die Ermittler wollten auf diese Weise eventuelle Hintermänner entdecken. Die Freilassung bedeute nicht, »dass der Tatverdacht gegen ihn völlig fehlinterpretiert war«, erklärt der Sprecher des Landeskriminalamts, Andreas von Koß, gegenüber der *Mitteldeutschen Zeitung*.[31] Offenbar können die gesicherten Spuren nicht mit ihm in Übereinstimmung gebracht werden. Grund dafür sei nach Gerüchten im Ort vor allem, dass wohl einige Menschen ihre Beobachtungen in der Tatnacht verschweigen oder sich der DNA-Abgabe verweigern. Ohnehin glaubt kaum jemand, dass ein Einzelner die Tat verübt haben kann.

Weil Beweisstücke und Zeugenaussagen den Beweis der Täterschaft nicht erbrachten, blühten erneut die Spekulationen. Wenn es nicht der Eigentümer war, dann sollten es nun die Linken verbrochen haben, um die »Spaziergänger« und »Patrioten« zu verunglimpfen. Und weil jemand auf der Polizeiwache behauptet hatte, mich am Tag vor den Brand mit einem Benzinkanister im Ort gesehen zu haben, erhielten auch ich und Susanna eine Vorladung – als Zeuge, wie man mir versicherte. Als ich die Farben meiner Kunststoffkanister aufzählte, gab Susanna süffisant lächelnd zu Protokoll, ihr Mann schleppe nie etwas zu Fuß durch die Gegend, schon gar nicht Benzinkanister. Alle Spuren führten nicht zu einem befriedigenden Ergebnis. Und so vermuten die Ermittler weiterhin Fremdenfeindlichkeit als Tatmotiv.

Die Brandruine ist bis heute nicht saniert. Der Besitzer konnte über Monate wegen der Spurensicherung keine Notsicherung vornehmen, so dass es weiter in den offenen Dachstuhl hineinregnete. Inzwischen schützt ein behelfsmäßiges Notdach das Mehrfamilienhaus an der Ernst-Thälmann-Straße vor Wetterschäden. »Dieser Platz wird zur Verhütung von Straftaten durch die Polizeidirektion Sachsen-Anhalt Süd videoüberwacht«, steht draußen auf einem Schild. Reiner Haseloffs Versprechen vom Ostersamstag 2015, dass dieses Gebäude wieder aufgebaut werden wird und der Besitzer sich der Unterstützung der Landesregierung sicher sein kann, ist bisher unerfüllt. Ein Flüchtlingsheim soll das Haus nicht mehr werden, die Geflüchteten werden stattdessen dezentral untergebracht. Landrat Ulrich nannte es »eine Lehre aus dem Geschehen in Tröglitz: dass es besser ist, die Menschen nicht geballt in einem Objekt unterzubringen«.[32]

Die meisten Brandanschläge auf Flüchtlingsunterkünfte werden nicht aufgeklärt. In nur 27 Prozent der Fälle ermitteln die Behörden im Jahr 2015 die Täter. Gründe dafür gibt es viele: Die Taten finden nachts statt, Zeugen gibt es kaum oder sie können niemanden erkennen. Die Spuren der Täter vernichtet meist das Feuer. Als Verdächtige kommen viele Menschen in Frage, denn laut einem Bericht des BKA seien die Täter oft nicht organisiert, sondern oft emotionalisierte Einzeltäter, »die keinerlei ideologische Anbindung an rechte Strukturen haben«. Auch LKA-Sprecher von Koß bestätigt das in einem Interview: »Der frustrierte Dorfbewohner, der nicht möchte, dass in seiner Nachbarschaft Flüchtlinge leben«, sei häufig Täter, also oft auch Menschen aus der bürgerlichen Mitte. Die Täter stammten häufig aus der unmittelbaren Umgebung des Tatorts. Rainer Wendt, Bundesvorsitzender der Deutschen Polizeigewerkschaft, sagt zudem: »In der Tat haben die Täter oft keinen rechtsradikalen Hintergrund, sind vorher noch nicht auffällig geworden. Die Gewalt ist in der Mitte der Bevölkerung angekommen.« Die Taten würden auch »manchmal aus einer Alkohollaune heraus begangen werden«.[33]

Konkrete Lösungsansätze, um die Probleme lösen und schneller und erfolgreich aufklären zu können, sind schwer zu finden. Eine wäre, die Polizei wieder zu stärken und mehr Beamte einzustellen, nachdem zwischen 2008 und 2014 in Sachsen-Anhalt wie auch in anderen Bundesländern zahlreiche Stellen bei der Polizei gestrichen wurden. Gründe dafür liegen in der Sparpolitik, der geplanten Schuldenbremse und dem demografischen Wandel.

Eine Belohnung auszuloben ist sicher richtig, weil das Zeugen zur Aussage motivieren kann. Denn oft ist die Angst größer als das Unrechtsbewusstsein, mit der Folge, dass Zeugen schweigen, weil sie sich vor Repressalien der Täter oder der Dorfgemeinschaft fürchten. Die beste Lösung wäre aber, zu verhindern, dass es brennt. In Tröglitz hätte man Andeutungen und Ankündigungen aus der rechten Szene ernster nehmen müssen. Ein besserer Wachschutz hätte den Brand möglicherweise verhindern können.

11 Heino wäre weggezogen

Fäkalien in der Post, Schmähbriefe und Morddrohungen: Nach wie viel Hass darf man aufgeben? Dürfen wir den Rechten die Dörfer und Kleinstädte überlassen?

Wenige Tage nach meinem Rücktritt kommen die ersten Droh- und Schmähbriefe. Susanna öffnet einen unscheinbaren Brief ohne Absender, liest ihn und bricht in Tränen aus. Sie hält die erste ekelige Morddrohung gegen mich in der Hand: »Pfarrer, wir werden kommen und dich holen. Dann wirst du an ein Kreuz genagelt und angebrannt wie ein Nigger! Du Schande der weißen Rasse!«, versehen mit den Siegeln des Ku-Klux-Klan Deutschland.

Unser sechsjähriger Sohn steht daneben und muss erst einmal beruhigt werden. Er sorgt sich um seine weinende Mama. Susanna erklärt ihm, dass »da böse Menschen was geschrieben haben«, und ruft weinend ihre beste Freundin an, die den Kleinen sofort zum Spielen abholt.

Als ich den Brief lese, tröste ich mich mit dem Gedanken, dass er bestimmt nur eine leere Drohung ist. Aber wie kann ich mir da sicher sein? Einige Verrückte und noch mehr böse Menschen gibt es überall auf der Welt. Susanna lässt sich damit schon gar nicht beruhigen. Sie ist allein wegen der fürchterlichen Wortwahl angewidert. Es folgen weitere Hass-Mails ohne rückverfolgbaren Absender, die dem »elendem Kommunistenschwein« und »Volksverräter« den baldigen Tod ankündigen. Auch Hermann Göring persönlich meldet sich verärgert zu Wort, weil er sich nun genötigt sieht, mich bald erschießen lassen zu müssen.

In uns beiden steig eine diffuse Angst auf, die uns lähmt.

Diese Drohungen nach dem Rücktritt kommen wahrscheinlich aus dem gesamtdeutschen Raum, weil man mich als »Flüchtlingsfreund« einschüchtern will. Eine deutliche Steigerung der Aggressivität, der Morddrohungen und Schmähbriefe folgt nach dem Brand, nachdem meine Frau und ich noch deutlicher Position bezogen und in den Medien die rechten Fremdenhasser offen angegangen waren.

Aus der näheren Umgebung, wohl aus Halle, kommt der handgeschriebene Brief eines Mannes, der meint, »altersmäßig locker« mein Vater sein zu können und versichert, dass er »keine rechte Gesinnung und auch keine Nationalsozialistische (sic!) Einstellung« habe. Er erklärt mir, dass »ein paar dunkelhäutige junge Menschen« eigentlich »ein paar Rollen Dachpappe« sind, die regen Rauschgifthandel betreiben, junge Frauen belästigen und an denen auch wir noch unsere »wahre Freude« haben werden. Ich solle endlich aufhören, öffentlich zu reden, sonst könne er kann nicht ausschließen, »das man Ihnen verdammt sehr weh tut«, man müsse mich ja nicht mit einer Guillotine umbringen, denn »ein paar Streicheleinheiten mit einem Baseballschläger für 9,99 € auf Ihr dummes Köpfchen tun es doch auch«.

Krude, mit wirren Informationszetteln überfüllte oder mit »weißer arischer Widerstand« überschriebene Briefe zieren unseren Frühstückstisch nun täglich, um mich »naiven Flüchtlingsbeschützer« von meinem »volksverräterischen Verhalten« zu überzeugen.

In der Tanzschule, die ich mit meiner Frau betreibe, kommt ein DIN-A5-Umschlag für Susanna an. Er enthält die Nachricht: »Gülle für euch! Lügenpack Nierth verzieht euch aus Tröglitz!« Und dazu Fäkalien, offenbar menschlicher Art. Susanna greift direkt hinein und ist tagelang zutiefst geschockt und angeekelt, immer wieder wäscht sie sich die Hände. Das ist nur der erste Brief. Frischer Kot kommt nun über mehrere Wochen mit der Post.

Wie böse, krank und verletzt muss jemand sein, dass er so etwas nötig hat? Dass er uns unbedingt weghaben will?

Wir wurden selbstverständlich vorsichtiger, ließen unsere Kinder schon lange nicht mehr an den Postkasten gehen und bei Briefen dieser Art hatten wir von den zuständigen Kriminalbeamten die Order bekommen, lieber einmal mehr die Polizei zu holen und diese Briefe öffnen zu lassen. So gingen wir dazu über, verdächtige Sendungen gleich liegen zu lassen, bis die Polizei sie zur Analyse abholte.

Susanna resümierte einmal, wie erschreckend es für sie selbst ist, dass sie inzwischen so »abgebrüht« scheint und relativ »cool« die Polizei anruft, um diese Post abholen zu lassen. Sie wunderte sich, wie schnell sie diesen Selbstschutz aufbaute, und fragt sich, wie sehr sie als feinfühliger Mensch auch anderswo abstumpfen wird.

Aber auch Menschen, die uns helfen wollten, taten manchmal ungewollt das Gegenteil. Nachdem ich die erste Morddrohung erhalten habe, treffe ich einen Freund, der auch Seelsorger ist, und erzähle ihm davon im Vertrauen. Ich sage ihm, dass wir die Öffentlichkeit darüber nicht informieren wollen, weil wir unsere Kinder und meine Mutter vor weiteren Sorgen verschonen wollen. Einen Tag später entdecken wir auf Facebook einen Aufruf jenes Freundes, uns durch Erscheinen beim nächsten Friedensgebet zu unterstützen, weil wir Morddrohungen erhalten hätten. Diesen Aufruf entdecken wir nicht nur auf seiner, sondern auch auf der fremdenfeindlichen Tröglitzer-Seite. Die Rundmail unseres Freundes war über Umwege bis zu den Gegnern gelangt.

Eigentlich wollten wir an diesem Tag gar nicht zum Friedensgebet gehen, sondern den 16. Geburtstag unserer Tochter feiern. Nun müssen wir ihr an diesem Tag erzählen, dass es Menschen gibt, die ihren Vater töten wollen. Auch unsere erwachsenen Kinder, die schon ausgezogen sind, und meine Mutter müssen wir jetzt damit belasten, die sich aus der Ferne nur noch größere Sorgen machen. Wir gehen dann doch zum Friedensgebet, wo wir unsere Lage schildern, damit es nicht verzerrt über Umwege an die Öffentlichkeit kommt. Da Politiker und Medienvertreter dabei sind, wird das auch einigermaßen authentisch weitergetragen. Tröstend sind die etwa 200 Teelichter, die Besucher als Lichtermeer vor unserem Hof aufstellen. Dieses starke Zeichen der Unterstützung betrachte ich noch Stunden später immer wieder.

Aber die Morddrohungen erreichten ihre beabsichtige, perfide Wirkung, zumindest teilweise, obwohl ich mich mit der Überlegung beruhigte, dass nicht einmal ein Rechtsextremist es für erstrebenswert hielte, für einen Mord an einem unbedeutenden Widerständler ins Gefängnis zu gehen. Aber die Verunsicherung ließ sich ebenso wenig verscheuchen wie die Frage, ob und wie und an welchem Familienmitglied sich nicht doch ein Irrer vergreifen könnte, um selbst an Bedeutung zu gewinnen. Und war es nicht möglich, dass die Brandstifter ihre nächste »Heldentat« an unserem großen Gasthof verüben könnten? Oft fragten wir uns: Was kommt wohl noch alles? Schmierereien, abgebrannte Autos, Molotowcocktails? Unser Alltag veränderte sich. Wir hatten Angst. Wir Eltern um unsere Kinder, diese wiederum um uns. Und schlussendlich vor der Zeit nach einem möglichen Anschlag.

Ich weiß nun, dass es Leute gibt, die mich umbringen würden, wenn sie es ungestraft könnten, die so boshaft und verdreht sind, dass sie unberechenbar in ihren Taten sind. Das verändert natürlich das eigene Lebensgefühl und das gesamte Familienleben. Ganz automatisch erhöhe ich die Schutzmaßnahmen. Wie vom LKA beraten, steige ich immer erst aus dem Auto, nachdem ich mich umgesehen habe, bin beim Einkaufen und Spazierengehen, ja eigentlich jederzeit innerlich auf Überraschungsangriffe vorbereitet, schaue fast immer, wer hinter mir geht.

Bei jeder Interviewanfrage überlegten wir, welche Folgen das haben könnte. An schlechten Tagen, an denen wir ängstlich, zweifelnd oder verzweifelt waren, sagten wir ab und erklärten den Reportern, warum. An anderen Tagen erwachte unser Kampfgeist, der uns trotzig zurief: »Jetzt erst recht! Für wen schweigen wir? Für eine Grabesruhe, für faulen Frieden, für Lügen?« Im Sommer haben wir bewusst zwei Monate geschwiegen, alle TV- und Presseanfragen abgesagt. Doch das Gehetze und die verzerrten Schuldzuweisungen an »die Nierths« gingen weiter.

Uns war klar: Hier in Tröglitz und den umliegenden Ortschaften wurden wir zunehmend unbeliebter, wir verloren durch Boykott zunehmend für unsere Familie lebenswichtiges Einkünfte. Offensichtlich machten frustrierte ehemalige Spaziergänger und ihre Sympathisanten gezielt Antiwerbung gegen mich und meine Frau, teils gingen sie sogar von Haus zu Haus. Böse, geschäfts- und existenzschädigende Gerüchte kamen in Umlauf. Als Trauerredner verlor ich über Monate ein Drittel meines Einkommens, weil man mich plötzlich nicht mehr buchen wollte. Schockierend war, dass viele nicht mehr bereit waren, die fachliche Qualifikation von der Hetze zu trennen.

Susanna erhält zum Beispiel einen Anruf einer Mutter, deren Kind vier Wochen lang in der Tanzakademie Probeunterricht genommen hat. Beide, Mutter und Tochter, sind begeistert von der Art und Qualität des Unterrichts. Dennoch wollen sie nicht weitermachen, da die Eltern der besten Freundin der kleinen Tänzerin ihnen deutlich zu verstehen gaben, dass es keinen Kontakt mehr zwischen ihnen und den Kindern gäbe, wenn sie sich tatsächlich bei uns anmelden und »sich dort den Kopf verdrehen lassen«. Auf Susannas Einwand, dass dieses Thema in der Tanzakademie und vor den Kindern nicht zur Sprache komme, antwortet die Dame: »Ja, ich weiß, es liegt auch nicht an Ihnen oder Ihrer Familie, ich finde es wunderschön hier und Sie sind auch sehr freundlich zu allen gewesen, aber wir brauchen wieder Ruhe in Tröglitz und da müssen wir alle etwas für tun!«

Fassungslos fragte sich Susanna, wen sie unerträglicher findet: diejenigen, die Menschen so aufhetzen und manipulieren, oder jene, die dieser Manipulation so rückgratlos nachgeben. Für Susanna war diese Verdrehung und das Schweigen von diesem Moment an kaum noch zu ertragen; sie sah keinen Sinn mehr darin, aus Trotz oder wegen unseres alten Gasthofes, in den wir viel Arbeit, Mühe, Kraft, Kreativität und nicht zuletzt

Geld gesteckt hatten, an einem Ort zu bleiben, an dem so viele Menschen nicht aufrecht und couragiert leben, an dem Menschen unabhängig von ihrer Qualifikation wegen ihrer Überzeugung bestraft werden.

Andere Dorfbewohner, mit denen ich seit Jahren ein gutes Verhältnis hatte, schauen nun weg oder wechseln die Straßenseite, wenn sie mich sehen. Oder sie grüßen einfach nur nicht mehr. Wenige haben mich direkt darauf angesprochen, was in den letzten Monaten passiert ist. Susanna wird häufig und noch lange Zeit mit ausgestreckten Mittelfingern aus fahrenden Autos gegrüßt.

Die Allermeisten aber schwiegen. Kaum jemand aus dem Ortschaftsrat, keiner aus dem Gemeinderat, auch nicht der Bürgermeister, riefen mal an und fragten, wie es uns geht, obwohl die Medien über die Morddrohungen berichtet hatten. Dieses Schweigen und das Gefühl, den Leuten, für die ich fast 20 Jahre lang ehrenamtlich tätig war, mit meinem Schicksal nun offensichtlich ziemlich egal oder gar lästig zu sein, das tat wirklich weh. So ging ich bald nicht mehr gern durch den Ort, weil ich mit jedem schweigenden oder sich rasch verdrückenden Menschen eine neue menschliche Enttäuschung erlebte.

Die Wohlgesinnten unter den Menschen fragten mich: »Und, hat sich alles wieder beruhigt?«, meist mit der mitschwingenden Hoffnung, ein beruhigendes »Ja« zu hören. Auf die Morddrohungen wurde ich selbst von guten Bekannten fast nie angesprochen. Und manchmal hörten wir, dass die Leute sagen, ich sei mediengeil und meine Frau in Wirklichkeit ja auch eine Fremde (aus Norddeutschland), dass ich mich an den Flüchtlingen persönlich bereichern wolle und den Ort um seine Ruhe gebracht hätte. Uns mit diesen Vorwürfen direkt zu konfrontieren oder darüber zu diskutieren traute sich aber niemand.

Seelischer Tiefpunkt für mich war eine Versammlung Anfang Juni 2015, zu der das Landratsamt nur die Einwohner der Burtschützer Straße einlud, in der ich lebe und in der die ersten Flüchtlinge in einer von mir verwalteten Wohnung nun untergebracht werden sollten. Ein Nachbar, mit dem mich ein fast freundschaftliches Verhältnis verband, beschwert sich sofort laut, »dass nur aufgrund der Geltungsbedürftigkeit und Mediengeilheit eines Menschen der Ort in braunen Verruf geraten« sei. Dabei gebe es in Tröglitz »nicht einen einzigen Menschen, der etwas gegen Asylbewerber hätte«.

Ich erwarte, dass die anderen 25 Einwohner lachen und das Ganze richtigstellen, doch zu meinem Entsetzen tuscheln die, die sonst immer schwiegen, zustimmend, während der Redner seine Aussage mehrfach wiederholt. Ein paar meiner Nachbarn ermutigen sich gegenseitig in ihrer verhaltenen Empörung und sind dankbar, dass endlich jemand mal mutig voranschreitet. Selbst regelmäßige Kirchgänger stimmen ein. Aber keiner greift mich direkt an. Ich habe mir fest vorgenommen, mich nicht selbst zu verteidigen, und schweige. Kein anderer – ob Nachbar, ob von der Behörde oder dem Kirchenvorstand – ergreift für mich das Wort. Es ist wie eine unsichtbare Hinrichtung.

Rechte »Spaziergänger« aus der Straße weisen darauf hin, dass sie Kameras entdeckt hätten, die mein Haus überwachen. Eine weitere Welle der Empörung folgt, weil doch die Polizei nicht so in die Privatsphäre vorbeigehender Bürger eingreifen könne. Nachbarn, mit denen ich fast 20 Jahre freundliche Worte gewechselt habe, sind nicht darüber entsetzt, dass ich umgebracht werden soll, dass eine Familie aus ihrer Mitte bedroht wird, sondern darüber, dass sie vielleicht auf einem öffentlichen Platz von einer Kamera gesehen würden. Zu Hause angekommen, fühle ich mich wie ein geprügelter und mit Gülle übergossener Hund.

Am nächsten Tag erklärt uns einer der anwesenden Mitarbeiter des Landrats, er habe dem Landrat von der Idee abgeraten, Flüchtlinge in unserer Straße unterzubringen. Die Stimmung am vorherigen Abend sei seiner Auffassung und Erzählung nach so offensichtlich fremdenfeindlich und unbarmherzig, ja unmenschlich gewesen.

Immer wieder fragten wir uns: Wie konnte es nur sein, dass so offensichtlich Ursache und Wirkung verdreht wurden? Nach dem Brand machte sich kaum Betroffenheit breit, sondern viel mehr eine verteidigende Abwehrhaltung. Nach der Wahl des neuen Ortsbürgermeisters ging vom Ortschaftsrat wie von der breiten Mehrheit des Ortes die gleiche Botschaft an die Medien: »Lasst uns endlich in Ruhe! Vergesst was war und lasst uns wieder zusammenfinden!«

Einige Mitglieder des Ortschaftsrates und auch nun manch hörbar werdende Stimme der bisher schweigenden Mehrheit schlossen ihren Frieden mit den »friedlichen Spaziergängern« und stellten sich stattdessen gegen die Medien – und gegen uns. Die Spaziergänger, so hieß es, hätten ja nur friedlich ihre Meinung geäußert, aber »die Nierths haben die Medien, die alles verzerren, in den Ort geholt und damit unser friedliches Tröglitz in aller Welt in Verruf gebracht!« Zudem ging jetzt die Theorie durch den Ort, dass erst wegen »des inszenierten Theaters der Nierths« jemand von außerhalb die Unterkunft angezündet habe: »Das war keiner von uns! Vielleicht war es ja ein Linker, der die Rechten in Verruf bringen wollte!« Und so positionierte sich ein Teil der bisher schweigenden Menge doch. Sie wollte Ruhe um jeden Preis, und sei es auf Kosten des Rufes und der Existenz ihres ehemaligen Ortsbürgermeisters.

Uns ging der monatelange Kampf an die Substanz. Wir fanden keine Ruhe mehr. Jede Minute zu Hause war vom Austausch oder von Diskussionen über stetig neue Probleme belegt. Bleierne Schwere, zunehmende Müdigkeit und Kraftlosigkeit waren Ergebnisse durchwachter Nächte. Tiefe Enttäuschung und seelische Schmerzen drückten auf die Gesundheit. Am schlimmsten war, dass wir augenscheinlich unsere Heimat verloren hatten, denn die ist doch eigentlich dort, wo lebendige, wertvolle Beziehungen zu anderen den Alltag bereichern. Schließlich zogen wir gemeinsam als Familie auch in Betracht, alles aufzugeben und woanders hinzuziehen.

Damit aber hätten die Rechten mit ihrer Raumeroberungsstrategie Erfolg gehabt, die gezielt in Gebieten mit schwachem Widerstand gegen die wenigen Gegner vorgehen, sie diffamieren, um diese möglichst zu isolieren, die den Ruf schädigen, um die Existenzgrundlage zu vernichten und schließlich die Leute durch Bedrohungen vertreiben. So verlassen immer wieder politisch aktive oder gebildete Menschen, die sich dem Fremdenhass in den Weg stellen, die Kleinstädte und Dörfer; sie ziehen in die größeren Städte, wo sie ein angenehmeres Leben für sich sehen, in dem es die Probleme, die sie mit den Rechtsradikalen oft fast allein austragen müssen, nicht gibt, oder wo sie gegebenenfalls einen größeren Kreis Gleichgesinnter und weltoffenere Menschen und damit auch Unterstützung finden. Die tragische Kettenreaktion ist, dass dadurch die rechtsextreme Grundstimmung in den verlassenen Orten erstarkt, weil ihr niemand mehr etwas entgegenhält.

Das ist für uns als Familie einer von mehreren Gründen, bisher nicht aufzugeben und wegzuziehen. Aber es sind natürlich auch private Gründe, die uns in Tröglitz halten: Wir haben unsere freiberufliche Existenz über Jahre erfolgreich aufgebaut mit immer noch gutem Einkommen als Trauerredner und mit der Tanzakademie. In unserem Alter an einem anderen Ort noch einmal neu anzufangen, wäre ein schwieriges Unterfangen. Unsere Kinder müssen versorgt werden und unser mit viel Lebenskraft sanierter wunderschöner Gasthof wäre nicht mehr Ruhepunkt und sicherer Hort fürs Alter, kein Treffpunkt mehr für die Kinder und Enkel. Mit ihm würden wir auch ein wertvolles Stück Identität und Leben zurücklassen.

Wir haben zudem einige tolle, neue Freunde gewonnen, die sich treu zu uns in diesen Notzeiten gestellt haben, die bei »Notruf« jederzeit vorbeikamen. Darunter auch Leute, die sich positionieren, weil sie angewidert waren von dem üblen Treiben der Rechten. Dadurch wurden auch sie zum Teil in ihrem Umfeld geschnitten und mussten Nachteile oder Auftragseinbußen einstecken. Für uns sind sie die stillen Helden, ohne die wir wohl nie so lange ausgehalten hätten. Wenn wir wiederum aufgeben, würden sich auch andere tapfere Mitstreiter resigniert zurückziehen, weil wir für manche wohl ein ermutigender Leuchtturm sind, der bisher der Brandung standgehalten hat.

Was uns auch zurückhält, ist unsere Lebenserfahrung und unser christlicher Glaube, dass uns Gott an einen Ort führt und genauso deutlich auch sagt, ob es Zeit ist, wieder zu gehen. Die entscheidende Kraft bekamen wir meist dann, wenn wir vor ihm geweint oder um neue Kraft gebeten haben.

Schlussendlich waren es auch unsere fast erwachsenen Töchter, die uns sagten: »Keine Angst, es wird in der nächsten Generation besser werden. Die Kinder, deren Eltern jetzt auf die Straße gehen aus Sorge um ihre Kinder, die wollen das gar nicht, die sind viel chilliger, die haben das Problem mit den Fremden gar nicht!«

Aus Leipzig ziehen zunehmend junge und kreative Familien in unsere Gegend, etwa auf das Kloster Posa, die neuen Weitblick, eine bessere politische Stimmung und kulturellen Aufbruch mitbringen. Und als die fremdenfeindlichen Proteste im Nachbarort Kretzschau begannen, standen dort Schüler und einige junge Leute auf und stellten sich zusammen mit Einwohnern couragiert und kreativ den rechten Hetzern in den Weg. Das machte auch uns neuen Mut für diese Region.

Und doch: Wenn Kraft oder Mut zu Ende gehen, dann stellt sich hin und wieder die Frage: Wollen wir uns und unseren Kindern all das weiterhin zumuten? Ist stures Aushalten wirklich weise, nur um zu behalten, was man mit Enthusiasmus, Lebenskraft und Geld teuer erkauft hat? Ist dieser Kampf es wert, mit einem Teil der verbleibenden Lebensjahre und der noch möglichen Lebensfreude zu bezahlen? Und dürfen wir dabei Gefahr laufen, vielleicht sogar unsere Kinder zu opfern, sie dauerhaft dem aussetzen, worin sie uns jetzt schon nachahmen: gegen hasserfüllte Menschenfeinde aufzustehen und zu kämpfen?

Zudem merken wir, dass gerade hier im ländlichen Raum politisch-intellektuelle Gesprächspartner fehlen, mit denen man sich austauscht, spiegelt und gemeinsam wächst. All diese Argumente und Gefühle ringen in uns, mal senkt sich die Waage auf der einen, mal auf der anderen Seite.

Vieles hängt auch ab von der Frage, wie sich Sachsen-Anhalt politisch entwickeln wird. Die CDU hat fehlendes Wertebewusstsein und Führungsschwäche bewiesen; vom einfachen Mitglied, von Kreis- bis hin zum zuständigen Bundestagsabgeordneten haben sich viele Verantwortliche so peinlich weggeduckt, dass man sich fremdschämen könnte. Sie haben feige geschwiegen, statt deutlich und öffentlich Stellung zu beziehen. Nicht für uns, die wir taten, was sie unterließen, sondern gegen das Reden und Handeln von AfD und NPD, das die Grundwerte der Demokratie vernichtet.

Warum wichen sie alle der offenen Konfrontation mit den meist platten propagandistischen Parolen dieser Rechten aus? Warum stellten sich diese Politiker nicht offen und öffentlich den Fragen der Bevölkerung? Und diejenigen, die sich beim Pöbel anbiederten, taten sie es aus Angst, das gut dotierte Mandat bei der nächsten Wahl zu verlieren? Oder hatten sie »Verständnis« für die »besorgten Bürger«? Denken sie gar wie jene?

Gerade in den Reihen der politischen Hausmacht CDU fehlten und fehlen Kämpfer, die gewillt sind, ihr eigentlich christliches oder zumindest humanistisches Profil zu verteidigen. Diese Profillosigkeit, diese anpassungsbereite, wertevergessene Beliebigkeit haben die Wähler jüngst bestraft. Wo die Verteidigung der politischen Strukturen versagt und auch die Bevölkerung nicht dafür aufsteht, werden die Rechten weiter hetzen können, ihre wenigen Gegner isolieren, zermürben und vertreiben.

Als ich nach meinem Rücktritt in der Talkshow von Markus Lanz zu Gast war, saß auch der Sänger Heino in der Runde. Er kommentierte trocken: »Aus diesem Ort wäre ich schon lange weggezogen.«

12 Freund und Helfer

Allgemeine Schelte tut vielen engagierten Polizisten Unrecht und schwächt auch die Demokratie. Denn die Beamten sind für deren Schutz unabdingbar.

Wir sitzen im Wohnzimmer, als die erste Drohung per E-Mail kommt. Zufällig sind gerade zwei Kriminalbeamte bei uns, die eine Zeugenaussage wegen des Bilds von dem geköpften syrischen Mädchen auf der Facebook-Seite »Tröglitzer« aufnehmen wollen. Sie reagieren sofort, nehmen eine Anzeige auf, vermitteln uns an eine Beratungsstelle für Opfer rechter Gewalt und hinterlassen uns ihre Handynummern: »Rufen Sie jederzeit an«, sagen sie, »da wird wohl noch mehr kommen.« Und es kommt noch mehr.

Aufgrund der Drohungen nimmt das LKA eine Gefahrenanalyse vor. Wir bekommen Polizeischutz, werden rund um die Uhr bewacht. Vor unserem Hof steht nun ständig ein Einsatzwagen der Polizei, Beamte laufen Streife um unser Grundstück und ergreifen Sicherheitsmaßnahmen.

Obwohl die sich ewig hinziehenden Nachtdienste samt Streifendienst sicher mühsam sind und die Polizisten auch von sehr vielen Überstunden erzählen, begegnen sie uns immer freundlich und oft sehr engagiert. Ein junger Bereitschaftspolizist beeindruckt uns, der sich freiwillig für Tröglitz gemeldet hat, weil er die Thematik so wichtig findet. Und da sind die beiden Regionalbereichsbeamten, die uns am 5. März informieren und warnen, dass die nächste Demonstration vor unser Haus führen soll, obwohl das nicht zu ihren Pflichten gehört.

Die Leiterin des Polizeireviers Burgenlandkreis engagiert sich erkennbar mit persönlicher Anteilnahme weit über das hinaus, was wir eigentlich erwartet hatten. Wir dürfen sowohl sie als auch ihren Stellvertreter Tag und Nacht anrufen. Bis zur Polizeipräsidentin des Landes Sachsen-Anhalt Süd nehmen wir beeindruckende fachliche Kompetenz und menschliche Nähe wahr.

Durch diese Erfahrungen haben wir eine ganz neue Achtung vor der Arbeit der Polizei auf allen Ebenen gewonnen, auch bei den Beamten an der Basis, die unser Haus und somit auch uns lange Zeit täglich 24 Stunden beschützten. Sicher gab es auch den mürrischen oder Dienst-nach-Vorschrift-Beamten, und manche standen uns wohl politisch eher kritisch gegenüber. Aber insgesamt mussten wir einige Vorurteile gegenüber der Polizei fallenlassen.

Das rührige LKA-Team aus Magdeburg, das uns alle paar Wochen zur Gefahren- und Sicherheitsanalyse besuchte, fing viele unserer Ängste auf und prüfte mit Sensibilität und Mitgefühl, aber dennoch professioneller Nüchternheit und hilfreichen Verhaltenstipps alle Gefahrenquellen und berichtete ausführlich an ihre Vorgesetzten. Wir merkten den beiden freundlichen Herren die Überzeugung und innere Berufung an, demokratische Strukturen zu schützen und radikale Kräfte einzuschränken.

Doch die ständige Polizeipräsenz missfiel manchen Leuten: Nachbarn, die den laufenden Motor und die rollenden Bustüren aushalten mussten, Kunden, die plötzlich Angst um sich und ihre bei uns tanzenden Kinder hatten, weil die Gefahr plötzlich sichtbar wurde, und unseren Gegnern, die das Ganze übertrieben fanden, weil die knappe Polizeikraft nun an unser Haus »gebunden« war: Und dann gab es diejenigen, die alles für ein von uns provoziertes Problem halten wollten, dessen Preis nun die Allgemeinheit zu bezahlen hatte.

Schon damals, aber erst recht im Rückblick wissen wir, dass wir ohne die Professionalität, die hohe fachliche Kompetenz und das persönliche Engagement und die Fürsorge der beiden LKA-Beamten mit weitaus größeren seelischen Schäden aus dieser Bedrohung gegangen wären. Dank ihnen und der Revierleitung in Zeitz konnten wir so lange und mutig durchhalten und für unsere Überzeugungen einstehen. Dass wir noch in Tröglitz leben, ist dieser polizeilichen Betreuung zu danken, denn sie hat besonders meiner Frau und unseren Kindern geholfen, die Ereignisse richtig und mit Abstand einzusortieren und zu verarbeiten.

Dabei waren wir aufgrund von Erfahrungen der Polizei gegenüber eher misstrauisch und hatten zudem von den eher »rechtsfreundlichen« und »linkskritischen« Zuständen etwa in Sachsen gehört und sie auch erlebt. Dass das Innenministerium so umfassend dafür sorgte, Gefahren von uns abzuwenden und für den Schutz unserer Familie zu sorgen, wirkte sehr versöhnlich und hat den zuvor erlebten Mangel an Unterstützung seitens der Behörden wettgemacht. Und es hat uns den Glauben an einen fürsorglichen Staat zurückgeschenkt, der uns bis heute ermutigt, politisch engagierte Bürger dieser Demokratie zu sein. Wir haben gelernt: Die allgemeine Polizeischelte tut vielen engagierten Beamten Unrecht und schwächt letztlich auch die Demokratie, für deren Schutz sie unabdingbar sind.

Der Fall Tröglitz war auch für die Beamten ein besonderer Fall, erklärt der Polizeisprecher von Koß gegenüber den Autoren. Denn die Polizeiarbeit stand im unerwartet großen Fokus der Öffentlichkeit. Zudem war der Brand einer der ersten bekannten Fälle von Anschlägen auf Flüchtlingsunterkünfte, auf die Überfälle in der gesamten Republik folgten. Dadurch wurde die gefühlte Sicherheit immer geringer, darauf musste auch die Polizei reagieren.

Durch den Fall Tröglitz seien die Antennen der Beamten geschärft worden, sagt der Polizeisprecher. Sie reagierten sensibilisierter auf politisch motivierte Taten. Auch wurden nach Tröglitz die Ressourcen anders verteilt. Der Staatsschutz stand stärker im Fokus. Das habe allerdings nicht nur mit dem konkreten Fall zu tun, sondern mit der bundesweit steigenden Zahl der Übergriffe. Dadurch werden beispielsweise immer mehr Beamten für den Schutz von Flüchtlingsunterkünften eingesetzt.

Die Zahl der politisch motivierten Straftaten ist 2015 bundesweit um 19,2 Prozent deutlich angestiegen. Insgesamt wurden rund 23 000 Straftaten mit rechtem Hintergrund und 9600 mit linkem Hintergrund verübt.[34] Diese Verrohung der Gesellschaft sei aber ein Trend, den nicht allein die Polizei bekämpfen könne, erklärte Bundesinnenminister Thomas de Maizière, das beginne bereits in der Kinderstube. Nach Angaben des Ministers sollen in Zukunft verstärkt intelligente Maßnahmen zur Verbrechensbekämpfung eingesetzt werden, wie die Vorhersage von Straftaten anhand von Datenanalysen bisheriger Verbrechen, oder auch Gesichtserkennung und stärkere Videoüberwachung. Um die allgemein wachsende Kriminalität zu bekämpfen, sollen bis 2018 auf Bundesebene 4000 neue Stellen bei der Bundespolizei und dem Bundeskriminalamt besetzt werden.[35]

13 Tröglitz ist überall

Auch in Westdeutschland kommt es im Streit um Flüchtlinge zu Morddrohungen. In Reutlingen tritt deswegen ein Bezirksbürgermeister zurück, in Zorneding bei München ein Pfarrer.

Am 13. Oktober 2015 hat Ralph Schönenborn genug: »Ich trete mit sofortiger Wirkung vom Amt des Oferdinger Bezirksbürgermeisters und auch als Bezirksgemeinderat zurück«, erklärt er. »Persönliche Anfeindungen und anonyme Drohungen gegen meine Person und gegen meine Frau haben den Ausschlag gegeben, dass ich auch aus Rücksicht auf meine Familie diesen Schritt gehe.«[36] Schönenborn hatte sich dafür eingesetzt, auf einem zentralen Grundstück in Oferdingen eine Sammelunterkunft für mehr als 70 Flüchtlinge einzurichten.

Oferdingen ist ein Stadtteil von Reutlingen, ein eingemeindetes Dorf mit etwa 2400 Einwohnern mitten in Baden-Württemberg, in einer der wirtschaftlich stärksten Regionen des Landes. 76 Flüchtlinge sollen hier untergebracht werden. Aber wo? Über diese Frage wird lautstark diskutiert. Und müssen es wirklich so viele sein? »Hilfe ja, Ghetto nein«, fordern die Bürger von Oferdingen auf Plakaten und Graffitis.

Das »Ghetto« – das ist die geplante Containerunterkunft für die Flüchtlinge im Ort. »Da es in Oferdingen ein großes Grundstück mit bestehendem Baurecht im Eigentum der GWG (städtische Wohnungsgesellschaft, Anm. d. A.) gibt, müssen wir diese Chance ergreifen und dort eine Sammelunterkunft schaffen«, sagt Schönenborn Mitte Juli im Bezirksgemeinderat.[37] Dagegen protestiert ein Viertel der Oferdinger in einem offenen Brief, in dem sie schreiben, dass »70 Flüchtlinge für Oferdingen einfach zu viel« seien:

»Ein Zuzug von 70 Flüchtlingen würde nicht nur unser Leben, sondern das Leben in Oferdingen allgemein deutlich verändern:
Ängste der Eltern um die Kinder
Ängste der Kinder und Frauen
Zweckentfremdung von Spielplatz
Zweckentfremdung von Sportplatz
Zweckentfremdung von Schulhof
Abwertung der Immobilien in Oferdingen.«

Angst gibt also auch in Oferdingen den Ausschlag für den Protest. Angst um die Kinder, Angst um den finanziellen Wert der Immobilien. Die gleichen Ängste wie in Tröglitz.

Etwa 700 Menschen unterzeichnen die Forderungen der Bürgerinitiative, die sich »Freundeskreis für Flüchtlinge« nennt und betont, dass sie sich für die dezentrale Unterbringung der Flüchtlinge einsetze. Vor allem aber setzt sich dieser »Freundeskreis« dafür ein, dass die Zahl der Flüchtlinge reduziert wird. Ihre Ängste seien nicht unbegründet, betonen die Bürger in dem Brief, »da die Voraussetzungen zur Integration in Oferdingen denkbar ungünstig für alleinstehende Männer sind: Es gibt 2 Bäckereien und 2 Banken, keinen Arzt und keinen Supermarkt. Was also sollen diese Menschen den ganzen Tag machen? Eine Asylunterkunft in unmittelbarer Nähe von Kindergarten, Grundschule, Sportplatz, Spielplatz und Turn- und Festhalle ist wohl der denkbar schlechteste Platz.«[38] Auch hier steckt wie in Tröglitz die Angst vor sexuellen Übergriffen alleinstehender männlicher Asylbewerber dahinter.

Die Bürgerinitiative erwartet, dass der Bezirksbürgermeister und der Bezirksgemeinderat sie bei ihrem Anliegen gegenüber der Stadtverwaltung unterstützen. Doch Schönenborn weist auf seine Doppelfunktion hin: Er ist zwar einerseits Bezirksgemeinderat, aber andererseits auch Teil der Stadtverwaltung Reutlingen. Dort hat er bereits am 2. Juli die Vorlage zur Suche nach Optionen für die Flüchtlingsunterbringung abgelehnt und stattdessen für kleinere Standorte plädiert. Aber durch die Entwicklungen bei der Zahl der Flüchtlinge insgesamt und den dadurch erweiterten Kontingenten sieht er für die Stadt keine andere Möglichkeit, als doch Sammelunterkünfte auch in Oferdingen zu bauen. »Die Unterbringung von Flüchtlingen in Sammelunterkünften ist nicht optimal. Aber auch hier hat die Stadt Reutlingen keine Wahl mehr. Sie muss aus Zeit- und Kapazitätsgründen Sammelunterkünfte schaffen, um diese gewaltige Zahl von Flüchtlingen überhaupt menschenwürdig unterbringen zu können«, sagt er am 17. Juli gegenüber dem *Reutlinger General-Anzeiger*. Und er betont, dass er den offenen Brief der Initiative »wegen seiner fremdenfeindlichen Vorurteile unter gar keinen Umständen mittragen« könne.

Daraufhin wird er in E-Mails und auf WhatsApp attackiert, wie die *Frankfurter Allgemeine Sonntagszeitung* (FAS) berichtet. Auch der Gemeinderat, dem Schönenborn vorsteht, wendet sich von ihm ab. Im Oktober sprechen ihm neun von elf Räten ihr Misstrauen aus und fordern seinen Rücktritt, weil er nicht im Sinne seiner Bürger handle. Er bekommt einen anonymen Brief, der ihm den Tod androht, zwei Mal werden ihm Drohungen auf den Anrufbeantworter gesprochen. Sie wenden sich nicht nur gegen ihn und seine Familie, die Anrufer drohen damit, die Flüchtlingsunterkunft anzuzünden.

Schönenborn zieht die Reißleine, tritt zurück und verschwindet aus der Öffentlichkeit. Nur in seiner Rücktrittserklärung benennt er seine Gründe: »Wie die Informationsveranstaltung zuletzt gezeigt hat, wird das Thema Flüchtlinge in Oferdingen kontrovers und heftig diskutiert. Vor allem die Standortfrage für die Unterbringung ist umstritten. Ich habe meine Position schon mehrfach dargelegt. Da es in Oferdingen nun mal gerade ein großes Grundstück mit bestehendem Baurecht im Eigentum der GWG gibt, muss die Stadt Reutlingen diese Chance ergreifen und dort eine Sammelunterkunft schaffen. Auch in den anderen Reutlinger Bezirksgemeinden sowie in der Kernstadt werden Flüchtlinge aufgenommen. Auch dort sind Diskussionen über die richtige Art und Weise der Unterbringung im Gange, sie werden aber bei Weitem nicht so erbittert geführt wie in Oferdingen.

Kontroverse Diskussionen sind in einer Demokratie der Normalfall und für die Meinungsbildung wichtig und notwendig. Wir alle in Deutschland suchen doch den richtigen Weg, mit einer solchen Völkerwanderung angemessen umzugehen. Eine Grenze wird aber dann überschritten, wenn Verunglimpfungen und Drohungen gegen Andersdenkende die Auseinandersetzung in der Sache belasten.

Ich bin überzeugt, dass die Oferdinger in ihrer großen Mehrzahl nicht fremdenfeindlich sind und auch die Schärfe der Auseinandersetzung nicht billigen. Ich habe diesbezüglich in den letzten Wochen auch viel Zuspruch erfahren.

Leider drückt sich dieses gemeinsame Wollen und Verständnis für gegensätzliche Positionen nicht im Bezirksgemeinderat aus. Dort herrscht ein großes Maß an Ablehnung meiner Position und Haltung gegenüber, die in einer schriftlichen Rücktrittsforderung von neun Bezirksgemeinderäten an mich gipfelte.

Vor diesem Hintergrund sehe ich keine Möglichkeit mehr, in positivem Sinn für Oferdingen zu wirken. Oferdingen und seine Bürgerinnen und Bürger sind mir wichtiger als mein Amt als Bezirksbürgermeister. Ich hoffe, mit diesem Schritt zu einer Versachlichung und Mäßigung der Diskussion beizutragen.«[39]

Diese von Schönenborn erhoffte Mäßigung der Diskussion zeigt sich nur einen Tag nach seinem Rücktritt in der nur von ihm abgelehnten, aber jetzt ja einvernehmlichen Lösung, dass der Bezirksgemeinderat unter seinem Stellvertreter dafür stimmt, weniger Flüchtlinge aufzunehmen. »52 Flüchtlinge, mehr ist unseren Bürgern nicht zuzumuten«, erklärt Schönenborns Nachfolger Fritz Beck laut FAS.[40] Doch die von ihnen vorgeschlagene dezentrale Lösung, die ja auch Ralph Schönenborn favorisierte, ist trotz des Beschlusses des Bezirksgemeinderats zu dem Zeitpunkt gar nicht möglich, wie Vertreter der Stadt Reutlingen mehrmals betont haben. Es gibt zu wenig geeignete verfügbare Gebäude und Flächen.

»Wir hatten dort wie an allen Standorten eine Bürgerversammlung, in welcher die Planungen vorgestellt worden sind, und es war deutlich zu spüren, dass dort die Debatte besonders hitzig vonstatten geht, allerdings nicht mit Drohungen gegenüber Personen«, sagt die Reutlinger parteilose Oberbürgermeisterin Barbara Bosch im *Deutschlandfunk*. »Es ist nicht hinnehmbar, dass ein Bezirksgemeinderat einem Beschluss des Gemeinderats zuwider spricht und das demokratisch legitimierte Gremium damit auch unterwandern möchte.« Keineswegs hinnehmbar sei aber vor allem, ihm hier Gefährdungen für Leib und Leben anzudrohen. »Er hat in der Demokratie seine Meinung vertreten, er hat die Meinung des Gemeinderats vertreten, die per Beschluss festgehalten worden ist.«[41]

Ein Bürgermeister, der die Beschlüsse der höheren Politik umsetzt, der sich für die Unterbringung von Flüchtlingen und gegen Fremdenhass ausspricht, wird deswegen bedroht und tritt daraufhin zurück. Ein Teil der Einwohnerschaft stellt sich gegen ihn, eine sichtbare, starke Unterstützung aus der breiten Mitte für ihn bleibt aus, auch hier schweigt sie. Soweit die Parallelen zu den Ereignissen in Tröglitz.

Vergleichbar ist auch die mangelnde Unterstützung der Kollegen im politischen Gremium. So hat der Ortschaftsrat in Tröglitz sich nur halbherzig positioniert, in Oferdingen hat sich fast der gesamte Bezirksgemeinderat sogar deutlich gegen seinen Bürgermeister gestellt. Dagegen wurde Ralph Schönenborn nicht von den oberen Gremien, dessen Entscheidungen er umzusetzen versuchte, im Stich gelassen, wie es die Behörden bei der Genehmigung der Demonstration vor einem Privathaus in Tröglitz machten.

Dass in Oferdingen die Stimmung von einer hitzigen Diskussion bei einer Bürgerversammlung bis zu Morddrohungen eskalierte, kann man in diesem Fall nicht auf zu späte oder mangelnde Informationen zur Flüchtlingsunterbringung zurückführen, wie Bürgermeisterin Bosch im Interview mit dem *Deutschlandfunk* erklärt: »Wir haben ja rechtzeitig kommuniziert. Wir führen ja solche Bürgerinformationsveranstaltungen am laufenden Band in unserer Stadt durch, überall dort, wo die Planungen sind, und es hat ja nirgendwo zu solchen erhitzten Debatten geführt wie in Oferdingen. Ich glaube, das Beispiel Oferdingen zeigt uns sehr deutlich, dass wir insbesondere als gewählte Mandatsträger sehr sorgsam und mit Bedacht mit diesem Thema umgehen müssen und uns hüten müssen, absichtlich oder unabsichtlich hier auch politische Kräfte oder Auffassungen zu stärken, an denen uns allen nicht liegt, und dass man vor allem auch immer darauf achten muss, die Menschen mitzunehmen mit ihren Sorgen, sie auch anzuhören, aber auch klar zu zeigen, dass es Aufgabe ist, die Menschen auch unterzubringen, und dass man sich dieser Aufgabe nicht entziehen kann. Solche Äußerungen sind ja bei der Bürgerversammlung in Oferdingen auch getan worden, zu sagen, bei uns bitte nicht oder nur eine kleine Gruppe, aber in anderen Stadtteilen, da dürfen es gerne etwas mehr sein. Da muss man aufpassen und da sind wir alle aufgefordert. Ich glaube, dass der Vorgang jetzt in Oferdingen auch ein Lernbeispiel ist für alle Beteiligten, sich ihrer Verantwortung auch im gewählten Amt in Bezirksgemeinderat bewusst zu werden und entsprechend auch zu handeln.«[42]

Ähnlich wie in Tröglitz kann man in Oferdingen ein Problem der Bürger mit demokratischen Strukturen erkennen. Eigentlich ist es in einer Demokratie selbstverständlich und für ihr Funktionieren auch notwendig, dass demokratisch gefasste Beschlüsse akzeptiert werden, auch wenn man anderer Meinung ist.

Der Reutlinger Gemeinderat hat Ende Juli 2015 ausdrücklich die Entscheidung gebilligt, so schnell wie möglich Containerunterkünfte zu bauen, wenn es Flächen gibt, die größer als 1000 Quadratmeter sind. Nach kleineren Standorten sollte parallel dazu gesucht werden. Der Bezirksgemeinderat kann diese Entscheidung gar nicht allein ändern. So wird dann auch zwei Wochen nach Schönenborns Rücktritt der Oferdinger Bezirksgemeinderat vom Reutlinger Stadtparlament überstimmt und die Containerbauten für 76 Flüchtlinge beschlossen.

Worin sich Oferdingen von Tröglitz unterscheidet, ist Folgendes: Der Grad an Fremdenfeindlichkeit lag nicht so hoch, und die rechten Parteien verbuchten nicht denselben Erfolg wie in Tröglitz und Umgebung. Bei der Landtagswahl 2016, die genau wie in Sachsen-Anhalt am 13. März 2016 stattfand, gewannen in der Gemeinde Reutlingen die Grünen mit 30,7 Prozent, die CDU wählten 22,6 Prozent, die AfD aber wurde mit 15,8 Prozent drittstärkste Kraft vor der SPD (14,6 Prozent). Die NPD erhielt dagegen nicht einmal 0,5 Prozent.[43]

Nach Schönenborns Rücktritt im Oktober, also fast ein halbes Jahr vor der Wahl, hatte Reutlingens Oberbürgermeisterin Barbara Bosch noch gesagt: »Wir müssen insgesamt aufpassen, wie die Stimmung in der Bevölkerung sich entwickelt. Aber Oferdingen ist ein so speziell gelagerter Einzelfall. Wir haben ja in Reutlingen keinerlei Vorkommnisse. Es gibt keine rechtsradikalen Gruppierungen, nicht mal Einzelpersonen, die bekannt sind. Wir haben geschweige denn irgendwelche Demonstrationen auf der Straße. Es gibt nichts, was darauf hinweisen würde, dass hier rechtsradikale, fremdenfeindliche Aktivitäten anstehen, sondern das ist ein ganz besonders gelagerter Fall, der auch mit der Kommunalpolitik in Oferdingen und mit der Zusammenarbeit im Oferdinger Bezirksgemeinderat und dem Bezirksbürgermeister zu tun hat.«[44]

Gerne weisen Lokalpolitiker bei fremdenfeindlichen Vorfällen darauf hin, dass es sich um einen Einzelfall in ihrem Ort oder ihrer Region handelt. Dennoch gab es 2015 immer wieder und deutlich zunehmend fremdenfeindliche Aktionen in ganz Deutschland. Auch die Ereignisse in Oferdingen sind für Reutlingen und Baden-Württemberg ganz sicher ein speziell gelagerter Einzelfall, der aber zeigt, dass Dynamiken wie bei dem Geschehen in Tröglitz auch in den alten Bundesländern entstehen können.

Auch im bayerischen Zorneding erregt die Debatte um die Zunahme der Flüchtlinge die Gemüter. Am Ende steht die Kirchengemeinde St. Martin ohne ihren Pfarrer da, Olivier Ndjimbi-Tshiende. Im Sonntagsgottesdienst am 6. März 2016 verkündet er, nicht mehr wiederzukommen. »Die Erfahrungen der letzten Zeit« seien der Grund für seinen Rücktritt, erklärt der im Kongo geborene Pfarrer. Mit den »Erfahrungen der letzten Zeit« meint er nach Informationen der Süddeutschen Zeitung (SZ) fünf Morddrohungen – unter ihnen beispielsweise eine Postkarte, auf der steht: »Ab mit dir nach Auschwitz.« Der Pfarrer erstattet mehrmals Anzeige wegen Volksverhetzung, Beleidigung und Bedrohung.[45]

Diese »Erfahrungen der letzten Zeit« haben aber wohl schon ein paar Monate früher begonnen, nachdem Ndjimbi-Tshiende öffentlich der Vorsitzenden des CSU-Ortverbands in der 9000-Seelen-Gemeinde widersprochen hatte. Sylvia Boher hatte sich im *Zorneding Report*, dem Parteiblatt der CSU, zur Flüchtlingslage geäußert. Sie spricht dort von einer »Invasion«, die Bayern überrenne, und fragt: »Heute wird uns von den Links dominierten Medien weiß gemacht ein Militärdienstflüchtling aus Eritrea ist mit einem Heimatvertriebenen Deutschen des 2. Weltkriegs gleichzusetzen???« [Rechtschreibung im Original]. Aber die Heimatvertriebenen, die nach 1945 nach Deutschland kamen, seien anders als heute von der Bevölkerung nicht mit Begeisterung empfangen worden: »Kostenlose Verpflegung, Unterkunft und Taschengeld: Fehlanzeige! Integrationsbeauftragte: Fehlanzeige! Psychologen für die traumatisierten Vertriebenen: Fehlanzeige!«

Mehrmals fragt Boher in ihrer Kolumne, wie wohl der 1988 verstorbene CSU-Vorsitzende Franz Josef Strauß die aktuelle

Lage kommentieren würde: »Was würde Strauß dazu sagen, dass die von deutschen Staatsbürgern gewählten Volksvertreter auf allen Ebenen weit größere Solidarität mit Flüchtlingen aus aller Welt zeigen als mit den eigenen Bürgern?« Auch Bundeskanzlerin Angela Merkel und Bundespräsident Joachim Gauck greift sie an: »Würde Strauß glauben, wir leben in einem Gottesstaat, in dem ein protestantischer Pastor aus der ehemaligen DDR Bundespräsident ist und eine FDJ-Funktionärin und Pastorentochter Bundeskanzlerin?«

Dann bringt Boher Beispiele von Bedürftigen in Deutschland, denen es wegen der ankommenden Flüchtlinge schlechter gehe: »Würde Franz Josef Strauß diese Entwicklung gutheißen? Oder würde er die gewählten Volksvertreter zu unseren Armen schicken, damit sie ihnen in die Augen sehen, wenn sie ihnen sagen, wir haben keine zusätzlichen Gelder für unsere Bedürftigen, denn wir müssen erst die Armut der Welt lindern, bevor wir etwas für unsere eigenen Bürger tun.«[46]

Auch Pfarrer Ndjimbi-Tshiende liest den Text und reagiert, indem er den Inhalt öffentlich in einem Interview mit der SZ kritisiert: »Ich unterscheide deutlich zwischen Frau Bohers Äußerungen und ihrer Person als Mensch. Mit ihrer Person habe ich Mitleid, weil sie nicht gründlich überlegt hat, bevor sie ihre kritischen Anmerkungen geschrieben hat. Zu ihren Äußerungen: Sie sind weder auf wahre historische noch auf aktuelle Tatbestände bezogen, sondern nur Emotionen aufgrund falscher Wahrnehmungen. Sie sind eine falsche Interpretation der Einstellung des damaligen Ministerpräsidenten Franz Josef Strauß, der auch Freunde in Afrika hatte. (…) Am Anfang will Frau Boher nicht ihre eigene Meinung äußern, aber dann sagt sie ununterbrochen im Namen von Strauß, was dieser gesagt hätte – das ist aber ihre Meinung. Sie beleidigt die Kanzlerin und den Bundespräsidenten, weil sie diese als Faktoren eines Gottesstaats betrachtet – nur weil sie evangelisch sind, dazu aus der DDR. Ihre Äußerungen sind zu ideologisch und demagogisch, führen falsche aber sehr beeindruckende Argumente: Die Staatsvertreter stellen die Asylbewerber über die eigenen Bürger. Für wen wurde das Hartz-IV-Gesetz denn erlassen, wenn nicht, um den notleidenden Deutschen zu helfen?«[47]

Auch der Pfarrgemeinderat von St. Martin kritisiert Bohers Äußerungen und fordert in einem offenen Brief die lokale CSU auf, nicht mehr die beiden Kirchtürme in dem Logo ihrer Werbepostille zu verwenden, um »eine gewollte oder ungewollte Verwechslung mit der offiziellen Informationsschrift der Gemeinde« zu vermeiden. Sie wollen nicht, dass die Kirche mit den Aussagen in dem vierteljährlich erscheinenden Blatt in Verbindung gebracht wird.

Auch Ndjimbi-Tshiende geht auf das Christliche im Namen der CSU ein: »Es ist gut, dass eine Partei sich zum christlichen Glauben bekennt, aber umso mehr fordere ich von einer solchen Partei, dass sie dem christlichen Glauben Rechnung trägt, sonst ist das eine Täuschung. Je mehr Äußerungen wie die von Frau Boher von dieser Partei kommen, desto mehr stellt sich die Frage der Tragbarkeit und Täuschung. Frau Boher ist nicht die CSU, aber man hätte die Veröffentlichung ihres Artikels vorher abwägen müssen.«[48]

Statt seine Worte besser abzuwägen, reagiert Bohers Stellvertreter Johann Haindl in der *Eberberger Zeitung* mit einer rassistischen Äußerung auf Ndjimbi-Tshiendes Kritik: »Der muss aufpassen, dass ihm der Brem [Altpfarrer von Zorneding] nicht mit dem nackerten Arsch ins Gesicht springt, unserem Neger«, wird der stellvertretende Zornedinger CSU-Ortsvorsitzende dort zitiert. Später will er das so nicht gesagt haben, sondern nennt das Ganze »eine flapsige Bemerkung«.[49] Die Zeitung jedoch bestätigt das Zitat.

Sowohl das Münchner Erzbischöfliche Ordinariat als auch Politiker von den Grünen und der SPD kritisieren die Äußerungen von Boher und Haindl stark, bis auch CSU-Bezirkschefin Ilse Aigner reagieren muss: »Die Äußerungen von Herrn Haindl sind völlig inakzeptabel. In der CSU Oberbayern haben solche Äußerungen und eine solche Wortwahl keinen Platz!«[50] Der CSU-Geschäftsführer und die Vorsitzende des örtlichen Flüchtlings-Helferkreises treten wegen Bohers Aussagen aus der Partei aus. Kurz darauf treten Boher und Handl als Ortsverbandsvorsitzende zurück. »Ich mache den Weg für einen Neuanfang frei, um weiteren Schaden für die CSU, der durch die dauerhafte Presseberichterstattung der letzten beiden Wochen entstanden ist, abzuwenden«, sagt Sylvia Boher dazu.[51] Sie macht damit nicht ihre Äußerungen, sondern die Medien, die inzwischen bundesweit über ihren Fall berichtet hatten, verantwortlich für ihren Rücktritt und den für die CSU entstandenen Imageschaden.

Etwa vier Monate später bittet Ndjimbi-Tshiende beim Erzbischöflichen Ordinariat um eine sofortige Beurlaubung, die ihm auch gewährt wird. Er hatte mehre Postkarten und einen Brief mit Drohungen bekommen, unter anderem solle er nach Auschwitz gebracht werden. Wenige Wochen vor seinem Rücktritt hatte im Rathaus Zorneding ein Mann der Zweiten Bürgermeisterin Bianka Poschenrieder (SPD), die gerade Dienst hatte, gesagt, der Pfarrer würde das Wochenende nicht überleben. Sie rief daraufhin die Polizei, der Pfarrer erhielt Personenschutz. Jetzt, nach dem Rücktritt, fühle er sich erleichtert, sagt Ndjimbi-Tshiende, die Situation in den Monaten davor sei sehr belastend für ihn gewesen. Er blicke aber nicht mit Zorn oder Verbitterung auf seine Jahre in Zorneding zurück. Auch habe er sich mit der ehemaligen CSU-Ortsvorsitzenden Sylvia Boher versöhnt. Dennoch werde er nicht nach Zorneding zurückkehren, stellt das Erzbistum München-Freising klar. Ndjimbi-Tshiende zieht sich an einen geheimen Ort zurück, um sich zu erholen, und gibt keine weiteren Interviews. *Die Zeit* berichtet allerdings, dass Boher auf die Bekanntmachung der Versöhnung gedrängt hatte.[52]

Ähnlich wie in Tröglitz stößt auch der Vorfall in Zorneding auf großes Medieninteresse. Die großen überregionalen

Zeitungen berichten – selbst die Onlineausgabe der *New York Times* schreibt wieder. Anders als in Tröglitz stellt sich auch ein Großteil der Zornedinger hinter ihren ehemaligen Pfarrer. Am Mittwoch nach dem Rücktritt kommen etwa 3000 Menschen zu einer Lichterkette und Kundgebung, um ihre Solidarität auszudrücken. »Zorneding ist bunt« und »Olivier, wir stehen hinter Dir« steht auf ihren Plakaten. Im Internet unterschreiben mehr als 75 000 Menschen die Petition »Unser Pfarrer soll in Zorneding bleiben!« In der Begründung dieser Unterschriftenaktion heißt es: »Wenn wir den Weggang des Pfarrers nun stillschweigend akzeptieren, überlassen wir kriminellen Nationalsozialisten das Feld. Wir signalisieren, dass es in Deutschland wieder so weit ist, dass eine Gruppe, die Angst verbreitet, nicht mit Gegenwehr zu rechnen hat. Damit wäre die Bühne frei für ein viertes Reich!«[53]

Doch trotz der vielen positiven Reaktionen von Priestern, Politikern und Bürgern sorgen sich manche Zornedinger um den Ruf ihres Ortes. Vorneweg der Bürgermeister Piet Mayr. »Wir sind doch ein ruhiges, beschauliches Dorf«, sagt er gegenüber der *Zeit*. »Hier wohnen Bildungsbürger mit einem guten Einkommen. Und jetzt vergleicht man uns mit dem Osten, mit Clausnitz und Bautzen!«[54]

Vergleicht man Zorneding mit Tröglitz, fällt auf, dass es in der bayerischen Gemeinde keine Demonstrationen nach Pegida-Vorbild gibt. Laut den Behörden gibt es auch keine rechte Szene. »Wir haben noch nicht einmal eine Kameradschaft«, sagt ein Polizeisprecher in der *Zeit*. Dafür hat man zwei große Akteure, die in Tröglitz kaum eine Rolle spielen: zum einen die Kirche, die das soziale Leben auch jenseits von Gottesdiensten mit Angeboten vom Kindergarten über Tanzfeste bis zum Public Viewing von Fußballspielen mitbestimmt.

In Oberbayern sind 53 Prozent der Bevölkerung katholisch und 14 Prozent evangelisch, also 67 Prozent christlich, in Sachsen-Anhalt dagegen sind 81 Prozent der Bevölkerung konfessionslos (4 Prozent katholisch, 14 Prozent evangelisch).[55] Die Werte des christlichen Glaubens, Nächstenliebe und das Einstehen für Schwächere, prägen das Leben in einer christlich geprägten Gemeinschaft und das Miteinander. Die sozialen Strukturen konnten sich über Generationen entwickeln und festigen, es gibt eine stärkere soziale Kontrolle und mehr Autoritäten, deren Wort im Konfliktfall Gewicht hat.

In Tröglitz, das zwischen 1937 und 1943 mit einer Industriearbeiterschaft aus allen Landesteilen neu gegründet wurde, konnten solche verbindliche kirchliche und soziale Strukturen nie heranwachsen, die christliche Moral wurde größtenteils von der sozialistischen ersetzt, der letzte Sozialzusammenhalt mit dem Abbruch des gemeinsamen Bezugspunktes, dem Hydrierwerk, seiner Grundlage beraubt.

Der zweite große Akteur in Zorneding ist die CSU, die größte politische Partei, die in dem Ort bei der Kommunalwahl 2014 knapp 40 Prozent der Stimmen holte und damit doppelt so viel wie die Grünen (19,8 Prozent), die ähnlich viele Stimmen wie Freie Wähler (18,9) und SPD (17,2) bekamen. Meistens gehen CSU und katholische Kirche auch nahezu eine Symbiose ein. In Zorneding spielte es jahrelang keine Rolle, dass die Kirchtürme das CSU-Magazin zierten. Anders als in Sachsen-Anhalt gibt es in Bayern rechts von der CSU bislang nicht viel. Eine Forsa-Umfrage im Juni 2016 sieht die AfD allerdings bei 10 Prozent und die CSU nur noch bei 40 in ganz Bayern, obwohl sie bei der letzten Landtagswahl 2013 noch 47,7 Prozent erreichte.

Dass CSU-Chef Horst Seehofer in den Vormonaten immer wieder gegen Flüchtlinge und Angela Merkels Strategie der offenen Grenzen gewettert hat, scheint die Rechten nicht in der CSU zu halten. Dagegen sehen gerade die CSU-Anhänger, die sich in Kirchen engagieren, Seehofers Kurs kritisch. Generell verschlechtere sich das Klima, heißt es in Kirchenkreisen, auch in der Flüchtlingshilfe engagierte Gläubige und Pfarrer sähen sich immer stärker Anfeindungen ausgesetzt.

Als bekannt wurde, dass der Zornedinger Pfarrer Morddrohungen erhalten hat, sagte Seehofer allerdings deutlich: »Das ist völlig inakzeptabel und ich verurteile das total. Die bayerische Polizei und Justiz muss alles daransetzen, das aufzuarbeiten. Null Toleranz ist da bei uns in Bayern der Maßstab.«[56]

Auch die CSU-Bezirksvorsitzende und Staatsministerin Ilse Aigner und der CSU-Kreisvorsitzende Thomas Huber bedauerten den Rücktritt zutiefst und verurteilten »die Umstände, die dazu geführt haben, auf das Schärfste! Diejenigen, die solche Drohungen aussprechen, müssen mit aller Härte des Gesetzes verfolgt und bestraft werden. Ausländerfeindlichkeit und jede Form von Rassismus dürfen nicht toleriert werden«, erklärten sie in einer Mitteilung, in der sie aber auch deutlich machten: »Wir verwahren uns aber auch gegen Unterstellungen, dass die CSU mit den Drohungen gegen Pfarrer Olivier Ndjimbi-Tshiende in irgendeiner Verbindung steht. Einen solchen Zusammenhang herzustellen, ist böswillig.«[57]

Dass jemand von der CSU die Morddrohungen geschrieben hat, wäre tatsächlich eine böswillige Behauptung. Aber einen Zusammenhang herzustellen, weil der Pfarrer Morddrohungen bekam, nachdem er sich gegen die fremdenfeindlichen Äußerungen der CSU gestellt hatte, ist eine einfache Beschreibung der zeitlichen Abfolge. Boher scheint sich aber weiterhin im Recht zu fühlen. Den Rückzug des Pfarrers kommentierte sie laut *Spiegel Online* lapidar mit den Worten: »Im Leben gibt es Ankünfte und Gehen. Das ist ein normaler Prozess.«[58] Als Gemeinderätin zurückzutreten, lehnte sie kategorisch ab, obwohl CSU-Bezirksvorsitzende Ilse Aigner, Kreisvorsitzender Thomas Huber und der Zornedinger Bürgermeister sie dazu aufforderten. Erst als die Parteispitze mit Ordnungsmaßnahmen bis zum Parteiausschluss drohte, legte sie im April 2016 alle Ämter nieder.

Boher hatte bereits in den Neunzigern über Flüchtlinge geschimpft, die »sich auf Kosten der deutschen Beitragszahler die Zähne sanieren lassen oder Stammesfrisuren für viel Geld vom

Sozialamt« bezahlt bekämen. Im Dezember 2011 äußerte sie sich abwertend gegenüber Zugezogenen »mit norddeutschem Akzent«, die die »Baulandpreise für Einheimische ins Utopische wachsen lassen«. Auch ein früherer Redaktionsleiter des *Zorneding Reports* trat nach Meinungsverschiedenheiten über den Inhalt des Magazins von seinem Amt zurück und aus der Partei aus.[59]

Bei der Jahreshauptversammlung, die den Neubeginn der Zornedinger CSU zeigen wollte, wurde die Presse auf Anfragen einzelner Mitglieder ausgeladen. Bei einigen Zornedingern gelten die Medien als die Schuldigen, die dem Ort die Ruhe geraubt und es in Verruf gebracht haben. Es sind hier also ähnliche Schuldverschiebungen wie in Tröglitz erkennbar.

Doch Boher ist nicht die Einzige, die in Zorneding gegen Flüchtlinge hetzt. Als 35 minderjährige Flüchtlinge 2014 in dem Ort untergebracht werden, gibt es laute Gegenstimmen. Die Schule, die ein Hilfsprojekt erarbeitete, erhält jede Menge fremdenfeindliche E-Mails. Als im November 2015 Bürgermeister Mayr auf einer Versammlung Flüchtlingshelfern unter Verweis auf die Gemeindeordnung Redeverbot erteilt, erhält er lauten Beifall.

Auch in der CSU gibt es vom Vorsitzenden Horst Seehofer, der immer wieder von »Asylmissbrauch« redet und sagt »Wir sind nicht das Sozialamt des Balkan«, bis zu einzelnen Funktionären, die auf Facebook gegen Flüchtlinge hetzen, immer wieder Fälle von Fremdenfeindlichkeit, denen in der Partei mal lauter und mal leiser widersprochen wird.

Dennoch gibt es in Zorneding nicht wie in Tröglitz eine große schweigende Mehrheit, die die Rechten gewähren lässt und nicht widerspricht, sondern es hat sich ein kraftvoller Gegenprotest formiert, der zeigen will, dass Zorneding – anders als manche Medien es darstellen – keine braune Gemeinde ist. Es gibt hier wie dort Fremdenfeinde und Rechte, aber die Mitte der Bürger positioniert sich, und das macht den wesentlichen Unterschied aus.

14 Woher kommen die Wutbürger?

Euro- und Flüchtlingskrise, aber auch private Probleme und das Ende der DDR mit ihren Strukturen nähren eine allgemeine Politikerverdrossenheit. Rechtspopulisten nutzen das aus.

In Tröglitz ist etwas Unfassbares, etwas wirklich Böses passiert: Menschen zünden ein Haus an, das ihnen nicht gehört, und vernichten einen hohen materiellen Wert. Sie nehmen – vermutlich bewusst – in Kauf, dass dabei zwei Bewohner in Flammen und Rauch umkommen. Unabhängig von der Täterfrage oder der Beweislage: In diesem Moment wäre ein hörbarer Aufschrei der Bevölkerung zu erwarten gewesen. Durch einfaches, wortwörtliches Aufstehen und einen gemeinsamen Gang zum Friedensplatz hätten die Tröglitzer ein Zeichen setzen und den Ruf ihres Ortes wiederherstellen können. Das wäre auch für ihr Selbstbewusstsein heilsam gewesen. Aber nur etwa 90 Einheimische kommen zur Demonstration gegen den Brand in der Flüchtlingsunterkunft, 200 weitere von außerhalb. Nun sieht vielleicht nicht jeder die gelben Plakate, die ich im Ort angebracht hatte, aber Hunderte Einwohner laufen auch zur Thälmannstraße, um das Brandhaus zu besichtigen, und somit an den Demoaufrufen vorbei oder sie hören im Radio von dem geplanten Vorhaben.

Das war eine weitere vertane große Chance, sich von Fremdenfeindlichkeit und Extremismus zu distanzieren und dem schlechten Ruf von Tröglitz als »braunes Dorf« ein Bekenntnis entgegenzusetzen. Den Rechten und der Welt zu sagen: »Es reicht! WIR sind nicht so!« Nun aber folgte dem wochenlangen Schweigen, das die Rechten als Zustimmung interpretierten, das nächste fatale Passivbleiben in einem entscheidenden Moment.

Schon während der ersten »Spaziergänge« erwarteten wir Woche für Woche, dass die Mehrheit der Menschen im Ort endlich Einspruch erheben würde gegen die immer offensichtlichere Fremdenfeindlichkeit. Und stammten nicht 20 Prozent der Einwohner selbst von Flüchtlingen ab, die damals aus den ehemaligen Ostgebieten kamen? Doch die Mehrheit rührte sich nicht.

Die Fragen beschäftigten uns immer drängender: Wieso ertragen die Menschen das Ungeheure so widerspruchslos? Wieso reagieren sie nicht mit Erschrecken auf das, was die Medien aus ihrer Heimat berichteten? Wieso bekunden sie nicht wenigstens im Privaten ihre Abscheu vor den fremdenfeindlichen »Spaziergängen«? Wo bleiben die politischen Ortsparteien aller Couleur, der Gemeinderat, der Bürgermeister? Was hält die Einwohner und fast den gesamten Ortschaftsrat davon ab, die Ankunft der Fremden vorzubereiten? Warum beteiligen sich so wenige aktive Menschenfreunde an der Initiative »Miteinander – Füreinander«? Warum kommen die aktiven Unterstützer überwiegend von außerhalb? Welche psychologischen Mechanismen verhindern es, selbst deutlich Stellung zu beziehen? Weshalb lassen die Tröglitzer der Entwicklung ihren Lauf, als ginge dies niemanden etwas an?

Aber das Wegbleiben und Wegducken ist auch ein Bekenntnis, nicht nur die Rechten werten es als Zustimmung. Und dies wird eben auch zu einem Positionieren, zu einem stillem Bekenntnis mit Folgen, das wohl von der Mehrheit so gar nicht erwünscht ist. So unterscheidet sich Tröglitz krass von anderen Tat-Orten, in denen nach einem Brand die Mehrheit sich deutlich hören ließ: In Vorra bei Nürnberg trafen sich mehrere hundert Leute zu einer Menschenkette um die drei abgebrannten Häuser herum, in Xanten kamen 600 Leute in bunter Kleidung zur Kundgebung »Der Niederrhein ist bunt«. Und in Barsinghausen bei Hannover gingen rund 1500 Menschen gegen Fremdenfeindlichkeit auf die Straße, nachdem im Rohbau eines Flüchtlingsheims ein Feuer gelegt worden war.

Neben der fatalen Außenwirkung von Tröglitz hatte dieses

Sich-nicht-Positionieren auch nach innen hin Folgen, in der »ortseigenen Öffentlichkeit«. Hat diese Gleichgültigkeit mit den Biografien der Menschen zu tun, war das Problem ein ostdeutsches Problem? Oder teilt ein größerer Teil der schweigenden Mitte das Anliegen der fremdenfeindlichen Demonstranten? War das Schweigen ein bewusstes? Das fragten wir uns immer wieder.

Eine erschreckend deutliche Antwort bekamen wir mit dem Ergebnis der Landtagswahl im März 2016: Fast jeder dritte Einwohner der Gemeinde wählte die AfD; André Poggenburg, der deutlich für deren rechtsnationalen Flügel steht, erhielt 35 Prozent der Stimmen. Und auch die NPD erreichte knapp fünf Prozent. Alles in allem hatten also 40 Prozent der Einwohner der Gemeinde Elsteraue für eine rechte, fremdenfeindliche Politik gestimmt und damit bewusst der etablierten Demokratie den Rücken gekehrt.

Was für ein Schock! Was für eine Fehleinschätzung. In den Medien hatte ich vor der Wahl mehrfach darauf verwiesen, dass 30 Tröglitzer, die bei den Rechten mitmarschieren, nur etwa ein Prozent der circa 2700 Einwohner ausmachten. Ergebnis der Landtagswahl war, dass von den 1236 Tröglitzern der »schweigenden Mitte«, die zur Wahl erschienen, mindestens 444 dem AfD-Kandidaten, 68 der NPD und zwei der Partei Die Rechte ihre Stimme gaben. Das heißt: Zwar war damals nur ein Prozent der Einwohner auf die Straße gegangen, aber 41 Prozent der Wähler standen dem Anliegen der »Spaziergänger« zumindest nah und entschieden sich für rechte, ausländerfeindliche Politiker und Parolen. Woher kommt diese breite Zustimmung? Wie sind diese Einstellungen und Überzeugungen entstanden?

Ursache 1: Allgemeine Politikverdrossenheit

Wer genau hinhörte, konnte die »stille Mehrheit« hin und wieder doch hören. Ihre Äußerungen reichten von leisem Widerspruch (»Na, die da laufen, haben es ja gerade nötig, gegen fremde ›Sozialschmarotzer‹ auf die Straße zu gehen!«) über

Gleichgültigkeit (»Das sollen die da oben machen, die haben es uns doch eingebrockt!«) und Aussitzen (»Die hören bald wieder auf, einfach ignorieren!«) bis hin zur Unterstützung der Demonstranten (»Endlich sagt mal jemand, dass wir die hier nicht wollen!«).

Der einzige erfolgversprechende Versuch, die stille Mehrheit zu mobilisieren, scheiterte: das Friedensgebet. Das lag daran, dass die Kirche für viele Ostdeutsche noch immer eine Hemmschwelle ist. Aber auch politisches Engagement ist verpönt, vielleicht weil es in der DDR häufig opportun war, sich nicht an aktiver Politik- und Gesellschaftsgestaltung zu beteiligen. Politisch aktiv, so werten es größere Teile der Bevölkerung, ist etwas für Wichtigmacher, Selbstdarsteller und Karrieristen oder – im besten Fall – für Enthusiasten.

Sich politisch zu engagieren erscheint ja auch nicht nötig. Im europäischen Vergleich geht es den meisten Deutschen zumindest materiell nicht schlecht, die Zahl der Arbeitslosen ist gering, das Sozial- und das Gesundheitssystem funktioniert, der Wohlstand wächst. Das Volk könnte also zufrieden sein. Ist es aber offenbar nicht: Nicht nur schrumpft die Wahlbeteiligung, sondern die Politikverdrossenheit wächst parallel zum Unmut der Bevölkerung über die großen Volksparteien. Deren Profil wird immer unschärfer, Parteien, Politiker und Konzepte erscheinen austauschbar. Die Wähler haben das Gefühl, es sei gleichgültig, ob die Union oder Rot-Grün regieren. So hat nicht die Union mit der FDP die Agenda 2010 durchgesetzt, sondern die SPD hat damit ihre Mitte-Links-Wählerschaft, den einfachen Arbeiter, verraten. Und längst hat Angela Merkel die CDU gezwungen, alte SPD-Positionen zu übernehmen, zuletzt in der Flüchtlingspolitik.

Deshalb ist es scheinbar irrelevant, wen man wählt. Dass die Parteien statt handfestem politischen Streit oft nur noch Scheinkämpfe aufführen, durchschauen die Bürger – und quittieren Debatten wie Politiker mit Verachtung.

Zum volksfernen politischen Establishment rechnen die Menschen längst auch die Linke und Die Grünen. Und rechts tat sich politisches Terrain auf, das lange unbesetzt blieb, bis die AfD es im Handstreich einnahm. Sie schafft es, von der Demokratie enttäuschte Nichtwähler zu mobilisieren. Das stärkt oberflächlich betrachtet die demokratischen Strukturen und mindert die Politikverdrossenheit. Aber ihre Kritik am System mündet meistens nicht in konstruktiven oder alternativen Lösungsvorschlägen, sondern vor allem in Ressentiments: gegen Ausländer, gegen die Kanzlerin, gegen die Medien, gegen den Islam, gegen die Mächtigen von Amerika bis Brüssel. Realistische und gerechte Alternativen zeigt die AfD nicht auf. Doch zumindest ihr Ruf fängt die Leute ein: »Wir sind das Volk.« Aber nicht einmal das stimmt.

Was aber stimmt, ist: Die Bürger fühlen sich nicht mehr ernst genommen. Seit Helmut Kohl hat sich eine Politik des Aussitzens von Problemen etabliert. Sie werden entweder nicht bewältigt oder das Wahlvolk wird vor vollendete Tatsachen gestellt. Auch Angela Merkel hat jahrelang so regiert, dass »merkeln« zum Synonym für »nichts tun, keine Entscheidung treffen« wurde. Zudem glauben Politiker offenbar, dass die Wähler politischen Richtungsstreit innerhalb der Parteien als mangelnde Geschlossenheit auslegen und mit Stimmentzug sanktionieren. Also wird geschwiegen, werden unbequeme Entscheidungen möglichst unbemerkt gefällt. Diese innere Haltung zeigte sich bei Innenminister Thomas de Maizière, nachdem er ein Spiel der Fußballnationalmannschaft wegen einer Terrorwarnung absagte und die Gründe nicht erklärte: »Ein Teil der Antworten würde die Bevölkerung verunsichern.«

Dieses Verhalten der Volksparteien kam lange Zeit der Bequemlichkeit vieler Bürger entgegen. Mit der Bankenkrise und der folgenden Staatsfinanzkrise änderte sich dies. Aufgebrachte Menschen fühlten sich nun von den Politikern betrogen, weil sie, so der Vorwurf, die Banken auf Kosten der Steuerzahler rettet, anstatt sie und deren Manager für ihr Versagen zu bestrafen, und weil die »Fleißigen« (Deutschen) die »Faulen« (Griechen) nun auch noch bezahlen müssten. Das Gefühl einer Entmündigung führte zu weiterem Vertrauensverlust, aus Angst um das eigene Ersparte oder sicher geglaubte Altersvorsorge entstanden Enttäuschung und Verbitterung. Daraus entwickelte sich eine Ablehnung der Europäischen Union, die viele Bürger den Populisten mit ihren Heilsversprechen in die Arme trieb. Die eigentlich elitäre »Professorenpartei« AfD wurde ziemlich ungeplant zur Protestpartei und schließlich zum parlamentarischen Sprachrohr des »einfachen Mannes« und Teilen der unteren frustrierten Mittelschicht.

Mit der Zunahme von buchstäblich einwandernden Flüchtlingen fürchteten diese Kreise nicht nur um die Finanzen, sondern jetzt auch um ihre Sicherheit. Bei vielen späteren Protestwählern entstand der Eindruck, dass in Berlin die gute, alte, vertraute Welt verantwortungslos verschenkt wird. Viele Menschen, gerade ältere, sagten mir ungewohnt entrüstet: »Das hätten die nicht machen dürfen, das war Verrat an uns kleinen Leuten zugunsten der Reichen! Jetzt habe ich Angst vorm Alter! Die stecken alle unter einer Decke mit den Banken. Denen vertraue ich nicht mehr!«

Auch das Vertrauen in Presse und Fernsehen ging verloren, die angeblich nicht mehr objektiv berichteten, sondern im Sinne der Regierung. Freie Meinungsäußerung werde unterdrückt, so der Vorwurf. Und so hieß es vielerorts: »Die Wahrheit darf man ja nicht mehr sagen.« Das ist angesichts der Vielfalt und Breite des Angebots nicht nachvollziehbar. Man darf hierzulande fast alles sagen und allerlei Verschwörungstheorien verbreiten. So wird lieber den scheinbar unabhängigen, aus dem noch nicht »lügenverseuchten« Untergrund kommenden Angeboten geglaubt. In Blättern wie *Compact*, Schriften des Kopp-Verlags oder Webseiten wie *Politically Incorrect* reden vor allem rechte Populisten und Demagogen eine große Kluft herbei, zwischen dem angeblich entrechteten, ohnmächtigen Volk mit seinen Sorgen und Nöten und den abgehobenen, selbstherrlichen »Eliten«. Dass diese Wahrnehmung falsch ist, hat Richard Herzinger im Mai 2016 in der Zeitung *Die Welt* dargelegt. »Elite« zu sein bedeute, »auf der Suche nach neuen, besseren Lösungen anderen voranzugehen, mehr zu wollen und mehr Risiko einzugehen als die Mehrheit, um diese auf dem Weg zu neuen Horizonten mitzuziehen. Ohne so verstandene Elite gibt es keine Erneuerung, keine Zukunft. Statt einem fiktiven ›Volk‹ nach dem Mund zu reden, sollten wir mehr Entfaltungsmöglichkeiten für Eliten schaffen, die diesen Namen verdienen.«[60]

Volksparteien werden gewählt, um Politik für das Volk zu machen. Wenn sich die Volksparteien zu großen Koalitionen zusammenschließen, und die Bürger eine wirksame Opposition vermissen, kann das zum Entstehen einer neuen »außerparlamentarischen Opposition« führen, einer revolutionären Untergrundbewegung, in der sich die »Rebellen gegen das politische Establishment« zusammentun und sich von radikalen, im aktuellen Fall rechten Gruppierungen ideologisieren lassen.

Hier rächt sich die mangelnde politische Bildung in Schulen. Aber es gibt auch die Direktorin eines Gymnasiums, die keinen Projekttag zur Flüchtlingsproblematik und zum Erstarken rechter Parteien anbieten will, weil der Lehrstoff wichtiger und keine Zeit übrig sei, die außerdem niemanden vor den Kopf stoßen möchte und sagt, sie sei zu politischer Neutralität verpflichtet. Es gibt auch Eltern, die ihren Kindern jeglichen Stellungnahme in politisch aktuellen Fragen im Unterricht untersagt haben, weil dies Nachteile bringen könnte. Und es fehlt an begeisternden, motivierenden Vorbildern unter Politikern. Manchen fehlt es offensichtlich an Verantwortungsbewusstsein: Als es in Tröglitz im wahrsten Sinne des Wortes brannte, hat der gewählte Bundestagsabgeordnete einer großen Volkspartei durch Abwesenheit geglänzt. Er habe, ließ er später wissen, von uns erwartet, dass wir mit ihm Kontakt aufnehmen.

In diese in der Realität dennoch eher kleine Kluft zwischen Regierung und Volk stoßen nun rechtspopulistische Demagogen und Parteien wie die AfD vor, verstärken das Misstrauen durch Verzerrungen, Lügen und weitere Verschwörungstheorien. Sie verunglimpfen die Anführer des Volkes pauschal als Volksverräter, die bisher nicht nur in Politik und Wirtschaft, sondern auch in Wissenschaft, Bildung und Kultur unverzichtbare und häufig innovative Motoren sind und auch ethisch-moralische Garanten sein sollten. Statt ihrer wollen sich die Demagogen zu Rettern des Volkswillens aufschwingen, die mithilfe des revolutionären Volkes für Gerechtigkeit sorgen, die oberen Etagen von den Verrätern säubern und diese bestrafen wollen. Auf die »linke Entartung« folgt die »völkische Erneuerung«, auf die »immer engere Union der Völker Europas« die Rückkehr zur »nationalen Identität«. Wie weit ist es zum Gedanken, die demokratischen Strukturen als nicht mehr zeitgemäß abzuschaffen?

Fatal ist, wenn Politiker der Volksparteien erklären, künftig gewissenhafter auf die »besorgten Bürger« hören zu wollen, weil sie damit den rechten Demagogen nachträglich recht geben in ihrer Behauptung, die Politiker hörten nicht auf die Menschen. Aber es geht nicht nur ums Zuhören, sondern vor allem ums Reden. Die Kluft zwischen Volk und Politik entsteht durch eine verkümmerte Kommunikationskultur, die daher rührt, dass viele Politiker es nicht schaffen, ihre Argumente in geeigneter Sprache und auf der richtigen Ebene zu erklären.

Sprachlosigkeit besteht auch auf der anderen Seite: Ein wesentlicher Teil des Volkes, die schweigende Mitte, hat bisher ziemlich bewusst Politik an »die da oben« delegiert, ohne sich zu beteiligen. Nun beschwert sie sich, die »Eliten« schlössen sie aus, das Parteiensystem sei zu träge und die Demokratie »zu weich«. Autokratische Strukturen und kurze Prozesse bei komplizierten Sachfragen, die bisher durch mühsame Konsensfindung demokratisch gelöst wurden, sollen das beheben.

Die überraschenden Wahlerfolge der AfD zeigen, dass die

schweigende Mitte keinesfalls so apolitisch und lethargisch ist, wie oft behauptet. Vielleicht schweigt sie, weil sie andere Sorgen hat? Alltag und Arbeit, persönliche Probleme und das Streben nach ständig neuen materiellen Zielen fordern sämtliche Zeit und Aufmerksamkeit, dass für politisches oder gesellschaftliches Mitdenken und Mitgestalten keine Kraft mehr bleibt. Viele Menschen sind so sehr mit sich selbst beschäftigt und auf die Sicherung und Steigerung ihres Lebensstandards fixiert, dass sie alles, was ihre mühsam entwickelte persönliche Welt in Unordnung oder Unsicherheit bringt, als echte Bedrohung sehen.

In diesem Fall kann die scheinbar stille Menge durchaus laut werden, und es hängt wohl viel von der jeweiligen Vorbildung, moralischen und politischen Prägung, religiösen oder humanistischen Wertevorstellung ab, wohin die verunsicherte, bisher scheinbar homogene, schweigende Mitte sich bewegt. Ein Teil opponiert offen, in Tröglitz durch Teilnahme an fremdenfeindlichen Demonstrationen und Aktionen, ein viel größerer Teil wartet weiterhin versteckt unter seinem kleinbürgerlichen Gewand, um bei der nächsten Wahl überraschend seine Macht zu zeigen.

Lange mangelte es an Alternativen. Die NPD ist wegen des ihr anhängenden Nazimiefs für die schweigende Mitte nicht wählbar. Aber die AfD hat es geschafft, als »Alternative« anerkannt zu werden. Sie hat eine enttäuschte und passiv gewordene Wählerschicht erweckt, sie wieder politisiert und so für eine steigende Wahlbeteiligung gesorgt. Dieses neue Politikinteresse unserer egoistischen Gesellschaft wäre eine erfreuliche Nachricht, ginge sie nicht von führersüchtigen Putin-Fans oder demokratie- und fremdenfeindlichen Pegidisten aus. In einem Teil der schweigenden Mitte ist schon längst eine offene Sympathie für demokratiekritische, rechtspopulistische oder gar rechtsnationale Überzeugungen erkennbar. Das bestätigt auch die Studie »Die enthemmte Mitte« der Universität Leipzig von 2016. Sie zeigt zwar, dass rechtsradikale Einstellungen an sich kaum zugenommen haben und es ein »geschlossenes rechtsextremes Weltbild« bei lediglich 5,4 Prozent der Befragten (im Osten 7,9 Prozent) geben soll. Die Befragung belegt aber auch eine stärkere Bereitschaft, sich zu antipluralistischen und autoritär-völkischen Gesellschaftsvorstellungen zu bekennen, wie die Forscher mitteilen. »Ich bin rechts« sei kein Stigma mehr und wird zur Selbstbeschreibung selbstbewusst genutzt. Mit der AfD hat dieser Teil der Gesellschaft, der offensichtlich relativ stabil in seinen Einstellungen ist, einen Katalysator und eine politische Ausdrucksform gefunden. Er ist dadurch sichtbarer geworden und handelt offen. Bedenklich ist vor allem die wesentlich höhere Gewaltbereitschaft; Aggressionen treten besonders in Ostdeutschland viel häufiger in Erscheinung. So stimmt fast ein Fünftel aller Befragten der Aussage zu: Sie seien »bereit«, sich »mit körperlicher Gewalt gegen Fremde durchzusetzen«. 23 Prozent würden selbst nicht Gewalt anwenden wollen, aber finden es »gut, dass es Leute gibt, die mal ihre Fäuste sprechen lassen, wenn's anders nicht mehr weitergeht«. Somit ist eine klare Tendenz der Gesellschaft zur »Polarisierung und Radikalisierung« festzustellen. Und zehn Prozent meinen, man müsse »leider zu Gewalt greifen, weil man nur so beachtet wird«. So ist es auch nicht verwunderlich, dass im letzten Jahr fast jeden Tag ein Flüchtlingsheim brannte.

Ursache 2: Ostdeutsche Vergangenheit

Freital, Heidenau, Clausnitz, Bautzen – in diesen Orten kam es zu besonders enthemmten fremdenfeindlichen Gewalttaten. Alle liegen sie in den neuen Bundesländern. Die Wahrscheinlichkeit, Opfer eines rassistischen Übergriffs zu werden, erscheint im Osten höher als im Westen. Im Jahr 2014 hat die Polizei nach vorläufigen Angaben 162 rechtsextreme Angriffe auf Flüchtlingsheime registriert, 70 davon im Westen – und 92 in Ostdeutschland. Damit kommen im Osten auf eine Million Einwohner statistisch 5,75 rechtsextreme Attacken auf Flüchtlinge – im Westen 1,09. Auch die rechtsextreme Terrorgruppe »Nationalsozialistischer Untergrund« (NSU), dem neun Menschen mit Migrationshintergrund und eine deutschstämmige Polizistin zum Opfer fielen, ist in Thüringen und Sachsen entstanden.

In der Statistik des Bundeskriminalamts (BKA) für 2015 ist der Unterschied zwischen neuen und alten Bundeländern jedoch schon geringer. Von insgesamt 1005 Straftaten gegen Flüchtlingsunterkünfte, fünf Mal so viele wie noch 2014, waren 308 in Ostdeutschland verübt worden, also kaum mehr als im bundesweiten Durchschnitt, wobei Nordrhein-Westfalen (NRW) mit 214 Übergriffen am auffälligsten ist. Die Amadeo Antonio Stiftung dokumentierte in ihren Statistiken seit Anfang 2015 neben NRW die meisten fremdenfeindlichen Übergriffe in Ostdeutschland.

In der ersten Dekade 2016 sind nach Angaben des Bundesinnenministeriums 347 Attacken auf Flüchtlingswohnheime registriert worden. Das sind mehr als dreimal so viele wie im gleichen Zeitraum des Vorjahres und das Zehnfache der Angriffe zwischen Januar und März 2014. Es gibt also einen auffällig hohen Anstieg von Angriffen auf Asylbewerberheime in der gesamten Republik. Wiederum wurden die meisten Anschläge (92) in Nordrhein-Westfalen verübt. Es folgen Bayern mit 45 Delikten, Niedersachsen mit 40, Sachsen mit 39 und Baden-Württemberg mit 33 Attacken. In Brandenburg und Sachsen-Anhalt wurden je 19 Delikte gezählt. Die wenigsten Straftaten gab es in Hamburg und Bremen mit je einer. Gewalt gegen Flüchtlingsheime ist also ganz offensichtlich nicht nur ein ostdeutsches Problem.

Dennoch gibt in den neuen Bundesländern besondere Auffälligkeiten. Pegida ist nur in Dresden und eine Zeitlang in Leipzig wirklich groß geworden, in westdeutschen Großstädten hat die Bewegung lächerlich wenige Anhänger auf die Straße bekommen, so dass sie nie Fuß fassen konnte. Die Stärke der rechten Gesinnung zeigte sich auch schon bei früheren Wahlen. In Sachsen-Anhalt zog 1998 eine rechtsextreme Partei in den Landtag ein: die DVU mit 12,8 Prozent. Die NPD schaffte 2004 den Einzug in Sachsen, später in Mecklenburg-Vorpommern. Die Erfolge beider Parteien waren im Osten immer größer als im Westen.

Ähnliches kann man nun auch bei der AfD beobachten. Bei der Landtagswahl im März 2016 erzielte die rechtspopulistische Partei mit 24,3 Prozent in Sachsen-Anhalt ihr bis dahin bestes Ergebnis. Wenn Tröglitz selbst nicht als braun bezeichnet werden möchte, hätte es dies bei dieser Wahl beweisen können. Doch in der Gemeinde Elsteraue, zu der Tröglitz gehört, wählten 32 Prozent der Bürger die AfD, und sogar 35 Prozent sahen im völkisch gesinnten AfD-Direktkandidaten André Poggenburg ihre erste Wahl; die NPD kam auf 5 Prozent. Bei den am selben Tag stattfindenden Wahlen in Rheinland-Pfalz und Baden-Württemberg erzielte die AfD »nur« 12,6 beziehungsweise 15,1 Prozent. Zwei Jahre vorher hatte sie bereits in Sachsen, Thüringen und Brandenburg jeweils um die 10 Prozent der Stimmen erhalten, in Bremen und Hamburg etwa die Hälfte.

Anschläge auf Flüchtlingsunterkünfte gab es auch in Westdeutschland, schon in den 90er Jahren starben dabei in Mölln und Solingen Menschen. Und eine der berüchtigtsten Neonazi-Szenen der Republik treibt in Dortmund ihr Unwesen. Dass es Fremdenhass und Anschläge auch im Westen gibt, betonen die Ministerpräsidenten der neuen Länder immer wieder. Aber im Osten ist die Zahl höher, und die Angriffe sind offensichtlich enthemmter. Außerdem stoßen diese Anschläge und der öffentlich bekundete Fremdenfeindlichkeit in Osten auf auffällig wenig Protest und generellen Widerspruch. Was können dafür die Gründe sein?

In der noch immer von der DDR geprägten Kommunikationskultur hatte deutlicher Widerspruch sofortige politische und oft auch soziale Ächtung zur Folge. Als Kind und Jugendlicher in einem oppositionellen Pfarrhaushalt nahm ich mein Umfeld in der DDR so wahr: Seine Meinung über die Ungerechtigkeit der roten Bonzen und die Verlogenheit der Parteisekretäre äußerte man nur leise und im Freundeskreis. Das repressive System der DDR funktionierte 40 Jahre, also fast zwei Generationen lang, vor allem auf der Grundlage von Angst und Anpassung. Jeder Bürger wusste um die Allgegenwart der Staatssicherheit. Und so schwieg die breite Mehrheit lieber, als sich durch offenes Reden in Schwierigkeiten zu bringen.

Wer sich dennoch von der mitlaufenden Menge abgrenzte, wer ausscherte, war schnell sozial geächtet und musste mit Benachteiligung rechnen. Denn es fand sich fast immer jemand, der sich zur Exekutive des gemeinschaftlichen Willens berufen fühlte und auf dem Geächteten herumtrampelte, der sich nach oben dienen oder seinen Lebensfrust am Schwächeren abstreifen wollte. Diese wohl bewährte Tradition aus alten und großdeutschen Zeiten wurde in der DDR teils schon im Kindergarten eingeübt. Ich habe als Fünfjähriger mehrfach erlebt, wie die Erzieherin die ganze Gruppe herbeirief, im Kreis um den »Delinquenten« aufstellte und dann alle mit dem Finger auf ihn zeigend »ätsche bätsche« riefen ließ, obwohl das Kind längst weinte.

Über zwei Generationen hatten die Menschen gelernt: Politisch aktiv zu werden, laut zu reden, ja schon allein zu denken, kann erschreckend viel kosten – bis hin zum eigenen Leben. Schließlich konnte die Stasi sogar dein Ehepartner sein. Die DDR-Diktatur lebte vom Diktum der Angst, die möglichst feingliedrig alles mit ihrem giftigen Myzel durchzog. Angst lähmte jede Diskussion, jede freie Entfaltung. Seine Meinung zu verbergen war teilweise überlebensnotwendig. Denn die staatliche Überwachung erstreckte sich über alle Bereiche des täglichen Lebens: Im privaten Wohnumfeld gab es die Hausgemeinschaften, auf der Arbeitsstelle Brigaden, Kinder standen als Pioniere in Reih und Glied gebracht, in der FDJ lernten sie endgültig das offensichtlich verlogene hohe Lied auf den Staat zu singen. Erzogen zu Anpassung und Mitläufertum, behielten die DDR-Bürger nicht nur konträre Meinungen für sich, sondern pflegten eine eigene Art von Gemeinsinn: Wenn die Hausgemeinschaft um acht Uhr wählen ging, gingen alle mit. Wenn die ganze Schulklasse Altglas sammelte, schloss man sich bereitwillig, selbstverständlich und ohne nachzudenken an.

Hinter dieser Bevormundung – die manchen Seelen eine gewisse Sicherheit gab, die sie später vermissen sollten – steht das Menschenbild des Sozialismus: Das Individuum ist nicht so wichtig wie das Große und Ganze. Individualität und eigene Meinung waren nicht gefragt, jeder Mensch hatte ein Teil der funktionierenden sozialistischen Gesellschaft zu sein. Es hieß: Alle Menschen sind gleich.

Ich nahm damals mein Umfeld so wahr: Um einigermaßen angenehm zu leben, versuchten die Menschen, sich an die äußeren Einschränkungen und das verordnete geistige Gefängnis zu gewöhnen und alle nicht konformen Lebensäußerungen zu unterdrücken. Damit entstand eine große schweigende Mehrheit, die nach meiner Wahrnehmung 80 bis 90 Prozent der Gesamtbevölkerung ausmachte. Nach einer Weile fiel manchen Menschen gar nicht mehr so auf, welchen Einschränkungen sie unterlagen: Versperrt waren der Zugang zur eigenen Gefühlswelt und die offene geistige Reflexion und Diskussion im Kreis von Freunden. Dass ein totaler Überwachungsstaat es so tatsächlich schafft, kreative Diskussionen in Gemeinschaft und damit ein lebendiges politisches Bewusstsein zu ersticken, zeigte bald überall Folgen. Als Jugendlicher merkte ich bei Gleichaltrigen, die anfangs noch ungezwungen mutig redeten, wie nach und nach die Selbstkontrolle zunahm und die äußere Angepasstheit oft zu einer wachsenden inneren Angepasstheit führten. Wer sich an geistige Bevormundung gewöhnte und seine politischen Ansichten unter Selbstkontrolle gefangen hielt, konnte sich rein äußerlich in der DDR durchaus lebenswert einrichten.

Während im Westen schon in den 60er Jahren laute und klare politische Diskussionen Usus waren und an den Schulen der offene Widerspruch, das politische Streiten gefördert wurde, behielten die Menschen im Osten ihre Zurückhaltung in diesen Dingen nach der friedlichen Revolution bei. Politischer Widerspruch wurde eher als persönlicher Angriff denn als politisch notwendige Routine empfunden. Eigene politische Ansichten differenziert und abwägend zu äußern, überforderte die befreiten Menschen, denen eine eigene politische Meinung systematisch aberzogen worden war.

Mit dem Ende der DDR sind ganze Landstriche in Resignation und Perspektivlosigkeit verfallen, und dieses Lebensgefühl hat sich mit der Zeit noch vertieft und bis in die Folgegeneration hinein erhalten. Als die Arbeits- und Sozialstrukturen der DDR wegfielen, verschwand auch das gewohnte und Sicherheit gebende Lebensumfeld. Dieser Verlust hat bei den Menschen offensichtlich viel stärkere unverarbeitete Verletzungen, tiefere Veränderungen und härtere Brüche hinterlassen, als bisher wahrgenommen worden ist.

Nach 1990 brach für die meisten DDR-Bürger mehr oder weniger plötzlich der vertraute Alltag weg. All das, was Identität und Selbstwertgefühl gegeben hatte, war verschwunden. Die seit Jahren oder Jahrzehnten Sicherheit gebende Arbeitsstelle ging verloren, einige Berufsbezeichnungen gab es plötzlich überhaupt nicht mehr. Die Aberkennung von Berufen, Ausbildungen oder gar abgeschlossenen Studien waren erniedrigend und zutiefst verunsichernd. Geliebte Angehörige und vertraute Freunde zogen nach Westdeutschland, die Harmonie vieler Familien zerbrach, weil fast eine Million Väter und Ehemänner weit entfernt auf Montage arbeiten mussten, um überhaupt einen Job zu haben. Es gab Arbeiter, die nun selbst ihren Arbeitsplatz abreißen mussten, an dem sie über Jahrzehnte angeblich wertvolle Arbeit zum Wohl des Volkes geleistet hatten. Für manchen war die ganze Lebensleistung in Frage gestellt. Plötzlich quälten Existenznöte. Dass eine scheinbar sichere Existenz durch äußere politische Einflüsse quasi über Nacht gefährdet sein kann, bildete bei vielen ein Trauma aus.

Während der Wende war die Euphorie noch groß, es gab Hoffnung auf neue Arbeit, auf ein befreites Leben und auf eine eigene Rolle in der Gesellschaft. Doch der Optimismus wich schon bald fortschreitender Perspektivlosigkeit und dem lähmenden Gefühl, nicht mehr gebraucht zu werden, nichts mehr wert zu sein, es einfach nicht zu schaffen. So mancher Lebenstraum schrumpfte mit jeder im Warteraum des Arbeitsamtes abgesessenen Stunde und der folgenden Absage: »Mit ihrem Beruf werden Sie nicht mehr gebraucht.«

Hinzu kam noch ein anderes entscheidendes Problem, wie meine Frau, die sich selbst als »erfolgreich integrierte Westtussi« beschreibt, und ich beobachteten: Viele der ehemaligen DDR-Bürger erlebten, dass sie in diesem existenziellen Schmerz alleingelassen wurden. Dass sie niemand verständnisvoll an die Hand nahm, sondern dass sie eher gängelnd vorwärts-geschoben oder herablassend und würdelos behandelt wurden. Oder dass die scheinbar helfende Hand am Ende von einem Westdeutschen kam, der sie in ihrer Unerfahrenheit bei allen möglichen Geschäften auch noch »über den Tisch zog«.

Auch wenn man in der DDR hinter Mauern gefangen war, fiel einigen der Abschied vom Vertrauten schwer. Das ist zutiefst menschlich und eigentlich leicht zu verstehen. Die plötzliche Aufforderung, doch nun selbst für sein Leben Verantwortung zu übernehmen, erschien eher als Drohung, weniger als Chance. Der Wunsch des einen oder anderen Befreiten, lieber im Vertrauten bleiben zu dürfen und versorgt zu werden, statt das Geld zum Leben draußen in der gefährlichen Welt selbst erjagen zu müssen, blieb für viele Außenstehende, gerade aus dem Westen, unbemerkt und unvorstellbar.

An dieser Stelle hätten vertrauenswürdige Führungsfiguren zeigen müssen, wie das neue Leben funktioniert. Doch viele, die aus Westdeutschland herbeireisten, stießen mit ihrer selbstbewusst und frei heraus gelebten Politik- und Lebenskultur auf Unverständnis, fühlten sich selbst wiederum fremd und wurden oft auch mit einer deutlichen emotionalen Distanz behandelt. Ein Westdeutscher trat meist viel selbstsicherer auf, weil er aufgrund seines Lebensweges bereits Erfahrung und Erfolge in der neuen demokratischen Lebenskultur mit ihrem Leistungs- und Erfolgsdenken hatte. Ganz selbstverständlich ging er kritisch und notfalls kämpferisch mit Behörden, Polizei und Finanzbeamten um, wusste meist, wie man vorteilhafte Geschäfte abschließt und sein Geld gewinnbringend verwaltet.

Da ist die Erfahrung von Herrn G.: Er hat in Hessen ein gut laufendes Unternehmen aufgebaut und hätte bald seinen Ruhestand genießen können. Doch er wird von einer Vision gepackt: Nachdem die elende Mauer endlich weg ist, unter der er gelitten hat, will er in die Stadt seiner Kindheit und Jugend zurückkehren und hier eine Zweigstelle aufbauen, sich selbst und anderen etwas Gutes tun. Denn er stammt aus dem Osten, aus Zeitz, wo er damals mit seinen Eltern alles Eigentum Hals über Kopf zurücklassen musste.

So erlebte ich manchen »Spätheimkehrer« und auch mich selbst: Man will dorthin zurück, von wo man damals »vertrieben« wurde, um noch mal anzufangen und zu bleiben, auch um innerlich wieder heil zu werden, indem man sich am Ort seines Ursprungs wieder etwas aufbaut.

Nun schwingt Herr G. also in die noch ostdeutsch geprägten Amtsstuben hinein: Elegant gekleidet, mit auffällig gut duftendem After Shave und einem gewinnenden Lächeln macht er mit sprühender Begeisterung und geschickter Rede den Beamten klar, was sein großes Ziel ist und wie er dies hier aufziehen will. Auch die konkreten Anträge hat er mitgebracht. Manchmal trifft er auf entgegenkommende Sachbearbeiter, aber einige entscheidende Beamte wollen ihm nicht helfen. In späteren Erzählungen vermutet er, dass sie ihn offensichtlich nicht mochten, dass sie vielleicht neidisch waren und ihn nun mit ihrer verschleppenden und verhindernden Bürokratie die Macht des kleinen Beamten spüren ließen.

Das mag klischeehaft überzogen klingen, doch das Klischee des »Besserwessi« wird inflationär und willkürlich gebraucht – auch um sich eigene Unsicherheiten und Unzulänglichkeiten im Umgang mit der Freiheit und mangelnde Ausdrucksfähigkeit nicht eingestehen zu müssen. Denn mancher in diesen Dingen unerfahrene Ostdeutsche spürt wohl eine Unterlegenheit und interpretiert – schon aus Selbstschutz – das selbstbewusste freie Reden und Handeln des Anderen schnell als arrogant. Bis dahin hatte es eine gefühlte Schicksalsgemeinschaft der einfachen DDR-Bürger gegeben, die sich doch immer als Gleicher unter Gleichen fühlen durften, abgesehen von den gefürchteten und insgeheim verachteten höheren Parteifunktionären, den »oberen 10 000«, die nicht nur mit ihrem VW-Golf in anderen Sphären schwebten. Aber die Masse pflegte im Realsozialismus Beziehungen, auch wegen zu erwartender Vorteile und Gefälligkeiten, weil jeder irgendwann mal nützlich sein konnte, weil jeder an einem anderen Arbeitsplatz hin und wieder begehrte »Bückware« oder Raritäten organisieren konnte.

Nun aber, in der neuen, real egoistischen Gesellschaft, hängten einzelne flexible, wandelbare Vorwärtsstürmer oder Nachbarn, die sich in Glücksritter verwandelten, die anderen ab. Der eine ehemalige Arbeitskollege fand – trotz gleicher Qualifizierung – noch einmal Arbeit, der andere stapfte jahrelang zum Arbeitsamt und ging dabei innerlich zusehends ein.

Und schon kam die warnende Stimme der DDR-Propaganda wieder ins Gedächtnis, die doch immer gesagt hatte, dass der Kapitalismus erbarmungslos sei und die einfachen Menschen ausnutze und kaputt mache und dass die Besitzenden und Mächtigen sich auf Kosten des kleinen Mannes bereichern. Nun hörte man dagegen: »Was jammert ihr denn? Ihr habt doch jetzt die Freiheit, ihr habt doch jetzt echtes Geld und könnt euch viele schöne Dinge kaufen, eure Städte stinken nicht mehr nach verbrannter Braunkohle, ihr müsst keine Trabis mehr fahren, könnt überall hinreisen – seht ihr nicht die blühenden Landschaften?«

Wie aber soll man mit tränenden Augen blühende Landschaften erkennen, wenn man sich selbst als Verlierer fühlt, wenn das Herz noch trauert und schmerzt und sich mit der harten, neuen Realität nicht anfreunden kann? In den Menschen entstanden Blockaden, die noch heute wirken und an die nächste Generation weitergegeben werden. Blockaden gegen die neue Politikform, gegen die freiheitliche Demokratie und ihren neu entstandenen politischen Strukturen, oft genug weiterhin geprägt von den alten Verantwortungsträgern. Dass sich in den neuen Parteien oft höhere Funktionäre des alten Systems tummelten, förderte, neben der Arroganz manchen Politikerimports aus dem Westen, das Misstrauen des einfachen Bürgers gegenüber der Politik und der neuen Staatsform.

Doch woher sollten Führungspersonen und glaubwürdige Identifikationsfiguren in einer bisher meist apathischen Gesellschaft und ihrer Mitläuferkultur kommen? Und zwar nicht jene, die sich durch egoistische Aufsteiger- und Ellenbogenmentalität auszeichneten?

Ich habe den Eindruck, dass viele der DDR-Oppositionellen, die jahrelang mutig im Untergrund kämpften und nun plötzlich in der ersten Reihe standen, im Praxistest des harten Politikgeschäfts scheiterten. Viele hatten das bundesdeutsche Modell gar nicht gewollt, sondern einen menschenfreundlicheren Sozialismus; einige erwiesen sich daher im kapitalistischen System als »marktwirtschaftsuntaugliche Freaks«, die mit ihrer politisch unbeugsamen Art und ihren scheinbar realitätsfernen Visionen einfach kein Gehör fanden. So standen sie bald wieder eher am Rande der gesellschaftlichen Diskussion. Denn nun waren schnelle Erfolge und Aufschwung vor allem materieller Art gefragt, während ein retrospektiv ausgerichteter Heilungsprozess Zeit benötigt, die sich niemand mehr nehmen wollte.

Die vorwärtsstürmende westdeutsche Politik hat in ihrem wirklichen Hilfseifer, aber auch ihrer großen Arroganz viel Wertvolles versäumt: Man hätte viel mehr auf diese leiseren

Stimmen hören sollen, auch um selbst zu lernen. Stattdessen verschrieb man dem kranken ostdeutschen Bruder materiellen Wohlstand zur äußeren Anwendung. Um die inneren Schmerzen kümmerte sich niemand, sie sollten verdrängt werden, weil es keine Zeit zur Neuorientierung, Austrauern des Schmerzes und Heilen der Wunden gab. Bei einigen Menschen ist daraus eine innere, chronische Erkrankung der Seele erwachsen, mit allen Folgeerscheinungen.

Sicher gab es auch Ostdeutsche, gerade in den Reihen der bisherigen Opposition im Raum der Kirche wie etwa Joachim Gauck, die von jeher eine Nähe zum bundesdeutschen Politikmodell hatten und sich in der Wendezeit mit ihrem Talent auf wertvolle Weise einbrachten. Nach meinem Eindruck kamen aber die meisten Ostdeutschen, die es schafften, aufzusteigen und erfolgreich zu werden, wie etwa Michael Diestel oder Angela Merkel, eher aus der dritten und vierten Reihe der Opposition oder der abwartenden und eher angepassten Bildungselite der DDR. Gerade wegen ihres Pragmatismus, Opportunismus und taktischen Einschätzungsvermögens hatten sie auch jetzt bessere Chancen, in den Machtkämpfen des Politikgeschäfts zu bestehen.

Das beobachtete auch »der kleine Mann«, der die regelmäßigen Diätenerhöhungen beargwöhnte und als Bestätigung des Urteils von der Unersättlichkeit der Politiker sah, die nur an sich denken und sich bereichern. Angehörige anderer unersättlicher Berufsgruppen, etwa die Manager, galten für viele im Volk per se schon als Bösewichter. Aber höhere ethisch-moralische Grundansprüche erhob man gegenüber Politikern, die doch des Volkes Interessen vertreten sollen und somit automatisch Vorbildfunktion haben. Die Vertreter des neuen Politsystem, das doch besser und gerechter sein sollte, sollten sich eben gerade nicht so arrogant und volksfern benehmen wie die Bonzen aus Wandlitz.

Was aber die Bürger beibehielten, obwohl sie keine besonders gute Meinung von ihren bisherigen Politikern hatten, war, dass sie wieder bereitwillig alle politischen Aufgaben nach oben delegierten. Damit übertrugen sie auch möglichst viel Lebensverantwortung, was sie von Schuld für ein späteres Scheitern freispricht. Ein psychologischer Reflex, für den aber ein Preis zu zahlen ist, nämlich der Verzicht auf Mitgestaltung und Mitverantwortung im eigenen Lebensumfeld. Außerdem wird die Suche nach eigener neu beflügelnder, kreativer Lebensenergie und einem von höheren Werten sinnerfüllten Leben aufgegeben.

Aber was, wenn scheinbar niemand die Verantwortung für diese Leben übernimmt? Den Eindruck hatten offenbar manche der Tröglitzer, die an den »Spaziergängen« teilnahmen. Sie fühlten sich auch von den Verantwortlichen in der Gemeinde alleingelassen. Sie wendeten sich denen zu, von denen sie sich verstanden und vertreten fühlten, und liefen mit der politisch »geächteten« NPD. So ließen sie den Anstand fahren und das in ihren Augen ungerechte Demokratiemodell enttäuscht stehen, das ihren Bedürfnissen nicht genügte. Dankbar nahmen sie den neuen Impuls auf, den die neu entstandene Gemeinschaft der Enttäuschten und Frustrierten anbot. Und schon waren sie nicht mehr zur Ohnmacht verdammt, sondern konnten etwas tun! Und sie waren nicht mehr alleine mit Angst, Wut und Frustration, das wohlige Gefühl einer Solidargemeinschaft stellte sich ein, die das wahre Volk ist und es gegen alles Verräterische und Bedrohliche verteidigt. Und das wohl auch in dem Glauben, dass es immer schon wenige Helden waren, die die Wahrheit erkannten und dann mutig verteidigten.

Dass sich in den meisten ländlichen Regionen Ostdeutschlands nur wenige Menschen am Widerstand gegen die Rechten beteiligten, liegt auch am fatalen Fehler, dass an politischer Bildung und Weiterbildung so stark gespart wurde. Politisches Bewusstsein entsteht aber nicht von allein, aus dem Samen der Demokratie wird ohne Gießen und Zuwendung kein stämmiges Pflänzchen. Nun blicken alle entsetzt auf das halbvertrocknete dünne Hälmchen, das umzuknicken droht.

Der Rassismus tritt im Osten meist offener und unmaskiert zutage, die Zurückgelassenen und Verlorenen schämen sich nicht ihrer Fäkalsprache und hemmungslosen Hasstiraden. Aus dem angestauten Schmerz über erlebte Demütigungen ist längst Wut geworden. Diese Wut ist größer als der Anstand, und der Hass fegt die alten Werte hinweg. Dass dies sich ausbreiten kann, liegt auch daran, dass eine glaubwürdige mahnende Instanz, eine soziale Kontrollinstanz fehlt, welche die Grenzüberschreitenden an den Ohren zieht und sagt: »Menschenskinder, so was macht man doch nicht!« Es gilt scheinbar keine Autorität mehr, Politiker, Behörden und selbst Polizei sind nicht mehr geachtet, es fehlt oft auch die Mutter oder der Vater, denen solch ein Verhalten ihrer Kinder peinlich ist, weil ihnen selbst Werte wie Anstand und Moral nicht mehr wichtig sind oder nie waren.

In einem Interview mit der Wochenzeitung *Die Zeit* spricht der Soziologe Raj Kollmorgen von der Generation Hartz IV, den 25- bis 35-Jährigen, »die den zweiten Schlag der Vereinigungsnöte erfahren hat« und in kleineren, peripheren Städten wie Freital, Meißen, Heidenau oder Riesa lebt, die sozial ausgeblutet sind und sich in einer dramatischen Lage wiederfinden. Hier können sich rechtsradikale Strukturen extrem hochschaukeln und radikalisieren, sagt Kollmorgen, denn »Städte dieser Größe bieten eine gewisse Anonymität, die soziale Kontrolle und demokratische Gegenmacht engagierter Mittelschichten fehlen«, Menschen aus gebildeten Schichten ziehen weg in Städte, oder auch bewusst auf Dörfer, weil sich einfach nichts tut und Infrastruktur immer mehr abgebaut wird. Oft gibt es nur noch eine tapfer »kämpfende Lokalzeitung, die krampfhaft versucht, den Eindruck aufrechtzuerhalten, es würde sich ja doch etwas tun. Die Leute glauben kein Wort davon. Und fühlen sich ziemlich schnell fremdbestimmt.« Wenn dann Flüchtlinge kommen, so Kollmorgen, »entsteht schnell das Gefühl, jetzt sei wirklich das ganze Dasein als Kleinstadtbürger bedroht. Das Letzte, an dem man sich gerade noch festhalten kann, wird gefühlt angegriffen. (…) Die Leute verlieren die Fassung.«[61] In solch einer tristen Umgebung genügen ein paar Führungsfiguren, welche die Unzufriedenen animieren, in der rechtsradikalen Szene aktiv zu werden. Entscheidend ist, wer die Verlorenen und Zurückgelassenen auffängt, wer ihnen das Gefühl von Anerkennung und damit einen Wert gibt, der außerhalb ihres Könnens steht.

Im Westen Deutschlands sind die kleineren Städte längst nicht so ausgeblutet, aber auf einer anderen Ebene gibt es die gleichen Defizite: Auch hier werden im Gehetze der Globalisierung Egoismus und Geiz immer geiler, Moral, Über-Ich und Glaube immer uninteressanter. Noch trägt ein stabileres Fundament die Gesellschaft, es gibt mehr soziales Miteinander in Kirchengemeinden, Vereinen und im kulturellen Leben; noch besteht ein soziales Korrektiv, das in den entleerten Kleinstädten oder ausgebluteten dörflichen Regionen des Ostens fehlt.

Gerade der christliche Glaube als Fundament wurde in der DDR über Jahrzehnte gezielt ausgehöhlt. Jetzt, da der Starkwind der Globalisierung unser Gesellschaftsgebäude bestürmt und die Menschen Schutz und Ruhe suchen, fehlt im Osten ein tragfähiges Fundament, fehlen Werte als Grundverbindlichkeiten eines sozialen, humanen oder christlichen Umgangs. Der verbindende Mörtel fehlt, in einigen Orten ist das soziale Leben schon so erodiert, dass einzelne Gebäudeteile einbrechen. Da kann schon ein bitteres Lachen aufsteigen, wenn nun gerade Pegida zur Rettung des christlichen Abendlandes auf die Straße geht.

Unser heutiges Problem ist mindestens 25 Jahre alt. Der materielle Wiederaufbau ist in vielen Teilen erstaunlich gelungen, unzählige, längst aufgegebene historische Bauten und ganze Städte konnten als wertvolles Kulturgut dank hoher Transferzahlungen von West nach Ost renoviert werden. Äußerlich konnte viel deutsche Kultur gerettet werden, die aber jetzt in manchen Städten wieder zu verfallen droht, weil die Menschen fehlen, die darin wohnen, und weil die Menschen, die darin wohnen könnten, nicht gewollt werden.

Versäumt haben wir den geistigen, den gesellschaftspolitischen Wiederaufbau. Nur durch neue Lehrpläne, Schnellkurse für ehemalige Geschichts- und Fortbildung für ehemalige Staatsbürgerkundelehrer zu Ethiklehrern entstehen nicht automatisch historisch sensible Lehrer, weil dazu auch immer eine selbstkritische Aufarbeitung der eigenen Rolle in der DDR-Diktatur gehört. Auch dazu hätte es Zeit gebraucht.

Um sich nach dem Ende der DDR im neuen System einzuleben, musste man damals den schwierigen Schritt schaffen, nun plötzlich wieder komplett für sich selbst Verantwortung zu übernehmen, für sich selbst zu denken und seine eigene Meinung zu verteidigen, obwohl man sich dies vielleicht abtrainiert hatte.

Wem dieser innere Sprung nicht gelang oder wer sich – warum auch immer – dagegen verschloss, blieb hinten an, außen vor, in der mit Ellenbogen und coolen, oft fassadenhaften Wesen sich durchsetzenden sozialen Marktwirtschaft. Alte Ängste waren da nicht gefragt.

Gelungen ist der Übergang vor allem Menschen, die sich ihre geistige Freiheit bewahrt und auch weiter genutzt hatten, teils in wirtschaftlichen, künstlerischen oder kulturellen Nischen, wie Privatbetrieben, als Musiker oder etwa Künstler am Theater, andere durch Übernahme höherer Leistungsfunktionen im Staatsapparat, auch in der Stasi, mit denen automatisch auch eine höhere geistige und materielle Bewegungsfreiheit einherging. Bei einigen hatte sich die Freiheitssehnsucht so sehr angestaut, dass sie zu Hunderttausenden mangels Perspektive sofort nach der Maueröffnung nach Westdeutschland zogen, darunter gerade die am besten Ausgebildeten. Sie haben den dortigen Aufschwung mitbeflügelt und mit ihren Kindern auch ein Stück Zukunft aus dem Osten abgezogen. Nun fehlen sie hier hunderttausendfach als Bildungs-, Werte- und Kulturträger, als kreative Zukunftsgestalter, vor allem aber als politisch ausgleichendes Gewicht. Als politisch gebildetes Potenzial, das nun in Krisenzeiten mehr reflektierend und differenzierend auf das Freundes-

und Kollegenumfeld eingewirkt hätte, das blockierenden Angstparolen nicht nachgegeben, sondern zumindest kreative und lösungsorientierte Handlungsvorschläge eingebracht hätte. Vor allem aber hätte ich mir von dieser verlorenen gegangen, bildungsorientieren Schicht das Widerstandspotenzial gegen rassistische und rechte Parolen und Demos versprochen.

Eine langsame innere Abkehr vom alten Demokratiemodell und die Sehnsucht nach autokratischen Strukturen ist in mehreren europäischen Staaten zu beobachten, am prägnantesten jedoch in den östlichen europäischen Staaten und in den neuen Bundesländern. Das hat zweifellos seine Ursache darin, dass der Kommunismus den Menschen Eigenverantwortung abgewöhnt und sie zur Übertragung aller politischen Aufgaben an die Staatsführung und wenige Macher genötigt hat. Das in Demokratien geforderte Mitgestalten der Gesellschaft, der eigenen politischen Zukunft, haben viele Menschen nicht verinnerlicht.

Zudem lebten in der DDR weitaus weniger Ausländer als in der Bundesrepublik – und auf dem Land wiederum weniger als in den Städten. Die meisten wurden als Vertragsarbeiter zeitlich begrenzt und ohne Integrationsabsicht angeworben. Die von »sozialistischen Bruderstaaten« abgesandten Kubaner, Angolaner, Mosambikaner oder Vietnamesen wurden per verordneter »Völkerverständigung« zu Freunden erklärt, im Alltag waren diese Ausländer aber isoliert. Während ihres Aufenthalts, der nicht länger als sechs Jahre sein durfte, lebten die Vertragsarbeiter in Wohnheimen, welche die Betriebe abseits der Häuser von DDR-Bürgern einrichteten. Diese bewusste Ghettobildung sollte persönliche Freundschaften zwischen Ausländern und Deutschen erschweren, eine wirklich kulturelle Begegnung fand nicht statt. Es kam auch damals schon zu fremdenfeindlichen Übergriffen, die man unter den Teppich zu kehren versuchte.

Die Angst vor dem Unbekannten konnte schon damals nicht abgebaut werden, weil die Ausländer den meisten DDR-Bürgern persönlich nicht bekannt waren. Dass auch heute in Ostdeutschland nur wenige farbige Minderheiten leben, findet auch die Vorsitzende der Amadeu Antonio Stiftung, Anetta Kahane, problematisch. Sie bezeichnet es als »die größte Bankrotterklärung der deutschen Politik nach der Wende«, zugelassen zu haben, »dass ein Drittel des Staatsgebiets weiß blieb«.[62] Die Tatsache, dass es in weiten Teilen Ostdeutschlands keine sichtbaren Minderheiten gebe, bewirke dort »mehr Unerfahrenheit mit Fremden, mehr Abwehr«. Um diesem Zustand entgegenzuwirken, fordert Kahane eine »zweite Wende und einen neuen Aufbau Ost, infrastrukturell, emotional, kulturell«.

Zusammenfassend lässt sich sagen: Rechte Ideen finden im Osten so großen Widerhall, weil es an Orientierung fehlt. Gerade in den kleinstädtischen Strukturen können rechte Populisten die Menschen einfangen, die sich als Zurückgelassene und scheinbar Wertlose erleben, indem sie ihnen einen Schutz- und Geborgenheitsraum und zudem neue Aufgaben und einen Lebenssinn anbieten. Mit ihrem schwarz-weißen Welt- und Feindbildern und einem vertrauten autokratischeren Ansatz können sie die erlebte Ungerechtigkeit und den erfahrenen Schmerz erklären und einfache Lösungen anbieten: Alles, was das sowieso schon im Kern verunsicherte Lebensumfeld von außen her in Gefahr bringen könnte, wird als Bedrohung gesehen. Durch die neue Freiheit kamen nach der Wende auch Fremde ganz nah in die verunsicherte, kleine und bedrohte Welt. Rechte Verführer machten sich das schon damals zunutze. Sie stoßen dabei nur selten auf Gegenwehr, sondern eher auf Konfliktangst, Verdrängung, Ignoranz und Schweigen, wenn nicht gar auf offene Ohren und Annahme.

25 Jahre danach kommt wieder Fremdes in ihre Welt. Erneut entsteht Angst, ins Hintertreffen zu geraten, ein Gefühl der Bedrohung und vielleicht sogar Neid, dass »neue« Schwache nun die Zuwendung bekommen sollen und könnten, die ihnen persönlich verweigert blieb. Die neuen Argumente der »besorgten Bürger« sind identisch mit denen der ersten fremdenfeindlichen

Welle Anfang der 90er Jahre: »Die da oben holen Fremde her, die uns alles wegnehmen. Wir wollen die hier nicht!« Auch bei vielen Älteren und Senioren der bürgerlichen Mitte erkenne ich eine existenziell erlebte, tiefsitzende Angst, weil sie sich ausgeliefert fühlen. Sie spüren, dass die eigene Kraft nachlässt, und glauben, dass der Staat seiner Schutzfunktion nicht mehr nachkommt und überfordert ist. Sie hoffen auf tatkräftige Anpacker, Anführer, Aufräumer.

Offenbar sind diese wütenden oder ängstlichen Bürger nicht in der Lage, ihre Sorgen zu artikulieren. Weil der bisher schweigende Normalbürger nie eine Beziehung zur örtlichen Politik und den Parteien aufbaute, fehlt ihm der Adressat, dem er seine tiefsitzenden existenziellen Ängste anvertrauen könnte. Einen Bürgermeister oder Landrat persönlich anzusprechen oder gar einen Brief zu schreiben, wagen sie nicht. So bleibt oft nur das unzufriedene Gebrummel und Geschimpfe am Stammtisch, im Bekanntenkreis oder in Internetforen. In Web allerdings häufig deftig, mit offensichtlich ungeschickter und bisweilen weit überzogener Wortwahl. Sie bevorzugen einfache Aussagen und wünschen einfache, schnelle Lösungen.

Manche wagen inzwischen, an Demonstrationen teilzunehmen, wo sie sich an den erlösenden Zauberspruch klammern: »Wir sind das Volk! Wir sind das Volk!« Auf die Straße allerdings traut sich nur ein geringer Prozentsatz der unzufriedenen Bürger. Es verlangt Menschen der Mittelschicht mit etwas höherem Bildungshintergrund sicher manches an Mut und Entschlusskraft ab, sich unter die doch erkennbar einfach gebildeten Schichten zu begeben, worunter einige sind, die bewusst auf Kosten des Sozialstaats leben und die sie wie die Asylbewerber als »Sozialschmarotzer« betrachten. Warum gehen diese halbwegs Gebildeten solch eine doch offensichtlich peinliche Koalition ein? Die Ängste vor einem erneuten gesellschaftlichen Umbruch, vor dem erneuten Verlust des Vertrauten, vor einer neuen Bedrohung müssen sich in den bisher eher passiven Bürgern zu großer Verzweiflung oder Wut verdichtet haben. Aus dieser Gruppe der Mittelschicht rekrutiert sich wohl auch ein wesentlicher Teil der neuen AfD-Wählerschaft.

Ein viel größerer Teil der Bürger beschränkt sich weiterhin aufs Zuschauen und Schweigen, sie wollen »ihren Frieden behalten« und meiden Konflikte jeder Art. Aber es handelt sich um ein »unterstützendes Zuschauen«, begleitet von einem inneren Klatschen, weil »endlich mal jemand etwas gegen den Staat unternimmt, der seine Bürger so alleinlässt und mit neuen unerträglichen Lasten, mit Fremden überfordert«.

Möglicherweise hätten eine Handvoll ortsansässige Autoritäten den Konflikt entschärfen oder gar verhindern können. Doch weder der hauptamtliche Bürgermeister noch die meisten Ortschafts- und Gemeinderäte wurden ihrer politischen Verantwortung für die Demokratie gerecht, stattdessen duckten sie sich weg. Sie in erster Linie haben es zu verantworten, dass es in Tröglitz pöbelnden Rechten gelang, normale Bürger über Wochen hinweg auf die Straße zu locken und für ihre Zwecke einzuspannen.

Die zweite Verteidigungsreihe wären die anderen Autoritäten des Ortes gewesen. Wenn sich nur etwa fünf, sechs örtliche Autoritäten laut und deutlich zu uns gestellt hätten, wäre es wohl nicht so weit gekommen. Hätten Lehrer, Ärzte, ehemalige Beamte, Feuerwehrchefs oder Vereinsvorsitzende sich mutiger, laut und klar von den rechten Umtrieben abgegrenzt, wäre auch in Tröglitz eine aus Einheimischen bestehende Gegenbewegung für ein friedliches Miteinander möglich gewesen. Politische Standhaftigkeit, inhaltliches Positionieren, klares, deutliches Kämpfen mit offenem Visier wären wichtig gewesen. Vorbilder! Als Stoppschild für die mitlaufenden Bürger aus Tröglitz, die sich so vielleicht von der Gruppe der »Anständigen« hätten bremsen oder reintegrieren lassen.

15 Was die Ereignisse lehren

Um Radikalismus und Rassismus den Boden zu entziehen, müssen wieder verbindliche Werte gelten. Und die Abgehängten brauchen eine Perspektive.

Einige Tröglitzer begleite ich schon seit 20 Jahren. Durch viele Gespräche mit Jugendlichen und Einwohnern in meiner Zeit als Pfarrer im Ehrenamt, in den Jahren als Ortsbürgermeister, aber auch anhand von Hunderten Lebensgeschichten, in die ich als Trauerredner hineinblicken darf, versuche ich, sie zu verstehen.

Herr Müller (Name geändert), ein umgänglicher und freundlicher Familienvater, der in der Flüchtlingsdebatte eine moderate Meinung behält, hat mit dem Ende der DDR sein ausreichendes Einkommen verloren, außerdem wurde ihm sein Berufsabschluss in einem technischen Beruf aberkannt. Nach Arbeitslosigkeit, Umschulung, Qualifikationen und kurzen Beschäftigungszeiten ist er nun seit Jahren auf Montage, fährt Montag früh los und kommt freitags spätabends nach Hause. Am Wochenende versucht er, Zeit mit seinen Kindern zu verbringen, die inzwischen erwachsen sind. Im Sommer reichte es knapp für eine Urlaubsfahrt mit dem Wohnwagen, nach Holland, Kroatien oder zur mecklenburgischen Seenplatte.

Frau Müller arbeitet inzwischen wieder Vollzeit im Dienstleistungsbereich und erhält Mindestlohn. Jede größere Anschaffung muss genau überlegt und geplant werden, da ein Drittel des Einkommens für Miete und Nebenkosten gebraucht wird.

Obwohl die beiden sich tapfer durchs Leben kämpfen und vom Geld für ihre harte Arbeit wenig übrig bleibt, äußern sie ziemlich reflektiert ihre freundliche Meinung zu Flüchtlingen und sagen nicht: »Also, tut mir leid, ich will nicht noch mehr abgeben. Die Flüchtlinge mögen arme Menschen sein, aber ich habe mit mir selbst genug zu tun.« Statt aus Protest AfD zu wählen, informieren sie sich politisch und stehen für einen weitherzigen Menschentyp, der nicht nur auf sich schaut.

Familie Herbst (Name geändert) bezog jahrelang Arbeitslosengeld II. Obwohl Herr Herbst schließlich wieder eine Stelle in einem Baubetrieb fand, ist die Familie weiter auf ergänzende Leistungen angewiesen. Frau Herbst hat nach der 8. Klasse die Schule beendet, sie ist nun zu Hause, kümmert sich sehr fürsorglich um ihren sehr sauberen Haushalt und achtet darauf, dass ihre drei Kinder ordentlich angezogen sind. Durch einen überteuerten Hauskauf in den 90er Jahren ist die Familie überschuldet, doch die Bank lässt sie weiter wohnen. An eine Urlaubsreise ist nicht zu denken. Weil der Mann, damals noch arbeitslos, nach einer Alkoholfahrt seinen Führerschein verlor, hat die Familie kein Auto mehr und alle Einkäufe müssen per Fahrrad erledigt werden. Aber die Familie hat sich mit ihrem Leben arrangiert.

Als die Ankunft der Flüchtlinge angekündigt wurde, hätte ich erwartet, dass diese Familie sich wie andere abweisend oder feindlich verhält. Das Gegenteil geschieht: Familie Herbst äußert sich viel freundlicher als ihr soziales Umfeld, und hält sich von den Demonstrationen fern.

Ich habe gelernt: Soziale Herkunft und Bildungsgrad mögen die Einstellung von Menschen Fremden gegenüber beeinflussen, aber generelle Prognosen für das Verhalten von sozialen Gruppen sind nicht möglich. Es gibt Ausnahmen und fließende Übergänge. Doch wer sind die Leute, die auf die Straße gehen?

Da ist ein ehemaliger Volkspolizist, ein Menschentyp, vor dem ich als Kind viel Angst hatte. Der seine Uniform genoss, weil sie ihm Autorität und Macht verlieh. Der sichtlich Freude empfand, wenn er Delinquenten erwischte und ihnen zeigen konnte, wer das Sagen hat. Der gebetsmühlenartig die Glaubensgrundsätze der DDR nachplapperte: »Nie wieder Faschismus, nie wieder Krieg, für die Völkerverständigung und Einheit des Proletariats!« Und plötzlich war er machtlos. Mit dem Ende der DDR erlebte er selbst Demütigung. Er hatte keinen anderen Beruf gelernt und war es weder gewohnt noch gewillt, körperlich zu arbeiten. Doch nun musste er gemeinsam mit anderen Hacke und Schaufel in die Hände nehmen und Hilfsarbeiten erledigen. Erst als er einen Vorarbeiterposten bekommt und wieder befehligen und beaufsichtigen kann, blüht er auf. Doch sein Selbstbewusstsein bleibt angeknackst – bis er mit den Rechten auf die Straße geht, zu fremdenfeindlichen Sprüchen johlt und sich gegen die neue Bedrohung mit der altvertrauten Trillerpfeife wehren kann. Die ehemalige Stütze des autoritären Systems, das nie wieder Faschismus wollte, geht mit anderen Bürgern, aber eben auch den Neofaschisten der NPD auf die Straße. Die Sehnsucht nach autokratischen, Sicherheit gebenden Strukturen scheint viel größer zu sein als eine austauschbare Ideologie.

Da ist eine besorgte Mutter, die eine schwere und von Lieblosigkeit geprägte Kindheit hatte. Bei ihren eigenen Kindern gibt sie sich die allergrößte Mühe, ihnen soll es einmal besser gehen. Sie nimmt die schlimmen Gerüchte über die Fremden für bare Münze und ist überzeugt, dass die Flüchtlinge gefährlich für den Ort und ihre Kinder sind. Selbst war sie noch nie im außereuropäischen Ausland und hat Fremde bisher noch nie wirklich kennengelernt. Sie hat einfach Angst und hält die NPD für glaubwürdig.

Da ist ein Rentner, um die 75 Jahre alt, der zu DDR-Zeiten ein halbwegs gutes Auskommen als Schlosser in einem Großbetrieb und damit einen sicheren Beruf hatte. Das waren für ihn auch privat schöne, erfüllende Jahre – trotz manchen materiellen Mangels und der Reisebeschränkung. Dann kam die Wende, über Nacht war die Welt des 50-Jährigen zerbrochen; stattdessen begann eine Zeit der Arbeitslosigkeit, der Umschulungen, nach mehrere Entlassungen schließlich die harten Jahre als Hilfsarbeiter auf dem Bau. Er fühlt sich als Versager. Andere bewältigen den Wandel weit erfolgreicher als er. Er wird krank, geht in Frührente. Einige Altersgenossen gönnen sich größere Reisen, er schafft es kaum, bei medizinischen Anschaffungen seinen Eigenanteil anzusparen. In seinem Schrebergarten baut er Obst und Gemüse an, um über die Runden zu kommen. Nach 26 Jahren des Kampfes ums Dasein sieht er im Fernsehen, wie Hunderttausende Fremde in Deutschland mit offenen Armen empfangen, möglichst gut versorgt und untergebracht werden. Das versteht er nicht. Er fühlt sich betrogen. Und er hat Angst, bald noch weniger zu bekommen, noch mehr zu verlieren. Deswegen geht er auf die Straße.

Da ist eine 82-jährige Dame, die mir von den Grauen der letzten Kriegswochen und von ihrer Flucht aus Ostpreußen erzählt. Wie sie damals hier in der Gegend ankam und die Leute ihrer Familie nur den Hühnerstall zum Übernachten gaben: »Manche Leute hier haben uns damals als Polacken beschimpft. Und selbst wenn sie 100 Kochtöpfe hatten, waren sie so hartherzig und haben uns keinen abgegeben!« Einige Sätze später: »Aber die Flüchtlinge, die heute kommen, das sind ganz andere, die wollen hier bloß ein besseres Leben haben, denen geht es bloß ums Geld!« Sie geht nicht auf die Straße, aber ärgert sich sehr über die Ungerechtigkeit des Staates.

Da ist ein ehemaliger Ingenieur, Mitte siebzig. Er hat die Wende bewältigt, war danach noch einige Jahre selbstständig. Nun bezieht er eine gute Rente, ein altes DDR-Haus hat er längst komplett und schick saniert. Urlaub macht er in der Türkei oder in Spanien – aber sein Privatleben frustriert ihn und er überträgt diesen Lebensfrust nach außen. Er hat materiell eigentlich alles Wichtige erreicht, schimpft aber bei jeder Gelegenheit über die schlechten Politiker und den ungerechten Staat, der die Großen noch reicher macht. Er glaubt zu wissen, dass die Asylbewerber dem Staat viele Milliarden Euro kosten werden und die Politiker das verschweigen. Er will nichts abgeben und gönnt anderen keine »Zufriedenheit« – schon gar nicht Fremden. Er ist überzeugt, dass die meisten Fremden mit ihrer fremden Kultur nur Ärger verursachen, sich nicht integrieren wollen, und ihre Kinder später als Gescheiterte durch Kriminalität auffallen werden oder als radikale Islamisten das Land bedrohen. Diese diffuse Furcht und seine Frustration bringen ihn dazu, sich bei den Demonstrationen einzureihen und bei den Kundgebungen das Mikrofon zu ergreifen.

Da ist ein kleiner Sechsjähriger, der sich auf der Straße mit seiner jüngeren Schwester so hart prügelt, dass ich dazwischengehen will. Aber der Vater ist schneller und stellt diesmal seine Bierflasche ab, mit der er fast den ganzen Tag irgendwo herumsteht. Dieses seltene Mal nimmt er Verantwortung wahr. Er humpelt schwankend zu den sich auf dem Boden wälzenden Kindern, tritt mit dem Fuß mehrmals dazwischen und schreit: »Verdammte Hurenkinder, ich tret' euch tot, macht euch nach Hause!«

Sechzehn Jahre später: Der Junge hat schon etwas vom Leben hinter sich, hat Enttäuschungen und Verletzungen eingesteckt. Aus seinen kleinen und großen Träumen ist bittere Realität geworden, über die er sich mit Scheinwelten, Verdrängung oder Betäubung hinwegrettet. Doch dann findet er eine Aufgabe: Der groß gewordene Junge läuft mit anderen groß gewordenen Angst- und Wutbürgern und eben auch den Rechten auf der Straße (in Tröglitz), trillert und brüllt gegen die Bedrohung, die von außen kommt: »Die kriegen alles, und wir nichts!« Hier hat er so etwas wie Gemeinschaft und Anerkennung gefunden, nun ist er endlich jemand und spürt sich selbst.

Und da ist Steven (Name geändert), der immer anhänglich Kontakt und vielleicht auch eine Vaterfigur in mir gesucht hat, denn zu Hause wurde er andauernd runtergemacht, hörte nie ein Lob, war sehr verhaltensauffällig in der Schule, so dass die Lehrer über ihn nur noch stöhnten und ihn alle Härte und Strenge spüren ließen. Als ich ihn zu einer Jugendfreizeit ans Mittelmeer abhole – es ist seine erste Fahrt ans Meer überhaupt –, übergibt mir die Mutter den 15-Jährigen mit den Worten: »Nehm Se den Idioten gerne mit, ich bin froh, wenn ich den los bin, und wenn Se 'ne Frau für den finden, leg ich noch 'ne Million drauf!« Auch sein 15-jähriger Kumpel Günni (Name geändert) kommt mit. Beide hatten mir schon oft begeistert vom Dritten Reich erzählt und dass sie Hitler gar nicht so schlecht fänden, der habe wenigstens das Land im Griff gehabt und versucht, es groß zu machen. Ich lud sie daraufhin zu einer Fahrt nach Buchenwald ein, wohin sie bereitwillig mitkamen, weil sie dann nicht allein zu Hause rumhängen mussten, meine Anerkennung bekamen und etwas erlebten. Dort erzählte ich ihnen vom Schicksal der Inhaftierten, zeigte ihnen die Todeszellen; beide waren betroffen und sagten mir anschließend, dass die Nazis auch viel Mist gemacht hätten.

Und nun soll es ins Ausland gehen, um eben mal »Ausländer« in deren eigener Kultur kennenzulernen und gleichzeitig selbst Ausländer zu sein. Es wird eine sehr berührende, intensive zehntägige Reise, von der ich besonders eine Szene nie vergessen werde: Der immer auf seine coole Fassade achtende Günni, der nur mit seiner rechten Ideologie genügend Halt im Leben fand, geht zum ersten Mal ins Meer, ins Mittelmeer, und legt sich, weil er nicht schwimmen kann und nichts anderes zu Hand ist, dafür einen pinkfarbenen Kinder-Schwimmring um. Ich wische mir damals verstohlen die Tränen aus dem Gesicht. Eigentlich plantscht da vor mir im Wasser ein verletzlicher, kleiner Junge, der nie genug emotionale Wärme, Bestätigung und Rückhalt bekommen hat. Als Schutz und äußere Stütze hat er sich die am nächsten liegende Ideologie angeeignet, eine »braune Rüstung« gegen die Angriffe aus einer kalten und harten Welt.

Wie können wir erreichen, dass die Jugendlichen ihre Rüstung der rechten Ideologie ablegen? Mein Weg damals war, die Jugendlichen mit möglichst viel Zuwendung und durch das eigene Vorbild aus ihrer Welt zu locken. Bei einigen Wenigen hinterließ dies Spuren, bei Steven und Günni nicht. Beide nahmen jahrelang Drogen aller Art, um das Leben auszuhalten. Sie sind heute gesundheitlich ruiniert. Sonst wären Sie vielleicht auch mitmarschiert.

Das ist auch eine Frage an mich: Wie lange bin ich bereit, mit einem mir wertvollen Menschen politisch zu streiten? Wie lange soll und darf ich dies? Ab wann trete ich meinem Gegenüber zu nahe? Verletze ich ihn vielleicht, wenn ich seine Angst oder Schwachheit an einer bestimmten Stelle entdeckt habe, die er gar nicht so offen eingestehen kann oder will. Stelle ich dann politische Klarheit und deutliches Offenlegen über eine bisher mir wertvolle Beziehung oder schweige ich lieber, um sie zu schonen? Und falls ich mich für Letzteres entscheide: Ist das nicht auch bei mir schon zu große Harmoniebedürftigkeit?

Selbst offen rechtsradikalen oder das »Dritte Reich« verherrlichenden Jugendlichen habe ich damals nur sanft widersprochen. Hätte ich ihnen ihre Fassade zerstören sollen, mit der sie sich schützten, dank der sie jemand zu sein glaubten? Wie unbarmherzig darf Wahrheit sein? Meine Überzeugung damals war: Allein das liebevolle Abholen und an die Hand nehmen kann in verhärteten Ideologien eingeschlossene Menschen aus ihrer selbstgezimmerten Rüstung herauslocken. Die Alternative dazu wäre ein erbarmungsloser Kampf, bis einer aufgibt oder umkommt.

Durch meine Arbeit mit Jugendlichen hat sich ein ganz persönlicher Eindruck geformt, der sicher nicht wissenschaftlich unterlegt und immer noch ziemlich subjektiv ist. Aber mein folgender Versuch, diese oft gescheiterten Menschen zu erklären, dient der Suche nach Lösungen und Hilfe; keinesfalls will ich mich moralisch über diese Menschen erheben.

Als Theologe stelle ich fest, dass viele Menschen, junge wie mitten im Leben stehende, sich von den unbarmherzigen Anforderungen unserer Erfolgs- und Leistungsgesellschaft überfordert fühlen. Sie merken, dass sie ihr Leben nicht im Griff haben, sie erleben sich als versagend, schwach, ungeschickt in Reden und Handeln. Sie fahren ein klappriges kleines Auto – falls sie sich überhaupt eines leisten können, fahren nie in den Urlaub und erleben sich überall als finanziell sehr eingeschränkt, etwa weil sie ihren Kindern nie einen Besuch im teuren Erlebnispark bieten können. Allein ihre Lebensumstände sagen ihnen, dass sie »Loser« sind. Dieses Gefühl von Versagen ist spürbar, wenn man ihnen begegnet, selbst wenn sie versuchen, es zu verstecken, indem sie tun, was die selbstverliebte Gesellschaft von uns allen verlangt und angeblich Erfüllung und Sinn gibt: konsumieren. Materieller Reichtum und persönlicher Erfolg sind die neuen Götter, denen jeder sich zu unterwerfen hat. Wer nicht mithalten kann oder sich bewusst weigert, ist schnell Außenseiter. Und deshalb machen alle mit, selbst wenn sie es sich nicht leisten können. Innere Mängel und Sinnleere werden durch äußere Hüllen und Symbole überdeckt.

Wer nicht stark oder rücksichtslos genug ist, wer sich selbst nicht gut verkaufen kann, wer sich als nicht »marktgeeignet« beweist, gehört zu den Verlierern, zur unteren sozialen Schicht, und fühlt sich meist auch so. Durch die Globalisierung und den allgemeinen technischen Fortschritt werden hierzulande Menschen ohne höhere Qualifizierung oder besondere Begabung, die nur ihre Arbeitskraft einsetzen können, immer weniger gebraucht. Gerade in den strukturschwachen Regionen Ostdeutschland haben Zehntausende von Menschen längst schmerzlich bemerkt, dass sie aus verschiedenen Gründen nicht mithalten können, dass sie durch das gesellschaftlich genormte Raster gefallen sind und in einer ziemlich unbarmherzigen Gesellschaft leben, deren Organisationsform sich soziale Marktwirtschaft nennt.

Zudem hat sich mit der unteren sozialen Schicht auch eine eigene Kultur gebildet, die inzwischen durchaus selbstbewusst mit ihrem Lebensstil gerade das Bild kleinerer, abgehängter Orte im Osten prägt. Dazu gehört oft ein verrohter, harter Umgangston, gesellschaftliche Normen und Anstandsregeln werden mit

Füßen getreten. Bürgerliche Strukturen und Umgangsformen sind meist längst vertrieben. Arbeitende Menschen, auch in den Behörden, blicken ratlos und resigniert auf eine wachsende unsoziale Schicht, die gerne den Sozialstaat in Anspruch nimmt, sich an nichts mehr hält und schon in der zweiten Generation ohne Scheu vom Berufswunsch »Hartzer« spricht, weil Perspektiven fehlen. Einige dieser jungen Menschen spüren längst, dass sie mit dem, was sie zu bieten haben, den Sprung in die gesellschaftliche Mitte nicht schaffen werden.

Was dennoch bleibt, ist der soziale Druck. Wie können Menschen damit fertigwerden? Ich konnte bisher drei Kategorien von Reaktionen beobachten, die zwar in allen gesellschaftlichen Schichten vorkommen, besonders ausgeprägt jedoch in der schwächsten sind:

A) Man findet sich nach und nach damit ab, verdrängt, schließt Kompromisse und passt sich, wie der überwiegende Teil der Bevölkerung auch, den Gegebenheiten an, indem man die eigenen Bedürfnisse und Träume zurückfährt. Bei vielen reicht die innere Kraft nicht, um all die Herausforderungen der sich immer hektischer drehenden Welt zu meistern, und so weichen sie Widerständen und Herausforderungen aus und beschränken sich darauf, sich das Leben so schön und lebenswert wie möglich einzurichten. Verdrängung und Anpassung können nützliche menschliche Überlebensmechanismen sein. Die Kehrseite aber ist der Verzicht auf politischen Gestaltungswillen, das Ablehnen von gesellschaftlicher Verantwortung und das Entstehen und Wachsen der schweigenden Mehrheit, die sich nur um sich selber kümmert.

B) Man hält all den Druck nicht aus, schafft es auch nicht sich anzupassen, resigniert, wird stumm und krank oder flüchtet sich in Sucht und Abstumpfung.

C) Man lässt der Frustration, materiell oder sozial keinen Platz in dieser Gesellschaft zu haben, freien Lauf. Vor allem in einer Gemeinschaft Gleichgesinnter löst sich der Druck, derzeit durch aggressive Parolen gegen Flüchtlinge, mit denen man sich in einem Verdrängungskampf wähnt.

Diesem äußeren Kampf gegen Bedrohung und potenzielle Konkurrenten geht aber meist ein innerer voraus: die Verdrängung, das Wegschieben des eigenen Versagens. Dazu gehört auch die Projektion dessen, was man in sich selbst nicht ertragen kann, auf die anderen. Die Flüchtlinge bieten dafür die geeignete Zielfläche. »Die sind nicht wirklich in Not und wollen nur Geld«, heißt es. »Die können nichts und wollen gar nicht arbeiten, das sind alleinstehende Männer und wollen nur unsere Frauen!« Solche Sätze sind das Spiegelbild der eigenen Kämpfe und inneren Zweifel der Absender, entstanden aus Angst und Frustration über das eigene Versagen und das unbarmherzige Miteinander der Einheimischen. Den Hass und die Vorurteile aber müssen die Fremden ertragen. Natürlich sind mit der Unbarmherzigkeit unserer narzisstischen Gesellschaft nicht Rassismus oder fremdenfeindliche Übergriffe zu entschuldigen, denn Zurückweisung und Hartherzigkeit begegnet wohl jeder Mensch in seinem Leben, ohne dass er zwangsweise zum Menschenhasser wird. Niemand muss sich für Selbstmitleid und Hass entscheiden. Tun sie es doch, werden aus Menschen, die anfangs nur Opfer waren, häufig Täter, die an ihrem bösen Reden und Tun Gefallen finden, mit dem sie sich immer mehr definieren. Bald wollen sie ihre Frustration und ihren Hass nicht mehr loslassen. Bei diesen belehrungsresistenten Menschen kann nur aufdeckende Deutlichkeit und das Setzen klarer Grenzen weiteren Schaden verhindern.

Aber um Radikalismus im Allgemeinen und Rassismus im Besonderen den Hauptnährboden zu entziehen, wäre generell eine neue Aufwertung des menschlichen Seins notwendig, unabhängig von materiellem und persönlichem Erfolgsquotienten. Eine alte, kirchlich geprägte Dame sagte mir neulich: »Ach, die

Demonstranten und Hetzer wollen doch eigentlich nur Liebe und Anerkennung, das ist ein einziger Hilfeschrei.« Unsere nachchristliche, aufgeklärte Gesellschaft, die ihr humanistisches Erbe hin und wieder vergisst, braucht wieder verbindliche Werte, ob christlich oder humanistisch. Unser Land braucht wieder einen barmherzigen Umgang unter den Menschen, mehr Gnade untereinander, mehr Achtung voreinander. Früher hieß das Nächstenliebe, die allen Menschen unabhängig von der Leistungskraft, dem materiellem Erfolg und der Gabe zur Selbstdarstellung einfach so geschenkt wird. Dafür müssten neue Rahmenbedingungen geschaffen werden.

16 Die Flüchtlinge sind da

Einige Tröglitzer haben die Neuen mit großer Hilfsbereitschaft empfangen. Sogar unter den Demonstranten von gestern ist heute zu hören: »Die sind ja ganz harmlos und freundlich.«

Zwei Monate nach dem Brandanschlag, im Juni, kommen die ersten Flüchtlinge an: zwei afghanische Familien mit je einem Kind und eine indische Familie mit Kind. Landrat Ulrich begrüßt sie, berichtet von den Ereignissen und fragt, ob sie dennoch nach Tröglitz wollen. Sie schauen hilflos in unsere lächelnden Gesichter und versuchen Vertrauen zu fassen, denn wir werden ihre Paten sein. Aber auch wir sind uns nicht sicher, ob alles gutgehen oder es doch Probleme geben wird, die dann auf uns als »naive Gutmenschen« zurückfallen. Aber die Flüchtlinge sagen: »Ja, wollen wir. Das wird schon gehen. Wir haben Autobomben und viele Tote erlebt.«

Neben uns Paten gibt es weitere Helfer und freundlich Gesinnte, die nun unermüdlich Kleidung und Spielzeug vorbeibringen. Viele kommen von außerhalb, aber manche auch aus dem Ort – manchmal sogar gegen kritische Stimmen aus der eigenen Familie.

Da das Landratsamt anfangs kaum privaten Wohnraum findet, nehme ich die zwei afghanischen Familien in Wohnungen auf, die dem christlichen Förderverein gehören, dessen Vorsitzender ich bin. Sie liegen auf einem Hof gegenüber. Ich ahne, dass einige im Ort mir Bereicherung vorwerfen werden, dabei nimmt unser Verein bewusst nur 4,40 Euro pro Quadratmeter Kaltmiete und reduziert die vermietete Fläche sogar noch. Trotzdem beginnt das böse Hetzen und hält an, weil wir die »gefährlichen« Flüchtlinge in die von uns verwalteten Wohnungen einziehen lassen.

Aber das Ankommen gelingt. Wir haben den Flüchtlingen geraten, immer zuerst freundlich zu grüßen, wenn sie durch den Ort gehen. So ist auch kaum ein Tröglitzer unfreundlich. Vor der Kaufhalle pöbeln einige Alkoholiker. Und einmal tritt ein angetrunkener Mann auf die Familie zu, der den angebotenen »Chai« ablehnt und stattdessen den elfjährigen Jungen am Arm packt und brüllt: »Fuck you, fuck you, go home!« Eine Anzeige erstatten die Afghanen nicht, wollen den Mann auf Fotos der Polizei nicht wiedererkennen und einfach keinen Unfrieden stiften. Denn insgesamt fühlen sie sich sicher in Tröglitz.

Über die Monate kommen weitere Familien, so dass nun sechs Familien mit insgesamt 13 Kindern in Tröglitz leben, von denen drei hier geboren wurden. Sie wohnen mit Einheimischen unter einem Dach, eine afghanische Familie neben dem Haus, auf das der Anschlag verübt wurde und in das sie hätte einziehen sollen. Man sieht nun öfters, wie Neue und Alteingesessene sich ungezwungen und freundlich auf der Straße unterhalten. Ehrenamtliche Helfer bringen den Flüchtlingen Deutsch bei, einige Bürger spenden Geld und Kleidung, andere organisieren Fahrdienste zu Behörden und Ärzten. Die indische Familie wird von zwei sehr engagierten Senioren betreut, wir Nierths sind ein halbes Jahr lang Paten von drei afghanischen Familien, inzwischen betreuen wir davon noch eine Familie, da die anderen in den Ort gezogen sind. Meine Teenietöchter sitzen nun stundenlang bei den sehr gastfreundlichen Afghanen, schlürfen »Chai« und versuchen per Smartphone und Dari-App die ersten Worte zu übersetzen, was oft zu ausgelassenem Gelächter führt.

Einige Flüchtlinge spielen regelmäßig Fußball beim TSV Tröglitz, der sich immer schon offen gegenüber den Flüchtlingen gezeigt hatte. Reza und Ali sind aufgrund ihrer Leistungen und ersten Tore schnell anerkannt. Der elfjährige Sajad kommt nach seinem ersten Tag in die Tröglitzer Grundschule grinsend nach Hause und sagt: »Alles Freund.« Die Direktorin hatte sich sehr engagiert für eine herzliche Aufnahme eingesetzt. Viele

Eltern, darunter auch vorher kritische, sind freundlich und helfen beim Beschaffen von Schulmaterial. Drei Frauen aus der Willkommensinitiative bauen eine gut sortierte Spendenkammer auf und versorgen die Neuankommenden mit dem Notwendigsten.

Völlig überrascht bin ich, als einer der afghanischen Männer mich nach einer Bibel in ihrer Landesprache Dari fragt. Nach und nach kommt heraus, dass er vor Jahren im iranischen Exil von zwei mutigen Christen zu einem geheim stattfindenden Gottesdienst mitgenommen wurde. Da spürte er offenbar Kraft und Liebe und bildete sich fortan in Afghanistan über illegal importierte biblische Comicclips geistlich weiter. Schon in Afghanistan hatte er sich mit Männern jenseits der fünfzig gestritten, die blutjunge Frauen heirateten, weil er dies unanständig fand, vor allem hat die offensichtliche Gewalttätigkeit von Islamisten in seinem Umfeld ihn veranlasst, sich angewidert abzuwenden.

Ein offener Übertritt zum Christentum auch im jetzigen Afghanistan hätte für ihn und seine Frau die sofortige Hinrichtung bedeutet. Doch nun wollen er und seine Frau endlich getauft werden. Wir haben viele grundlegende Gespräche über den christlichen Glauben und eine intensive Taufvorbereitung inklusive seelsorgerliche Aufarbeitung ihrer Vergangenheit, bei denen ich merke, dass die beiden schon erstaunlich reif sind. Bei der ergreifenden Taufe in unserer Burtschützer Kirche spürt dann wohl jeder Gottesdienstbesucher die Ernsthaftigkeit.

Auch die anderen afghanischen Familien sind auf meine Einladung hin gekommen. Ich hatte ihnen erklärt, dass in Deutschland jeder Mensch jede Religion annehmen und auch ein Christ zum Islam konvertieren kann. Die Konvertierung ihrer Landsleute können sie dennoch bis heute nicht akzeptieren. Auch nahe Verwandte, die seit 15 Jahren in Hamburg leben, haben den Kontakt fast ganz abgebrochen. Sie sind nicht die einzigen muslimischen Flüchtlinge und schon länger hier lebenden Migranten, die Schwierigkeiten haben, konvertierende Muslime zu respektieren. Weil die Anerkennung der Religionsfreiheit ein

Zeichen für die Akzeptanz unserer Werte und unverzichtbarer Bestandteil unserer Gesellschaft ist, sollten wir bei der Integrationsschulung auf diesen Punkt achten. Und gemeinsam mit dem Landratsamt ist der Gedanke entstanden, in Burtschütz mehr christliche Flüchtlinge unterzubringen, um sie zu schützen, seelsorgerlich zu begleiten und leichter zu integrieren.

Schwierig für uns Paten ist es, den Neuen die Grenzen des Leistbaren aufzuzeigen. Manche Helfer haben im Überschwang der ersten Monate fast alle Wünsche erfüllt. Derartige Freigiebigkeit spricht sich schnell herum, die Flüchtlinge sind gut vernetzt; die Propaganda der Schlepper, die ein Schlaraffenland versprechen, trägt ebenfalls zu einem überhöhten Anspruchsdenken bei. Die große Dankbarkeit der Flüchtlinge motiviert sehr, aber es ist kräfteraubend und mitunter ernüchternd, den Neuen mehrfach erklären zu müssen, was in Deutschland üblich ist und was nicht, dass es zum Beispiel nicht automatisch einen Anspruch auf eine Einzelwohnung gibt, solange das Verfahren ungeklärt und noch Tausende in Hallen ausharren müssen. Geduldig haben die Paten frühzeitig die Beschränkungen der Hilfe erklärt und klare Grenzen gegen ganz normale menschliche Schwächen gezogen, die natürlich auch Flüchtlinge zeigen. Ehrenamtliche Helfer haben den Großteil der Integrationsarbeit geleistet, von Arztfahrten, Schulanmeldungen und alltäglicher Begleitung bis hin zu begleitendem Sprachunterricht. Das hat viel Kraft, Geld und Nerven gekostet. Erst nach mehr als einem Jahr bekam Tröglitz endlich eine Sozialarbeiterin mit halber Stelle, die sich um die Belange der Flüchtlinge kümmert.

Immer wieder sprachen wir mit den Flüchtlingen über aktuelle politische Ereignisse, versuchten ihnen das Funktionieren der deutschen Politik, die Gründe für das Stärkerwerden der AfD und die Argumente der Wutbürger zu erklären. So waren die schlimmen Ereignisse von Köln auch für unsere Afghanen ein Einschnitt, sie reagierten entsetzt auf die Übergriffe, ahnten die Folgen und schämten sich fremd.

Die hohe Hilfsbereitschaft ist ein gelebtes Zeichen dafür, dass es sich nicht lohnt, Häuser anzuzünden. Der Landrat hält daran fest, 40 Flüchtlingen Obdach zu verschaffen, auch um zu zeigen, dass die Gewalttäter nicht gewonnen haben. Manche, die vorher noch offen gegen Flüchtlinge waren, sagen jetzt: »Die sind ja ganz harmlos und freundlich. Die fallen gar nicht auf, wenn ich es nicht wüsste, dass hier Ausländer leben, würde ich es nicht merken! Die ganze Aufregung wäre nicht nötig gewesen.« Die von den »Spaziergängern« beschworene Vermüllung ist nicht eingetreten, im Gegenteil, beim Frühjahrsputz im Ort war jede Flüchtlingsfamilie vertreten. Eine erhöhte Kriminalität hat Tröglitz zwar zu verzeichnen, aber kein einziger Flüchtling ist daran beteiligt und von den befürchteten körperlichen Übergriffen gab es nicht einen. Nur eine Befürchtung hat sich bewahrheitet: Der Wert von Immobilien ist gesunken. Das liegt jedoch nicht an den Flüchtlingen, sondern ist den wochenlangen Demonstrationen, dem Brandanschlag und dem erschreckend hohen Wahlerfolg der Rechten geschuldet. Das dürfte manchen auswärtigen Wohnungs- und Hausinteressenten abschrecken.

17 Rechtsaußen im Parlament

Die Wahlerfolge der AfD sind ein kleinbürgerlich-proletarischer Aufstand der Frustrierten. Mit der Partei eint sie nur die Ablehnung der Flüchtlinge. Wohin diese Partei geht, weiß sie selbst noch nicht.

Ziemlich genau ein Jahr nach meinem Rücktritt wählte Sachsen-Anhalt einen neuen Landtag. Das erschütternde Ergebnis lautet: 24,3 Prozent der Zweitstimmen für die AfD, die zudem 15 Direktmandate gewann. In der Gemeinde Elsteraue, zu der Tröglitz gehört, stimmten 31,9 Prozent für die AfD, für deren Direktkandidaten sogar 35,5 Prozent.[63] 4,9 Prozent der Zweitstimmen in der Elsteraue entfielen außerdem auf die NPD, die allerdings den Einzug in den Landtag nicht schaffte. Es gibt also auf dieser Seite des Spektrums eine weitaus größere Wählerschaft als wir angenommen, manchmal jedoch befürchtet hatten.

Das Direktmandat unseres Wahlkreises Zeitz geht mit 31,6 Prozent an André Poggenburg, den Landesvorsitzenden der AfD. Poggenburg zählt zum nationalkonservativen, völkischen und radikalen Flügel der Partei. Zusammen mit Bernd Höcke hat er im März 2015 die »Erfurter Resolution« initiiert, die sich gegen einen gemäßigten Kurs der AfD aussprach und betonte: »Zahllose unserer Mitglieder verstehen die AfD nämlich immer noch und gegen jede Verengungstendenz als grundsätzliche, patriotische und demokratische Alternative zu den etablierten Parteien, als Bewegung unseres Volkes gegen die Gesellschaftsexperimente der letzten Jahrzehnte (Gender Mainstreaming, Multikulturalismus, Erziehungsbeliebigkeit usf.), als Widerstandsbewegung gegen die weitere Aushöhlung der Souveränität und der Identität Deutschlands, als Partei, die den Mut zur Wahrheit und zum wirklich freien Wort besitzt. Die Enttäuschung über das fehlende Bekenntnis der AfD zu einer grundsätzlichen politischen Wende in Deutschland ist in allen Landesverbänden (und vor allem im Osten) mit Händen zu greifen.«[64] Diese Resolution führt dazu, dass der moderatere Parteichef Bernd Lucke abtreten muss.

Poggenburg ist auch in Tröglitz bekannt. Er saß im Sommer 2015 bei einer Podiumsdiskussion neben dem bekannten Rechtsextremisten Christian Bärthel, der wegen Volksverhetzung verurteilt ist und auch bei einem Tröglitzer »Spaziergang« aufgetreten war. Thema damals: »Ist die deutsche Einwanderungs- bzw. Asylpolitik gescheitert?« Zu der Veranstaltung in die Tröglitzer Kulturhalle hatte das rechtspopulistische Magazin *Compact* des Pegida-Redners Jürgen Elsässer eingeladen. Poggenburg präsentierte sich hier mit Holocaustleugnern und anderen Rechtsextremisten. Auch NPD-Kreistagsmitglied Steffen Thiel war anwesend.

Als in Tröglitz die geplante Flüchtlingsunterkunft brannte, distanzierte sich Poggenburg auf der Facebook-Seite der AfD Sachsen-Anhalt, ergänzt um ein Wort in Versalien und Verdrehung von Tatsachen: »ABER, die Frage nach Ursache und Wirkung, nach Schuld und Mitschuld, muss ebenso offen und entschieden gestellt werden! (…) Durch die Nichteinhaltung des bestehenden Asylgesetzes und unterlassene Abschiebungen sowie durch die fortlaufende Missachtung des Willens eines Großteils der Bevölkerung, gerade in solch brisantem Bereich wie der Massenzuwanderung, werden lokal unerträgliche Zustände herbeigeführt, die in ebenso unerträglichen Gegenreaktionen münden. Hier haben sich nicht nur einige Straftäter direkt, sondern auch die etablierte Politik mindestens indirekt schuldig gemacht!«[65] Er behauptete also in einem Ort, in dem es zu dem Zeitpunkt noch gar keine Flüchtlinge gab, »unerträgliche Zustände«, und bezichtigte Politiker, die Asylbewerber zu uns kommen lassen, der Mitschuld am Feuer. Seine Wähler scheint das nicht gestört oder nicht interessiert zu haben.

Die Flüchtlingskrise war im gesamten Wahlkampf der AfD das bestimmende Thema: 99 Prozent der AfD-Wähler stimmten in einer Infratest-Umfrage der Aussage zu: »Gut, dass die AfD den Zuzug von Ausländern und Flüchtlingen stärker begrenzen will.« 93 Prozent der AfD-Wähler sagten zudem, dass die Partei zwar keine Probleme löse, aber die Dinge beim Namen nenne. Das wiederholte auch André Poggenburg immer wieder – und wurde gewählt. Aber von wem und warum? Wer sind hierzulande die Wähler?

Die AfD in Sachsen-Anhalt ist laut einer Umfrage der Wahlforscher von infratest dimap am erfolgreichsten bei den Wählern bis zu 44 Jahren. Erst bei den Wählern ab 45 Jahren lag die CDU knapp vorn. 29 Prozent der wahlberechtigten Männer haben sich für die AfD entschieden, aber nur 19 Prozent der Frauen. Und die AfD gewinnt bei Arbeitern und Arbeitslosen mit großem Abstand zu den übrigen Parteien. Sie punktet vor allem bei Wählern der mittleren Bildungsschicht – hier liegt sie mit 30 Prozent sogar vor der CDU. Bei der niedrigen Bildungsschicht bekommt sie 25 und bei hoher Bildungsschicht auch noch 15 Prozent.[66]

Der typische AfD-Wähler ist also nicht unbedingt dumm, aber oft männlich, mittellos und arbeitslos (38 Prozent) oder Arbeiter (37 Prozent). Und vor allem unzufrieden. Mehr als 100 000 Nichtwähler konnte die AfD in Sachsen-Anhalt mobilisieren, außerdem viele Protestwähler, die von den etablierten Parteien abgewandert sind. »Offenbar hat die AfD eine tiefsitzende Unzufriedenheit der Nichtwähler angesprochen«, vermutet der Politikwissenschaftler Everhard Holtmann gegenüber dem MDR.[67]

Dabei sieht das Wahlprogramm der AfD neben der Asylpolitik nicht unbedingt Lösungen oder Verbesserungen für diese Wählerklientel vor. Die Partei will den Mindestlohn und Hartz IV abschaffen, sie bestreitet den Klimawandel, ist gegen die Frauenquote und den Ausstieg aus der Kernenergie. Da ist für jeden Unzufriedenen etwas dabei, aber würde die Partei ihr Programm wirklich durchsetzen, ginge es den meisten ihrer Wähler wohl schlechter als vorher. Wofür die AfD wirklich steht, wird innerhalb der Partei diskutiert. Nachdem der moderate Flügel um Lucke in die ALFA verschwunden ist, gibt es weiterhin Grabenkämpfe, in welche Richtung es weitergehen soll.

»Offensichtlich bietet die AfD zwei Bewegungen eine Heimat, deren Bündnis nicht selbstverständlich ist und möglicherweise auch nicht von Dauer sein wird«, schreibt der Historiker Paul Nolte im *Tagesspiegel*. »Sie ist zum einen der Versuch, im deutschen politischen Spektrum den verwaisten Platz eines bürgerlichen Konservatismus neu zu definieren, mit akademischen Titeln, Anzug und Krawatte – oder auch dem Gauland'schen Tweed-Sakko des britischen Tory. Sie ist zum anderen der kleinbürgerlich-proletarische Aufstand der Frustrierten, der System- und Elitenverächter, im Gewand des völkischen Nationalismus. Sie ist Protest von Eliten und Aufstand gegen die Eliten zugleich.«[68]

Poggenburg und seine Wähler gehören wohl eher der Gruppe des »kleinbürgerlich-proletarischen Aufstands der Frustrierten« an. Vor der Wahl wurde bekannt, dass Poggenburg Haftstrafen wegen nicht bezahlter Rechnungen drohten und er ein Verfahren wegen Steuerhinterziehung nur durch eine Geldzahlung verhindern konnte. Das konnte seinen Erfolg nicht schmälern. Poggenburg ist einer von den »kleinen Leuten«, bei denen die AfD gerne Erfolge erzielt, obwohl ihre bekannten Personen nicht zu ihnen gehören. Frauke Petry hat in Chemie promoviert, Alexander Gauland in Jura und war zudem Herausgeber einer Zeitung, Björn Höckes Beruf ist Gymnasiallehrer.

André Poggenburg dagegen führte einen Autokühlerfachbetrieb, hat Schulden gemacht und seinen rechten Daumen bei einem Arbeitsunfall mit der Säge verloren. Er macht seinen Wahlkampf lieber im Plattenbaugebiet von Zeitz als in der Altstadt. Dort, wo die einfachen Leute wohnen. Andere Parteien werfen ihm vor, dass seine »Vermögensverhältnisse nicht geordnet« seien.

»Das macht ihn korrumpierbar«, sagt Grünen-Abgeordneter Sebastian Striegel.[69] Das Landtagsmandat mit etwa 5600 Euro monatlich saniert Poggenburgs Finanzen, sein »Endziel ist Geld«, sagt der ehemalige AfDler Carsten Schmidt im *Deutschlandfunk*.

Angefangen hat Poggenburgs Karriere im Burgenlandkreis, wo er im Kreistag saß. Dort fiel er dadurch auf, dass sein Abstimmungsverhalten dem der NPD glich, sofern er überhaupt da war. Wenn Poggenburg zum Kreistag kam, kam er zu spät, Oft fehlte er unentschuldigt, erzählt Schmidt, der nach eigenen Aussagen die AfD verlassen hat, weil Poggenburg ihn wegen einer abweichenden Meinung hinter seinem Rücken gemobbt, denunziert und heftig beschimpft habe: »Ich bin der Meinung, dass er immer mehr Leute um sich herum schart, die ihn bedingungslos fördern und folgen, ihn wie auch immer unterstützen«, sagt Schmidt. Poggenburg weist das dagegen im *Deutschlandfunk* zurück als »Vorwürfe von Kleingeistern, die ihren Weg nicht so machen konnten, wie sie wollten«.[70]

Doch auch im Landesverband ist nach seiner ersten Wahl zum Landesvorsitzenden, die er 2014 mit Frauke Petrys Unterstützung gewann, nicht jeder zufrieden. Der ehemalige Kreischef im Harz, Michael Möller, verlässt die Partei. »Er wirkt unscheinbar«, sagt Möller gegenüber der Wochenzeitung *Die Zeit*, »aber er kann rüde und verletzend werden.« Andreas Hollstein, ein weiterer Ausgetretener, sagt: »Poggenburg hat Leute gemobbt, diskreditiert und dafür gesorgt, dass sie in der Partei nichts mehr zu sagen haben.«[71] Als Poggenburg in den Bundesvorstand gewählt wird, können einige AfDler nicht mehr mit gutem Gewissen in der Partei bleiben. Zu nah ist er ihnen an den Rechtsextremen.

Drei Monate nach der Wahl schreiben 60 Parteimitglieder der AfD einen offenen Brief gegen die Radikalisierung nach rechts, einen, wie sie schreiben, »Ruf der Vernunft aus Sachsen-Anhalt«. Darin ist zu lesen: »Wir wollen keine Verschmelzung mit Organisationen, die als Auffangbecken für Extremisten fungieren, sie in ihren Reihen dulden oder zumindest ihr Verhältnis zu diesen nicht eindeutig geklärt haben.« Sie wollten auch selbst »kein Auffangbecken für ehemalige Netzwerke der NPD sein«.[72]

Nachdem die AfD in den Landtag Sachsen-Anhalts gewählt wurde, überrascht das Verhalten der anderen Parteien. Bei der konstituierenden Sitzung nach der Wahl wird der AfD-Abgeordnete Daniel Rausch mit 46 Stimmen zum Vizepräsidenten gewählt. Er erhält damit 21 Stimmen mehr, als seine eigene Fraktion hat. Die Linkspartei hatte vorher erklärt, gegen Rausch stimmen zu wollen. CDU, SPD und Grüne hatten es ihren Abgeordneten überlassen, wie sie sich bei der geheimen Abstimmung verhalten. Dass die größte Oppositionspartei einen Vizepräsidenten im Landtag stellt, ist normales Prozedere. Dass es für die Abgeordneten aber nicht selbstverständlich ist, einfach die aufgestellten Kandidaten durchzuwinken, zeigt die Wahl des Kandidaten der Linken für den zweiten Vizepräsidentenposten. Wulf Gallert erhält nur 39 Stimmen, 44 stimmen gegen ihn, vier Abgeordnete enthalten sich. Er bekommt also weniger Stimmen als der AfD-Kandidat und wird erst im zweiten Wahlgang knapp mit 45 Stimmen gewählt.

So schnell Daniel Rausch an den Posten gekommen ist, so schnell gibt er ihn aber auch wieder ab. Sieben Wochen nach seiner Wahl soll er seine erste Sitzung leiten. Das tut er sieben Minuten lang, dann wird die Sitzung unterbrochen. Rausch wirkt nach Aussagen von Beobachtern stark überfordert. Er wendet sich mehrmals hilfesuchend an Beisitzer und die Landtagsverwaltung, verrennt sich in seinen Sätzen und lacht nervös. Der Tagesordnungspunkt ist eigentlich eine Formalie: die Wahl des Jugendhilfe-Ausschusses. Doch seine eigene Partei, die AfD, fordert provokativ und ohne fachliche Begründung die Abstimmung über jeden Einzelnen und versucht, bestimmte Kandidaten zu verhindern. Nachdem die Sitzung unterbrochen wird, übernimmt ein CDU-Politiker die Leitung, Rausch tritt zurück.

Generell ist das Auftreten der AfD im Landtag von Provokationen geprägt. Der Abgeordnete Gehlmann fordert via Zwischenruf indirekt Gefängnisstrafen für Homosexuelle. Und in der Debatte über die Regierungserklärung von Ministerpräsident Reiner Haseloff verlässt die AfD-Fraktion geschlossen den Saal, um sich bei einer Demonstration zum Thema Abwasser vor dem Landtag zu zeigen. Die vier anderen Fraktionen schicken jeweils ihre dafür verantwortlichen Abgeordneten zur Demonstration. Davor hatte Poggenburg rüde und wüst auf Haseloffs Rede geantwortet. Die »Altparteien, die nun die Kenia-Koalition bilden«, hätten den Wählerwillen nicht verstanden. Statt dem zu folgen, hätten sie ein Bündnis mit einer »linksradikalen Kleinpartei« geschlossen. Haseloff werde »den Karren in den Dreck« fahren, meint Poggenburg. Er wirft dem Ministerpräsidenten zudem »plumpe Hetze gegen die AfD« vor, indem er behauptet habe, die AfD sei von der NPD unterwandert. Auf die Frage aus den SPD-Reihen, wie denn die AfD das Land voranbringen wolle, antwortet er: »Die AfD ist ja nun in der sehr schönen Lage, Oppositionsführer zu sein und muss eben keinen Ausblick geben.«[73]

In einem ihrer ersten Anträge fordert die Fraktion, der Landtag solle für den Asylkompromiss der Bundesregierung stimmen, der Marokko, Tunesien und Algerien zu sicheren Drittstaaten erklärt. Aufsehenerregend ist die Begründung: Flüchtlinge aus den genannten Ländern betrieben kollektiv »Asylmissbrauch«, und die deutsche Bevölkerung müsse vor deren »hoher Kriminalität« geschützt werden, »insbesondere Frauen«, die »oftmals Ziel von sexistischen Übergriffen werden«.[74]

Neben diesen rassistischen Äußerungen sorgt bei den anderen Landtagsparteien auch für Entrüstung, dass Poggenburg sich in die Parlamentarische Kontrollkommission (PKK) wählen lassen will, die den Verfassungsschutz überwachen soll. Das Problem dabei ist unter anderem Poggenburgs Nähe zur »Identitären Bewegung«, welche die »europäische Kultur« durch Zuwanderung und damit eine schleichende Islamisierung bedroht wähnt. Als Antwort darauf wird vorgeschlagen, dass die einzelnen Volksgruppen abgegrenzt voneinander leben sollten, um so ihre kulturelle Identität zu bewahren. Die Bewegung steht im Visier des Verfassungsschutzes, weil es Anzeichen dafür gibt, dass es sich bei ihr um eine stark rechtsextreme und verfassungsfeindliche Organisation handelt.

Dass Poggenburg als Fraktionschef überhaupt in die PKK will, ist ungewöhnlich, da dort meistens die innenpolitischen Sprecher der Parteien sitzen. Doch Poggenburg hält sich selten an übliche Gepflogenheiten, wenn es um die eigene Macht geht. So lässt er sich nach der erfolgreichen Landtagswahl zum Fraktionsvorsitzenden wählen. Mit der Ansage, dafür im Mai nicht wieder als Landesvorsitzender zu kandidieren. Das geschieht dann doch, und Poggenburg gewinnt deutlich gegen Dirk Hoffmann, den AfD-Kreischef in Wittenberg. Das führt zu personellen Verschiebungen, so dass seitdem kein Poggenburg-Kritiker mehr im Vorstand sitzt.

Gegenüber der *Mitteldeutschen Zeitung* sagt Poggenburg zu seinem Wortbruch: Es habe schlicht keinen Kandidaten gegeben, »dem ich das Amt mit gutem Gewissen übergeben kann«. Zum Vorwurf, er sei zu nah an den Identitären, sagte er im MDR: »Wir haben keinen Schulterschluss mit der ›Identitären Bewegung‹, das habe ich immer deutlich gesagt, es gibt von den Themen her aber einige Schnittmengen.« Doch nur ein paar Wochen später schreibt die »Patriotische Plattform«, die sich aus Mitgliedern der AfD zusammensetzt, in einer Mitteilung: »Wir wünschen uns eine engere Zusammenarbeit zwischen Identitärer Bewegung und AfD, denn auch die AfD ist eine identitäre Bewegung und auch die Identitäre Bewegung ist eine Alternative für Deutschland.«[75]

Vorsitzender der »Patriotischen Plattform« ist Hans-Thomas Tillschneider, der für die AfD im Landtag sitzt. Tillschneider ist Islamwissenschaftler, der sich dafür einsetzt, dass »Islamverbände nicht zu sehr an Einfluss gewinnen«. Auch er gehört zu den Rechtsaußen in der rechten Partei, die sich als »Der Flügel« der AfD bezeichnen, zu dem auch Poggenburg gehört. Zu dem Thüringer Fraktionsvorsitzenden Björn Höcke und zu dem Neurechten Götz Kubitscheck hat er ein gutes Verhältnis Er setzt sich mehrmals für die Aufnahme von Kubitschek und seiner Frau in die AfD ein, was Bernd Lucke noch 2015 klar ablehnte.

Lucke ist inzwischen nicht mehr in der AfD, Kubitscheks Einfluss dagegen umso größer. Sein Rittergut im sachsen-anhaltischen Schnellroda nennt sich »Institut für Staatspolitik«, eine Denkfabrik der Neuen Rechten, in der auch Anwärter für Posten im AfD-Umfeld geschult werden, wo seit der erfolgreichen Landtagswahl viele Stellen neu zu vergeben sind. Wegen Personalmangels kamen auch NPD-Mitglieder zum Zug. Der frühere NPD-Bundestagskandidat Stefan Träger wurde beispielsweise als Wahlkreismitarbeiter des AfD-Landtagsabgeordneten Jan Schmidt eingestellt.

In seinem eigenen Magazin *Sezession* schreibt Kubitschek, der ebenso wie Tillschneider bereits bei Pegida auftrat, über parteiferne und auch parteiinterne Kritiker des Rechtsrucks: »Woher dieses mangelnde Grundvertrauen in die Integrationskraft echt konservativer, grundsätzlich orientierter, idealistischer Persönlichkeiten? Wir reden hier nicht von Narren, Hitleristen oder der Artgemeinschaft. Gauland, Höcke, Poggenburg, Tillschneider, Lichert, Baum, Ciresa, Möller, Muhsal, Kalbitz, Wolf, Frohnmaier, Wiese – von denen oder über diese habe ich gelesen, ich kenne mich weiter gar nicht aus in dieser Partei: Muß man diese Leute den ›Rechtsaußenflügel‹ nennen? Das ist doch ziemlich geballte Kraft, und deren Integrationspotential wird durch denunziatorische Warnung aus beleidigter Richtung nicht stärker.«[76]

Langfristig sieht sich der Flügel nicht als Rechtsaußen, sondern als den Kurs bestimmend in der Partei. Das macht er auch beim Kyffhäuser-Treffen im Juni klar, bei dem die völkisch-nationalen unter den AfD-Mitgliedern sich gegenseitig teilweise im Nazi-Jargon bestätigen, dass die AfD die »letzte evolutionäre Chance des Vaterlands« ist (Höcke), dass man sich »wieder darauf besinnen muss, was wir sind: Deutsche« (Tillschneider) und dass der Flügel die »weitaus stärkste Kraft innerhalb der AfD« ist (Poggenburg). Neben Alexander Gauland kommt auch der als gemäßigt geltende Bundesvorsitzende der AfD, Jörg Meuthen, zu dem Treffen, um mit den äußerst Rechten im »guten Dialog« zu sein. Dass der rechte Außen-»Flügel« also in Zukunft weiter deutlichen Einfluss auf die Ausrichtung der AfD nimmt, ist anzunehmen.

Schon im November 2015 hat einer der Mitbegründer der AfD, Hans-Olaf Henkel, gesagt, er habe – gemeinsam mit Bernd Lucke – ein »Monster erschaffen«. Er sähe die AfD heute »ganz klar auf einem Rechtsrutsch« und als »eine Art NPD-light, vielleicht sogar identisch mit der NPD«.[77]

18 Abschließende Überlegungen

Seit Tröglitz im März 2015 in den überregionalen Medien Schlagzeilen machte – zuerst als das Dorf, in dem die NPD mit Zustimmung der Behörden zum Privathaus eines Politikers marschieren darf, der deswegen zurücktritt, danach als das Dorf, in dem die geplante Flüchtlingsunterkunft brennt –, hat sich Deutschland verändert. Es gab einerseits so viele Brandanschläge auf Asylbewerberheime wie noch nie, andererseits wurden, wie am Münchner Hauptbahnhof, Flüchtlinge mit Applaus willkommen geheißen. Einerseits versicherte die Kanzlerin etwas unscharf, wir würden das mit den Flüchtlingen schaffen, andererseits verschärfte die Bundesregierung das Asylgesetz. Im Mittelmeer ertranken Tausende Menschen, was europäische Staaten nicht davon abhielt, ihre Grenzen zu schließen. In Österreich erhielt ein Rechtspopulist bei den Präsidentschaftswahlen die Hälfte aller Stimmen, und die Mehrheit der Briten stimmte für den Austritt ihres Landes aus der EU, wobei das Hauptargument war, man wolle so den weiteren Zuzug von Flüchtlingen verhindern. Bei den Landtagswahlen in Sachsen-Anhalt ging im Frühjahr 2016 jede vierte Stimme an rechte Parteien. Im Wahlkampf waren die Flüchtlinge das bestimmende Thema.

Ich werde seit den Ereignissen in Tröglitz regelmäßig zu Podiumsdiskussionen, Vorträgen und Anhörungen eingeladen. Dabei geht es oft um die Suche nach den Ursachen für Fremdenfeindlichkeit und um Lösungsansätze, dies zu verhindern. Solche Fragen beschäftigen mich die ganze Zeit und haben zu einer Reihe von Überlegungen geführt, die über die aktuelle Tagespolitik hinausreichen und grundlegende Probleme unserer Gesellschaft betreffen. Auf einige dieser weitergehenden Gedanken will ich am Schluss des Buches thesenartig zu sprechen kommen.

1. Sozialer Ausgleich und Gerechtigkeit sind dringend notwendig

Es gibt erschreckend viele wütende, frustrierte, hassende Menschen, die oft schwach und angeschlagen sind. Sie befinden sich in einem Kampf ums Überleben, in dem – nach ihrem Verständnis – nun auch noch Konkurrenten auftreten: die Flüchtlinge. Auch wenn man diese sich bedrängt fühlenden Deutschen Rassisten und Fremdenfeinde nennt, sollte man sie sich jeweils erst einmal genauer anschauen, nicht alle in denselben braunen Topf werfen, sondern differenzieren, warum jemand gegen Fremde ist: weil sie anders sind oder weil sie die Zahl jener mehren, die als Konkurrenten zum umkämpften eigenen Arbeits- und Lebensplatz angesehen werden. Die Unzufriedenheit dieser Menschen und die Explosionskraft ihrer Proteste dürfen nicht unterschätzt oder verdrängt werden, die anhaltenden Pegida-Demonstrationen in Dresden zeigen es. Das Schweigen der Mehrheit dazu sollte nicht als Ablehnung missverstanden werden, es bedeutet teilweise Rückhalt und Unterstützung. Die Zahl der Gegendemonstranten ist seit Monaten deutlich geringer als die Zahl der vermeintlichen »Retter des Abendlandes«. Nur wenn die ständige Vergrößerung des Abstandes zwischen Arm und Reich gestoppt wird, wenn es zu einer wie auch immer gearteten Umverteilung des Reichtums kommt, kann die explosive soziale Konkurrenz zwischen den unteren Einkommensgruppen und den Flüchtlingen abgebaut werden. Sonst erhält das lodernde Feuer der Frustration ständig neue Nahrung.

Dazu gehört auch, dass die Ausbeutungsprozesse rund um den Globus, die neben Kriegen wesentliche Ursache der Flüchtlingsströme sind, beendet oder doch zumindest deutlich reduziert werden. Solange der Norden den Reichtum des Südens über unfaire Handelsbeziehungen abzieht, wird der Menschenstrom aus dem verarmenden Süden in den reichen Norden anhalten.

Da eine Umverteilung ohne Einsicht der Vermögenden nur mit Gewalt oder gar Revolution durch die Nicht-Vermögenden durchsetzbar wäre, ist dringend ein neues Denken unserer Gesellschaft gefragt, ein Erkennen der Notwendigkeit, eine Änderung der Blickrichtung.

2. Es muss eine Umorientierung der Werte geben

Durch suchtartiges, oberflächliches Streben nach Materiellem und Erfolg und damit verbundenem wachsenden Zeitdruck hat sich eine seelische und geistige Verarmung ergeben, ist ein Verlust an Sinntiefe, humanistischen und christlichen Werten in allen sozialen Schichten eingetreten. Das vorrangig konsumorientierte Denken und Handeln führte zu einer inhaltlichen Orientierungslosigkeit. Der enorme Außendruck hat viele Menschen veranlasst, sich im häuslichen, privaten Rahmen einzurichten, was als Resultat zu mangelnder gesellschaftlicher Mitarbeit führt. Durch die zunehmende egozentrische Ausrichtung der Gesellschaft und den Rückzug ins Private erleben sich viele Menschen seelisch und faktisch vereinsamt. Sie stumpfen ab, verfallen ins Schweigen.

Es bedarf einer neuen Wertevermittlung, einer Ausrichtung auf etwas Höheres, das außerhalb des privaten Reichtums liegt. Es geht um Visionen und Aufgaben, die über den einzelnen Menschen hinausweisen und seinem Leben einen größeren Sinn geben. Das sind oft alte Werte, die der humanistischen und christlichen Grundausrichtung unserer Verfassung entsprechen.

Es müssen Wege gefunden werden, wie diese Werte vorgelebt, vermittelt und in der Gesellschaft wertgeschätzt werden.

3. Bildung und Erziehung brauchen eine neue Ausrichtung

Um Rechtsradikalismus frühzeitig zu begegnen, wird gern auf die Wichtigkeit von Schulen und politischer Bildung verwiesen. Dort sollen die Wurzeln des Fremdenhasses durch Aufklärung und geschichtliche Rückverweise bekämpft werden. Doch warum gelingt das scheinbar so wenig, warum gelang dies in

Tröglitz nicht? Wie kann in Zukunft verhindert werden, dass Menschen schweigen und sich wegducken, wenn Gewalt gegen Fremde ausgeübt wird? Wie kann die nächste Generation zu mutigen, politisch aktiven Menschen herangebildet werden, also Persönlichkeiten, die für ihre Gesellschaft Verantwortung übernehmen?

Um wieder wertvolle Samenkörner in unseren Kindern heranwachsen zu lassen, ist nach meinem Verständnis eine neue Ausrichtung ihrer »Gewächshäuser«, der Schulen (und der Elternhäuser, wofür ich keine schnelle Lösung habe), mit ihrem Bildungsangebot notwendig, bei dem Herzensbildung, soziale Kompetenz und Beziehungen nicht mehr so sträflich vernachlässigt werden. Momentan überhäuft die Schule unsere Kinder so mit Wissen, dass sie schon als junge Keimlinge darunter ersticken. Außerdem wird der Zeit- und Leistungsdruck der Gesellschaft so brutal auf sie übertragen, dass ihre Seelen darunter mitunter zerquetscht werden. Kinder werden oft zu kleinen Datenspeichern umfunktioniert, um möglichst viele Terabyte Wissen auf ihnen abzuspeichern.

Dabei werden so viel wertvollere Kreativität und unersetzliche Individualität vernichtet, die Kinder zu sich selbst einengenden Menschen erzogen. Wie viele kleine Einsteins und Humboldts, wie viele Mackes und van Goghs, wie viele Rilkes und Brechts, wie viele Sophie Scholls und Bonhoeffers, wie viele Luthers, Bachs und Lindenbergs sind wohl allein in den letzten 20 Jahren in unseren Schulen zu angepassten Bürgern zermahlen worden, zur schweigenden Mitte gemacht worden? Wir müssen unsere Kinder von all der unsinnigen, die Kreativität und Herzen erstickenden Wissensüberfrachtung befreien. Zukunftsforscher sagen die Vernetzung des menschlichen Gehirns mit neuartigen Speichermedien schon in den nächsten zwei Dekaden vorher, so dass der Zugriff auf unvorstellbare Wissensvorräte kein Problem mehr sein wird. Was uns Menschen in Zukunft von Robotern noch unterscheidet, ist doch gerade unser emotional fühlendes Herz, unsere Fähigkeit, mit dem Herzen Beziehungen aufzubauen und zu pflegen. Das kommt in der heutigen Schule kaum vor, dabei ist es so lebenswichtig.

4. Der Abbau von Kultur muss gestoppt werden

Regelmäßig erscheinen beim Deutschen Kulturrat »Rote Listen« von gefährdeten Einrichtungen, die kurz vor der Schließung stehen. Angeblich hat unsere Gesellschaft dafür nicht mehr die notwendigen Mittel. Viele Kinder und Jugendliche wachsen ohne unmittelbaren Kontakt zu Kultureinrichtungen auf. Bibliotheken und Musikschulen, Theater und Museen werden geschlossen. Dabei bräuchte es nicht den weiteren Abbau, sondern gerade den Aufbau von Kultur, und einen möglichst freien oder erschwinglicheren Zugang zu Veranstaltungen auch für Familien mit knappem Einkommen. Der Gesellschaft und dem Staat muss es wieder wert sein, »Kulturschaffende« angemessen zu vergüten. Das Geld ist vorhanden, es ist nur ungerecht verteilt.

5. Unsere Gesellschaft braucht ein neues Miteinander

Ein verlorenen gegangener Wert wird besonders im Osten beklagt: Dass es früher mehr Miteinander gab, dass man den Wert von Beziehungen und Gemeinschaft sehr geschätzt habe. Das mag sicher auch mit den Nutzeffekten von Beziehungen zu tun gehabt haben, weil man in Zeiten des Mangels auf gute Kontakte angewiesen war. Aber in Hunderten von Gesprächen berichten mir Menschen von dem anderen Zusammenhalt, der größeren Hilfsbereitschaft und dem Miteinander-durch-Freud-und-Leid-Gehen von Nachbarn und Arbeitskollegen, die mit der Zeit zu wertvollen Freunden wurden. In der prestige- und erfolgsorientierten Nachwendezeit, im tagtäglichen Überlebenskampf oder dem Rückzug in die private Selbstgenügsamkeit ging viel davon verloren. Das Zurückgehen einer früher offensichtlich verbindlicheren und lebendigeren Gemeinschaft unter Menschen wird als großer Verlust beklagt.

Ganz in diesem Sinne stellt Werbung häufig zwei Bilder als Gegenpole gegenüber: den morgens in den Tag hinein- und aus dem Büro heraushetzenden Menschen und als Sehnsuchtsmotiv die in Ruhe und Gemütlichkeit zusammensitzende Familie. Es ist gut, dass scheinbar als Gegenbewegung der Wert von zwischenmenschlichen Beziehungen wieder an Bedeutung gewinnt, und Werte wie Verbindlichkeit, Aufmerksamkeit für Andere und gemeinsam verbrachte Zeit in der Sehnsuchtsskala steigen.

Aber da nicht jeder Mensch in einer glücklichen Familie lebt, muss es auch emotionale Schutzräume für jene geben, die sich in schwierigen Verhältnissen befinden und nicht mithalten können. Gerade Jugendliche brauchen Vorbilder und Bezugspersonen außerhalb ihres Elternhauses, die ihnen Zeit und Aufmerksamkeit schenken, Selbstwert vermitteln und dabei helfen, ihre Begabungen zu finden und sie dabei unterstützen, ihren eigenen, guten Weg ins Leben zu finden. Es sollte jedem Menschen, der Gesellschaft und dem Staat, wieder wertvoll werden, hauptamtliche und ehrenamtliche »Väter und Mütter« anzuerkennen und angemessen zu vergüten. Denn wir brauchen viel mehr »Kümmerer«, wie es Regine Hildebrandt einmal ausgedrückt hat, die für andere, für Schwächere, da sind, die zuhören, Probleme sortieren helfen und dann zum Handeln motivieren. Menschen, die sich selbst aufgegeben haben, die sich als zurückgelassen und ohnmächtig gegenüber dieser oft brutalen Welt erleben, brauchen stärkere Menschen, die ihnen den Wert zurückgeben, der ihnen als Mensch gehört, unabhängig von ihrer Kraft und ihrem Können. Daher brauchen soziale Berufe deutlich mehr Anerkennung, egal ob Kindergärtner oder Altenpfleger, Betreuer von auffälligen Jugendlichen oder Alkoholikern, Sozialarbeiter oder Sozialpädagoge.

Ein Gedanke wäre auch, Lehrer eher als Mentoren einzusetzen, die die Kinder und Jugendlichen gezielt in ihrem Wachstums- und Reifeprozess persönlich begleiten und fördern. Das setzt aber voraus, dass nicht Leistung als vergöttertes Prinzip, sondern Vertrauen und Beziehungskompetenz und individuelle Kreativität als lebensnotwendige Fähigkeiten anerkannt werden.

6. Idee des Grundeinkommens weiterverfolgen

Um mehr gegenseitige Zuwendung zu erreichen, was im kirchlichen Kontext oft als Nächstenliebe oder auch als Barmherzigkeit bezeichnet wird, ist es wichtig, andere mit ihrer je besonderen Art und Begabung zu schätzen, unabhängig vom Platz, an dem er oder sie gerade eingesetzt ist: den Bauarbeiter, die Lehrerin, den Altenpfleger, die Verkäuferin, den Polizisten, die Politikerin. Vielleicht wäre es in dieser Hinsicht ein richtiger Weg, die Ideen zu einem bedingungslosen Grundeinkommen ernsthaft weiterzuentwickeln. Dadurch könnte womöglich die Vergötterung von Leistungsfähigkeit relativiert und der Wert des Menschen an sich neu ermessen werden. Wahrscheinlich würde sich eine erstaunlich große Zahl von Menschen aus ihrem bisherigen Arbeitsalltag befreien, in dem sie sich zwischen ihren eigentlichen Lebenssehnsüchten und dem stetigen Hetzen nach Materiellem und Leistung zermahlen fühlen. So könnten inmitten einer von der Konsumsucht gebeutelten Gesellschaft mehr soziale Aktivitäten entstehen, gäbe es mehr lebendige Vorbilder, die mit einer neuen Herzensweite und Stärke erfüllt sind. Sie hätten dann die Kraft und Zeit, selbst »Kümmerer« für Schwächere zu sein, die nun einen Schutzraum hätten und ihre verlorene ursprüngliche Kreativität und Persönlichkeit entwickeln könnten.

7. Erneuerung des Zusammenwirkens von Politik und Bürgern

Auch Politiker sollten von Herzen Kümmerer sein, die als Vorbilder die Werte vermitteln. Es erscheint mir für das Land überlebenswichtig, dass die alten Parteien, auf denen unsere Demokratie ruht, mit modernisierten Strukturen zu ihren alten Kernwerten zurückfinden und klar positioniert daran festhalten. Es bräuchte dringend eine demokratische Partei, in der sich der kleine Mann, der sich zurückgelassen oder ohnmächtig gegenüber den Mächtigen fühlt, wiederfinden kann, damit er nicht im rechten Einflussbereich der AfD landet.

Doch wenn die Demokratie verteidigt und wieder zu neuem Leben erwachen soll, müssen auch die Bürger, die sich vor einer Machtübernahme der Rechten sorgen, wirklich aktiv werden, aufstehen und jeweils an ihrem Platz Verantwortung übernehmen. So könnte es gelingen, einen nennenswerten Teil der bisher schweigenden Mitte wieder an ein politisches, demokratisches Mitmachen heranzuführen.

In welche politische Richtung die schweigende Mitte sich letztlich bei Wahlen ziehen lässt, hängt aber nicht nur von der Erneuerung der politischen Parteien ab, sondern auch von möglichst vielen, demokratiebewussten Bürgern an der Basis. Das wäre die wahre »Elite« unseres Volkes, weil sie gemeinnützig und nicht selbstherrlich ist, weil sie unsere freiheitliche und demokratische Gesellschaftsstruktur engagiert verteidigt und ihr zu neuem, pulsierendem Leben verhelfen kann.

Diese Gruppe hat in Tröglitz leider gefehlt. Das Schweigen einer passiven Mitte gibt es allerdings auch in zahlreichen anderen Orten, weshalb die Lage in Deutschland brandgefährlich bleibt. Durch fehlenden Widerstand gegen Fremdenfeindlichkeit und für Weltoffenheit kam es vielerorts zu rechten Aufmärschen und zu Übergriffen auf Flüchtlinge.

Ich kann nur hoffen, dass dieses Buch einige mehr ermutigen wird, gerade in den Dörfern und Kleinstädten, wo es bisher oft zu wenige Kreative, Engagierte und Fremdenfreunde gibt, sich beherzt und aktiv in die Gesellschaft einzubringen, um unser Land in eine gute Zukunft zu begleiten.

Anhang

Abkürzungsverzeichnis

AfD	Alternative für Deutschland
AFP	Agence France-Presse (französische Nachrichtenagentur)
ARD	Arbeitsgemeinschaft der öffentlich-rechtlichen Rundfunkanstalten der Bundesrepublik Deutschland
AZ	Abendzeitung, München
BMI	Bundesministerium des Innern
BR	Bayerischer Rundfunk
CDU	Christlich-Demokratische Union
CSU	Christlich-Soziale Union
dpa	Deutsche Presseagentur
FAS	Frankfurter Allgemeine Sonntagszeitung
FAZ	Frankfurter Allgemeine Zeitung
FP	Freie Presse, Chemnitz
MDR	Mitteldeutscher Rundfunk, Halle/Leipzig
MZ	Mitteldeutsche Zeitung, Halle
ntv	Fernsehnachrichtensender, Köln
NPD	Nationaldemokratische Partei Deutschlands
OB	Oberbürgermeister
RTL	Radio Télévisioun Lëtzebuerg (Radio- und Fernsehgruppe mit ursprünglichem Sitz in Luxemburg)
SWR	Südwestrundfunk
SZ	Süddeutsche Zeitung, München
taz	Tageszeitung, Berlin
WDR	Westdeutscher Rundfunk

Dank

Zunächst möchte ich all den Menschen in ganz Deutschland danken, die im Stillen und oft ungesehen und ungehört sich für unser Land investieren, die wenig davon haben, dass sie viel von sich selbst verschenken. Damit sind gerade die vielen ehrenamtlichen Helfer gemeint, die bewundernswert und oft über ihre Kräfte hinaus, sich um Flüchtlinge und andere Schwache kümmern, und dafür kaum Dank oder sogar noch Anfeindung und Ausgrenzung erleben. Einige von ihnen, ob nun aktiv engagiert, unterstützend oder innerlich mittragend, nahmen im letzten Jahr persönlich und in vielfältiger Weise durch Blumen, Anrufe, Besuche, Nachrichten und Briefe immer wieder Anteil an unserer Geschichte und sprachen uns Mut zu. Ihnen gehört unser aufrichtiger Dank, denn diese Ermutigung und das Wissen, dass es eine starke Mehrheit gibt, mit der wir zusammen die Werte und die Grundpositionen hochhalten, die unser wundervolles Land ausmachen, war für uns unendlich wertvoll und wichtig, weil es uns signalisierte, dass es auch heute noch richtig und notwendig ist, sich in Deutschland deutlich gegen Rechts zu positionieren, auch gegen jeden Widerstand!

Ich danke den mutigen Menschen aus Tröglitz, Zeitz und Umgebung, die uns in dieser schweren Zeit persönlich zur Seite gestanden, geholfen oder für und mit uns gebetet haben, die uns ermutigten zu bleiben, immer wieder nachfragten, sich engagierten und dafür auch etwas riskiert haben. Ihr seid uns zu wertvollen Freunden geworden, ohne euch hätten wir wohl aufgegeben. So danke ich besonders Steff, Thomas, Heike, Schnelli, Anetta, Harald, Silvi, Ralle und Netti, Stephan, Claudi, Ralph und Yvonne, Gabi, Simone, Karin, Sveta, Acki, Ilona, Maria, Charly und Dörte, allen Besuchern der Friedensgebete und den Mitgliedern der Initiative »Miteinander – Füreinander«.

Ein ganz besonderer Dank geht an Herrn Tschirner, Herrn Hübner, Frau Wernicke und Herrn Bethmann, die professionell und persönlich Anteil nahmen und den vielen uns namentlich nicht bekannten Polizeibeamten, die bei Wind und Wetter und zu jeder Tages- und Nachtzeit für unseren Schutz sorgten. Sie haben uns das Vertrauen in den Rechtsstaat und seine Schutzfunktion zurückgeschenkt und durch Ihre feinfühlige und mitgehende Art unser Sicherheitsgefühl wieder gestärkt.

Ich möchte hier auch all den mutigen Politikern danken, die ohne sich beirren zu lassen, den Wert von Nächstenliebe in unserem christlichen Abendland hoch halten, sich für Flüchtlinge einsetzen und dafür sogar bedroht und tätlich angegriffen werden. [78]

Mein besonderer Dank gilt an dieser Stelle Dr. Frank Thiel, Wulf Gallert, Sebastian Striegel, Henriette Quade, Fiete Güntzler, Götz Ulrich, Holger Stahlknecht, Dr. Reiner Haseloff und Frau Petra Pau, die sich immer wieder persönlich nach uns erkundigten, tatsächlich Anteil nahmen und uns vielfach ermutigten.

Yunes, Fariba, Sajad und Setareh: Ihr seid kostbare Menschen und habt uns mit eurer beeindruckenden Geschichte, eurem Mut, eurer Gemeinschaft und eurem herrlichen Humor sehr bereichert. Vielen Dank!

Von Herzen danke ich dir, Juliane Streich, für deine unermessliche Geduld mit mir, die wertvolle Recherchearbeit und deine Begabung fürs Zusammenbringen und Sortieren. Ich danke unserem Lektor, Dr. Peter Köpf, für seinen Langmut, seine guten Vorschläge und Korrekturen, unserem Verleger Dr. Christoph Links, dass er so großmütig meine Eigenheiten in diesem Buch mitträgt. Ich danke Dr. Michael Parak und Dr. Andreas Siegert für ihr einfühlsames Mitdenken und Mitfühlen. Ohne Sie alle wäre dieses Buch so nicht entstanden.

Ich danke meiner Mutter Franziska, dass du über all den Sorgen nicht verzweifelt bist, sondern täglich viele Gebete gen Himmel geschickt hast, die uns immer wieder neue Kraft gegeben haben.

Ohne Dich, meine Susa, wäre vieles anders gekommen und auch dieses Buch nie entstanden. Du hast mit mir diese schwere und oft schmerzliche Zeit treu durchgerungen und durchgebetet, hast dabei selbst teuer bezahlt, aber mich dennoch mit Deiner letzten Kraft immer wieder zurechtgerückt, aufgerichtet, mit Deinem Weitblick viele entscheidende Denkanstöße gegeben, mich vor manchem Fehler bewahrt und mir vor allem viel Stärke, Zeit und Liebe geschenkt! Ich liebe Dich und danke Dir von ganzem Herzen!

Die eigentlichen »Helden« dieser Geschichte aber sind unsere Kinder. Ihr Großen habt z.T. unsere Aufgaben mit übernommen und eure Ängste und Tränen tapfer ausgehalten oder zurückgesteckt, ihr Kleineren habt mutig immer wieder alle Beleidigungen und Bedrohungen mit uns vor Ort ausgehalten. Ihr seid alle ohne Zweifel von außen beraubt worden, aber eben auch an gemeinsamer Zeit oder, weil wir genervt und gestresst waren. Das ist eigentlich das Schmerzhafteste. Viele eurer Tränen und Ängste haben wir vermutlich gar nicht mitbekommen oder haben mit euch geweint und sie dann nur getrocknet. Aber wir glauben fest daran, dass Gott uns allen helfen, alles auf seine Art ersetzen und euch besonders segnen wird, jedenfalls ist das unser Gebet! Und Mama und ich haben schon beobachtet, dass ihr alle seither viel an Herzenstiefe und Reife gewonnen habt. Ihr seid noch stärker und klarer geworden und innerlich gewachsen. Das tröstet sogar. Wir sind unendlich stolz auf euch und lieben und danken euch!

Anmerkungen

1 Kanth, Klein, Litzenberg, Ries, Storz: Angst – Trotz – Tröglitz, MDR, ausgestrahlt 22.4.2015, 20.45 Uhr, https://www.youtube.com/watch?v=bN3WBdfttgA, abgerufen 5.7.2016

2 Broschüre: Pro Menschenrechte. Contra Vorurteile. Pro Asyl, September 2015, https://www.proasyl.de/material/pro-menschenrechte-contra-vorurteile-092015/, abgerufen 11.7.2016

3 Kuhr, Moritz: Fälle von Volksverhetzung nehmen in Sachsen stark zu, FP 18.4.2016, http://www.freiepresse.de/NACHRICHTEN/SACHSEN/Faelle-von-Volksverhetzung-nehmen-in-Sachsen-stark-zu-artikel9492886.php, abgerufen 10.7.2016

4 Kanth, Klein, Litzenberg, Ries, Storz: Angst – Trotz – Tröglitz, MDR, ausgestrahlt 22.4.2015, 20.45 Uhr, https://www.youtube.com/watch?v=bN3WBdfttgA, abgerufen 5.7.2016

5 Torsten Gerbank: Angst vor kalten Herzen (Interview mit Markus Nierth), MZ, 20.1.2015

6 Claudia Petasch: Geplanter Lichterspaziergang der NPD – Tröglitzer Ortsbürgermeister tritt zurück, MZ, 7.3.2015, http://www.mz-web.de/zeitz/geplanter-lichterspaziergang-der-npd-troeglitzer-ortsbuergermeister-tritt-zurueck-1321344, abgerufen 5.7.2016

7 Matthias Meisner: Nazi-Hetze zwingt Ortsbürgermeister zum Rücktritt, Der Tagesspiegel, 8.3.2015, http://www.tagesspiegel.de/politik/streit-um-fluechtlinge-in-sachsen-anhalt-nazi-hetze-zwingt-ortsbuergermeister-zum-ruecktritt/11473736.html, abgerufen 5.7.2016

8 Ministerium für Inneres und Sport, Pressemitteilung Nr. 007/2015, 7.3.2015

9 Flf/dpa: Neonazi-Terror: Erst Bürgermeister aus Amt gejagt, dann Flüchtlingsheim angezündet, focus.de, 4.4.2015, http://www.focus.de/panorama/welt/brand-in-geplanter-asylbewerberunterkunft-buergermeister-vertrieben-zuendeten-beonazis-jetzt-das-fluechtlingsheim-an_id_4590732.html, abgerufen 10.7.2016

10 Boris Dombrowski: Das Dorf, in dem der Pöbel siegte, bild.de, 11.3.2015, http://www.bild.de/regional/berlin/rechtsextremismus/troeglitz-rechte-hetze-gegen-buergermeister-ruecktritt-40102638.bild.html, abgerufen 10.7.2016

11 Kevin Knitterschiedt: Wie Nazis einen Bürgermeister aus dem Amt jagten, Handelsblatt, 10.3.2015, http://www.handelsblatt.com/politik/deutschland/troeglitz-und-die-reaktionen-wie-nazis-einen-buergermeister-aus-dem-amt-jagten/11484994.html, abgerufen 10.7.2016

12 Meisner, siehe Fußnote 7
13 Thomas Gerlach: Innigkeit und Ignoranz, taz, 12.3.2015
14 Der Fall Tröglitz – eine Chronik, fortlaufend geführte Webseite des MDR, http://www.mdr.de/sachsen-anhalt/halle/chronologie-troeglitz100.html, abgerufen 10.7.2016
15 AFP / FAZ: Bestürzte Reaktionen aus der Politik, faz.de, 10.3.2015, http://www.faz.net/aktuell/politik/inland/fall-troeglitz-bestuerzte-reaktionen-der-politik-13474684.html, abgerufen 10.7.2016
16 Ebd.
17 Ebd.
18 Ebd.
19 Peter Kloppel: Interview mit Bundespräsident Gauck, RTL, ausgestrahlt am 19.3.2015, http://www.bundespraesident.de/SharedDocs/Reden/DE/Joachim-Gauck/Interviews/2015/150319-rtl-Interview.html, abgerufen 10.7.2016
20 dpa: Innenminister Holger Stahlknecht – Dokumente sollten für NPD-Verbot ausreichen, MZ, 3.1.2016, http://www.mz-web.de/politik/innenminister-holger-stahlknecht-dokumente-sollten-fuer-npd-verbot-ausreichen-23391412, abgerufen 11.7.2016
21 Bernd Wolf: Neue Chance für NPD-Verbot?, SWR, 28.8.2015, https://www.tagesschau.de/inland/npd-verbot-101.html, abgerufen 11.7.2016
22 Christina Hebel: Bürgerversammlung in Tröglitz. Die Rechten pöbeln, die Masse schweig, Spiegel Online, 1.4.2015, http://www.spiegel.de/politik/deutschland/troeglitz-buergersammlung-ueber-fluechtlinge-a-1026545.htm, abgerufen am 29.7.2016
23 Matthias Meisner, Torsten Hampel: In einer Reihe mit Mölln und Hoyerswerda, Der Tagesspiegel, 4.4.15, http://www.tagesspiegel.de/politik/fluechtlingsheim-in-troeglitz-in-brand-in-einer-reihe-mit-moelln-und-hoyerswerda/11596042.html, abgerufen am 29.7.16
24 Torsten Gerbank: Das perfekte Verbrechen? Auch ein Jahr nach der Brandstiftung in Tröglitz kein Täter, MZ 24.3.2016, http://www.mz-web.de/burgenlandkreis/das-perfekte-verbrechen--auch-ein-jahr-nach-der-brandstiftung-in-troeglitz-kein-taeter-23781004-seite2, abgerufen 20.6.2016
25 Christoph Richter: Brandanschlag Tröglitz: Warum fehlen konkrete Spuren?, Deutschlandfunk, 17.9.2015, http://www.deutschlandfunk.de/brandanschlag-troeglitz-warum-fehlen-konkrete-spuren.862.de.html?dram:article_id=331378, abgerufen 20.6.2016
26 Svenja Bednarczyk: Hundertzweiundzwanzig Mal Hass, taz, 29.9.2015, http://www.taz.de/!5235937/, abgerufen 11.7.2016

27 Fünfmal mehr Straftaten gegen Flüchtlingsunterkünfte, zeit.de, 28.1.2016, http://www.zeit.de/gesellschaft/zeitgeschehen/2016-01/fluechtlingsunterkuenfte-straftaten-zunahme-anschlaege-bka-zahlen, abgerufen 11.7.2016, bezugnehmend auf Drucksache 18/6992 des Bundestages

28 Julian Heißler: Deutlich mehr Anschläge auf Asylbewerberheime, tageschau.de, 13.1.2016, https://www.tagesschau.de/inland/anschlaege-asylunterkuenfte-bka-101.html, abgerufen 11.7.2016

29 Christoph Richter: Es wurde nicht mehr darüber gesprochen, Deutschlandfunk, 4.4.2016, http://www.deutschlandradiokultur.de/troeglitz-ein-jahr-nach-dem-anschlag-es-wird-nicht-mehr.2165.de.html?dram:article_id=350188, abgerufen 11.7.2016

30 Haftbefehl gegen Mann erlassen, MZ, 8.10.2015, http://www.mz-web.de/zeitz/nach-brandanschlag-in-troeglitz--haftbefehl-gegen-mann-erlassen-23004296, abgerufen 11.7.2016

31 Torsten Gerbank: Das perfekte Verbrechen?, MZ, 26.3.2016, http://www.mz-web.de/zeitz/ein-jahr-nach-anschlag-auf-geplante-fluechtlingsunterkunft-das-perfekte-verbrechen--23784864, abgerufen 11.7.2016

32 Schwierige Ermittlungen, NWZ, 2.4.2016, http://www.nwzonline.de/politik/schwierige-ermittlungen_a_6,1,1764841759.html, abgerufen 11.7.2016

33 Birte Kohring: Warum Straftaten gegen Asylunterkünfte so selten aufgeklärt werden, bento, 12.2.2016, http://www.bento.de/politik/angriffe-auf-asylbewerberheime-warum-die-aufklaerungsquote-so-gering-ist-315239/

34 Pressemitteilung des Bundesinnenministeriums: Polizeiliche Kriminalstatistik und Fallzahlen Politisch Motivierter Kriminalität 2015, vorgestellt 23.5.2016, http://www.bmi.bund.de/SharedDocs/Pressemitteilungen/DE/2016/05/pks-und-pmk-2015.html, abgerufen 11.7.2016

35 Alice Echtermann: Politisch motivierte Straftaten auf höchstem Stand seit 15 Jahren, Berliner Zeitung, 23.5.2016, http://www.berliner-zeitung.de/politik/kriminalstatistik-politisch-motivierte-straftaten-auf-hoechstem-stand-seit-15-jahren-24105824, abgerufen 1.7.2016

36 Pressemitteilung der Stadt Reutlingen: OB Bosch zum Rücktritt Schönenborns, 14.10.2015, http://www.reutlingen.de/de/Aktuelles+Info/Nachrichten/Nachricht?view=publish&item=article&id=7490, zuletzt abgerufen 20.6.2016

37 Rabe: Klartext in Sachen Flüchtlinge, Reutlinger Generalanzeiger, 17.7.2015, http://www.gea.de/region+reutlingen/reutlingen/klartext+in+sachen+fluechtlinge.4345764.htm, abgerufen 11.7.2016
38 Aleker-Rothe, Becker, Burger et al.: Offener Brief an die Oberbürgermeisterin Bosch, 9.7.2015, http://www.sebastian-weigle.de/wp-content/uploads/OffenerBrief.pdf, abgerufen 11.7.2016
39 Pressemitteilung der Stadt Reutlingen: OB Bosch zum Rücktritt Schönenborns, 14.10.2015, http://www.reutlingen.de/de/Aktuelles+Info/Nachrichten/Nachricht?view=publish&item=article&id=7490, abgerufen 20.6.2016
40 Rüdiger Soldt: Revolte zwischen Streuobstwiesen, in: FAS, 18.10.2015
41 Barbara Bosch im Gespräch mit Sarah Zerback: Das ist nicht hinnehmbar, Deutschlandfunk, 14.10.2015, http://www.deutschlandfunk.de/drohungen-gegen-bezirksbuergermeister-das-ist-nicht.1769.de.html?dram:article_id=333924, zuletzt abgerufen am 20.6.2016
42 Ebd.
43 Kreis Reutlingen: Ergebnis der Landtagswahl 2016, Wahlkreis 60 Reutlingen, unterteilt in zehn Gemeinden, http://wahlen11.rz-kiru.de/08415000w/LT2016-060.html, abgerufen 11.7.2016
44 Barbara Bosch im Gespräch mit Sarah Zerback: siehe Anmerkung 41
45 Carolin Fries: Pfarrer gibt nach Morddrohungen auf, Süddeutsche Zeitung, 6.3.2016, http://www.sueddeutsche.de/muenchen/rassismus-pfarrer-gibt-nach-morddrohungen-auf-1.2894313, abgerufen 11.7.2016
46 Isabel Meixner: CSU-Ortsvorsitzende hetzt gegen Flüchtlinge, SZ, 14.10.2015, http://www.sueddeutsche.de/muenchen/ebersberg/zorneding-csu-ortsvorsitzende-hetzt-gegen-fluechtlinge-1.2690792, abgerufen 11.7.2016
47 Carlin Fries: Was Zornedings Pfarrer von der CSU-Chefin hält, SZ 19.10. 2015, http://www.sueddeutsche.de/muenchen/ebersberg/ebersberg-politik-ohne-toleranz-und-wahrheit-1.2699256, abgerufen 11.7.2016
48 Ebd.
49 Carolin Fries: Vize-Ortsvorsitzender beleidigt den Pfarrer, SZ, 30.10.2015, http://www.sueddeutsche.de/muenchen/ebersberg/nach-rechtspopulistischen-parolen-csu-zorneding-vor-der-zerreissprobe-1.2715530, abgerufen 11.7.2016

50 Karin Kampwerth: Das schwarze Loch der CSU, SZ, 1.11.2015, http://www.sueddeutsche.de/bayern/zorneding-das-schwarze-loch-der-csu-1.2717296, abgerufen 11.7.2016

51 Zwei Rücktritte bei CSU in Zorneding, BR, 3.11.2015, http://www.br.de/nachrichten/oberbayern/inhalt/zorneding-csu-pfarrer-aerger-100.html

52 Anne Kunze: Im Schatten des Zwiebelturms, Die Zeit Nr. 13/2016, 17.3.2016

53 Julia Peters-Kopp: Petition: Unser Pfarrer soll in Zorneding bleiben, https://www.change.org/p/unser-pfarrer-soll-in-zorneding-bleiben

54 Anne Kunze: siehe Anmerkung 52

55 Bayerisches Landesamt für Statistik und Datenverarbeitung: Zensus 2011: Bayern nach wie vor überwiegend römisch-katholisch, Pressemitteilung, 31.7.2013, https://www.statistik.bayern.de/presse/archiv/2013/216_2013.php

56 Natalie Kettinger: Unser Pfarrer soll bleiben, AZ, 7.3.2016, http://www.abendzeitung-muenchen.de/inhalt.nach-ruecktritt-wegen-morddrohungen-unser-pfarrer-soll-bleiben.f8909a36-a2e5-4e5a-a4fb-75c6dfeb27c6.html, abgerufen 11.7.2016

57 Björn Hengst: Sturm über Zorneding, spiegel.de, 7.3.2016, http://www.spiegel.de/panorama/gesellschaft/zorneding-pfarrer-bittet-um-verstaendnis-fuer-rueckzug-nach-morddrohungen-a-1081094.html

58 Ebd.

59 Karin Kampwerth: Das schwarze Loch der CSU. SZ, 1.11.2016, http://www.sueddeutsche.de/bayern/zorneding-das-schwarze-loch-der-csu-1.2717296, abgerufen 11.7.2016

60 Richard Herzinger: Warum es ein Fehler ist, auf »die Elite« zu schimpfen, Die Welt, 27.5.2016, http://www.welt.de/debatte/kommentare/article155760996/Warum-es-ein-Fehler-ist-auf-die-Elite-zu-schimpfen.html, abgerufen 11.7.2016

61 Martin Machowetz: Die Leute verlieren die Fassung, Die Zeit, 21.4.2016

62 Andrea Dernbach, Cordula Eubel: Es ist Zeit für einen neuen Aufbau Ost, Der Tagesspiegel, 15.7.2015

63 Ergebnis der Landtagswahl 2016, Wahlkreis 41, www.burgenlandkreis.de/media/hauptnavi/wahlen/2016-03-23_endergebnis_ltw_2016.xlsx

64 http://derfluegel.de/erfurterresolution.pdf, abgerufen 11.7.2016

65 AfD Sachsen-Anhalt, Facebook, 6.4.2015, https://www.facebook.com/SachsenAnhalt.AfD/posts/769486223166122

66 Christina Elmer und Christina Hebel: Wahlanalysen: Wie die AfD in Sachsen-Anhalt punktet, Spiegel Online,14.3.2016. http://www.spiegel.de/politik/deutschland/wahl-in-sachsen-anhalt-2016-wie-die-afd-punktete-a-1081497.html, bezugnehmend auf Daten aus der Wahltagsbefragung von infratest dimap für die ARD

67 Der Steigflug der AfD, MDR, 15.3.2016,

68 Paul Nolte: AfD – die Chamäleonpartei, Der Tagesspiegel, 3.4.2016, http://www.tagesspiegel.de/politik/rechtspopulismus-afd-die-chamaeleonpartei/13394398.html, abgerufen 11.7.2016

69 Jan Schumann: André Allmächtig: Poggenburg triumphiert im Machtkampf, MZ, 23.5.2016, http://www.mz-web.de/mitteldeutschland/landespolitik-sachsen-anhalt/afd-landesverband--andr%C3%A9-allmaechtig--poggenburg-triumphiert-im-machtkampf-24101932, abgerufen am 29.7.2016

70 Christoph Richter: Der nette Menschenfeind von nebenan, Deutschlandfunk, 8.3.2016, http://www.deutschlandfunk.de/sachsen-anhalt-der-nette-menschenfeind-von-nebenan.1773.de.html?dram:article_id=347741, abgerufen 11.7.2016

71 Anne Hähnig: Der normale Radikale, Die Zeit Nr. 5/2016, 28.1.2016 http://www.zeit.de/2016/05/afd-andre-poggenburg-sachsen-anhalt-asylpolitik-wahlkampf, abgerufen 11.7.2016

72 AfD-Mitglieder fordern Abgrenzung von Rechts, MDR, 20.6.2016, http://www.mdr.de/home/afd-mitglieder-fordern-abgrenzung-von-rechts-100_zc-502e5181_zs-48c98c3d.html, abgerufen 11.7.2016

73 Anja Förtsch: AfD-Fraktion verlässt geschlossen den Saal, MZ, 2.6.2016, http://www.mz-web.de/mitteldeutschland/landespolitik-sachsen-anhalt/debatte-ueber-regierungserklaerung--eklat--afd-fraktion-verlaesst-geschlossen-den-saal-24157212, abgerufen 11.7.2016

74 Entrüstung im Magdeburger Landtag über ersten AfD-Antrag, 31.5.2016, faz.net, http://www.faz.net/aktuell/politik/inland/sachsen-anhalt-entruestung-im-magdeburger-landtag-ueber-ersten-afd-antrag-14262322.html, abgerufen 11.7.2016

75 Johannes Graf: AfD-Rechte fordern Bekenntnis zu den Identitären, ntv, 15.6.2016, http://www.n-tv.de/politik/AfD-Rechte-fordern-Bekenntnis-zu-Identitaeren-article17951556.html, abgerufen 11.7.2016, Bezug nehmend auf http://patriotische-plattform.de/blog/2016/06/14/wir-sind-identitaer/

76 Götz Kubitschek: Schreibtisch, Garten, Alltag (XXIII): Abendfriede und AfD, 8.7.2015, http://www.sezession.de/50432/schreibtisch-garten-alltag-xxiii-abendfriede-und-afd.html/2, abgerufen 11.7.2016

77 Westpol-Redaktion: Die geistigen Brandstifter der AfD: »Wir haben ein Monster erschaffen«, wdr.de 9.11.2015, abgerufen 11.7.2016

78 Einer Umfrage zufolge ist schon fast jeder zweite Bürgermeister wegen seiner Flüchtlingspolitik beschimpft oder persönlich beleidigt worden, wie eine Umfrage des Magazins *Kommunal* unter 1000 Bürgermeistern ergab. Sechs Prozent der Befragten gab an, körperlich angegriffen worden zu sein, davon die Hälfte im Zusammenhang mit der Flüchtlingspolitik.« (ntv/dpa: Angriffe auf Flüchtlingsheime reißen nicht ab, 20.6.2016)

Angaben zu den Autoren

Markus Nierth, Jahrgang 1969, evangelischer Theologe, Trauerredner und Ortschaftsrat; von 2009 bis 2015 ehrenamtlicher Bürgermeister von Tröglitz in Sachsen-Anhalt; legte im März 2015 sein Amt nieder; Nierth setzte sich für die Unterbringung von Flüchtlingen in Tröglitz ein und widersetzte sich damit fremdenfeindlichen Bürgern und NPD-Aktivisten.

Juliane Streich, Jahrgang 1983, Studium der Kulturwissenschaften in Frankfurt (Oder) und Dublin, Abschlussarbeit über Punks in der DDR; danach Zweitstudium, Journalistik; Arbeit als Musikredakteurin, freie Autorin und Journalistin (u. a. *Süddeutsche, taz, Freitag, Leipziger Volkszeitung, Kreuzer, Deutschlandradio Kultur, Freie Presse, Sächsische Zeitung*).